Das bietet Ihnen die CD-ROM

- **Muster und Arbeitshilfen**
  In den Mustern finden Sie Vorlagen für immer wiederkehrende Belege, Rechnungsvorlagen und Quittungen. Ausgefüllte Beispiel-Vorlagen und nützliche Tabellen bieten Ihnen die Arbeitshilfen.

- **Checklisten**
  Die Checklisten unterstützen Sie in Ihrer praktischen Arbeit. Damit klären Sie alles Wesentliche vor der Buchung.

- **Rechner**
  Die Excel-Anwendungen helfen Ihnen bei den verschiedensten Berechnungen im Buchführungsbereich.

- **Gesetzestexte**
  Das Einkommen- und Umsatzsteuergesetz im Volltext.

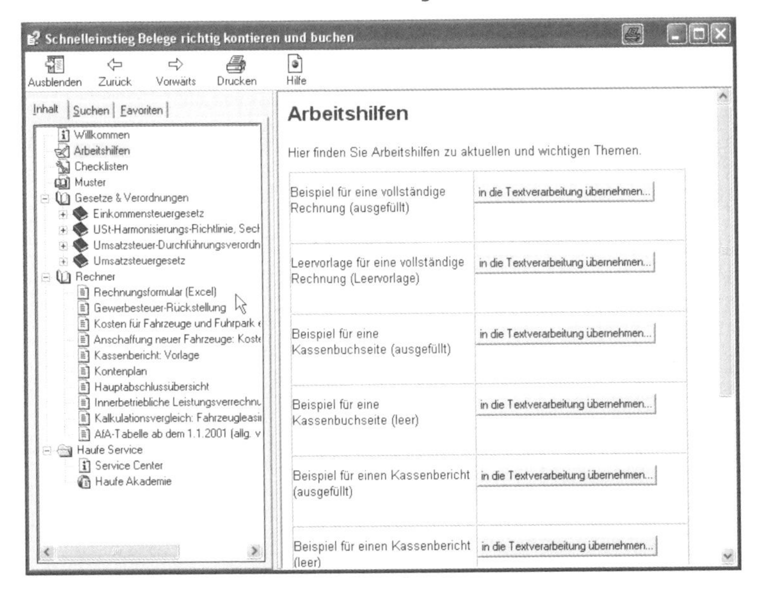

Bibliographische Information Der Deutschen Bibliothek

Die Deutsche Bibliothek verzeichnet diese Publikation in der Deutschen Nationalbibliographie; detaillierte bibliographische Daten sind im Internet über http://dnb.ddb.de abrufbar.

ISBN 3-448-07480-2
ab 1.1.2007 ISBN: 978-3-448-07480-2 Bestell-Nr. 01170-0001

Niederlassung Planegg/München
Redaktionsanschrift: Postfach, 82142 Planegg/München
Hausanschrift: Fraunhoferstraße 5, 82152 Planegg/München
Telefon: (089) 895 17-0
Telefax: (089) 895 17-290
www.haufe.de
online@haufe.de
Lektorat: Dipl.-Kffr. Kathrin Menzel-Salpietro

Redaktion und DTP: Peter Böke, 10961 Berlin
Umschlag: HERRMANNKIENLE, Simone Kienle, 70199 Stuttgart
Druck: Bosch-Druck GmbH, 84030 Ergolding

Zur Herstellung dieses Buches wurde alterungsbeständiges Papier verwendet.

Schnelleinstieg
Belege richtig kontieren und buchen

von

Dipl.-Kfm. Elmar Goldstein

Haufe Mediengruppe

Freiburg · Berlin · München · Würzburg

Inhaltsverzeichnis

Vorwort

„Wohin verbuche ich nur diesen Beleg?" Jeder Buchhalter stellt sich diese Frage mehr oder weniger häufig. Trotz Kontierungs- und Buchungshinweisen aus der Fachliteratur erleben selbst erfahrene Buchhalter den Praxisschock eines Schuhkartons unsortierter Belege.

In diesem Buch haben wir über 70 häufige Buchungsfälle zusammengestellt – von A wie *Arbeitskleidung* bis Z wie *Zinserträge*. Auf der linken Buchseite ist jeweils der Originalbeleg abgebildet. Auf der gegenüberliegenden Seite erfahren Sie, wie Sie den Geschäftsvorfall den richtigen Konten zuordnen und buchen. Darüber hinaus finden Sie zu jedem Buchungsfall Hinweise, worauf Sie buchungstechnisch und rechtlich besonders achten müssen. Nutzen Sie dieses Buch als Nachschlagewerk: Wenn Sie Ihren Fall nicht im Buchungs-ABC finden, hilft Ihnen das ausführliche Stichwortverzeichnis am Ende des Buches weiter.

In einem einführenden Kapitel erfahren Sie, worauf Sie im Umgang mit Belegen grundsätzlich achten müssen: Welche Rechnungsinhalte sind gesetzlich notwendige Bestandteile? So entwickeln Sie ein Gespür für die Belegprüfung und für die richtige Zuordnung in der Buchhaltung.

Der Anhang am Ende des Buches enthält zahlreiche Formulare, die Sie im Unternehmensalltag regelmäßig benötigen: Fahrtenbuch, Rechnungsvordruck, Anlagekarte, Abschreibungstabelle, Reisekostenabrechnung u. v. m. Anhand von Beispielen erfahren Sie, wie Sie die Formulare korrekt ausfüllen und einsetzen. Alle Formulare finden Sie auch als Blanko-Vorlagen auf der CD-ROM zum Buch.

Unser besonderer Dank gilt der freundlichen Genehmigung der DATEV eG Nürnberg für den Abdruck der Kontenrahmen SKR03 und SKR04, die Sie neben dem Industriekontenrahmen (IKR) ebenfalls im Anhang finden.

Die neuen Rechnungsvorschriften nach dem Umsatzsteuergesetz zwingen zur Offenlegung persönlicher Daten. Daher sind Aussteller, Empfänger und u. U. weitere Teile unserer Belege fiktiv oder geschwärzt. Herzlich danken möchten wir der Firma Terrashop, die mit der Namensnennung einverstanden war.

Bei der Fülle des Zahlenmaterials sind Druckfehler nicht auszuschließen. Verlag und Autor sind für diesbezügliche Hinweise und Anregungen dankbar. Kontierungsfälle, die Sie in unserem ABC nicht finden, bitten wir, schriftlich beim Verlag oder mit Belegabbildung (tif-Format in 300 DPI) unter konto@internetfibu.de nachzufragen. Wir werden jede Anfrage beantworten und diese Kontierung in der nächsten Auflage berücksichtigen.

Heppenheim, im Herbst 2006 *Dipl.-Kfm. Elmar Goldstein*

Was Sie beim Kontieren und Buchen beachten müssen

Keine Buchung ohne Beleg!

Ob nun manuell oder computergestützt – jede doppelte Buchführung gründet sich auf Belege. Auch in der EDV-Buchhaltung gilt der Grundsatz: **Keine Buchung ohne Beleg!**

In der Buchhaltung werden drei Belegarten unterschieden:

- **Fremdbelege:** z. B. eingegangene Rechnungen, Quittungen, Überweisungsscheine
- **Eigenbelege:** z. B. im eigenen Betrieb erstellte Abrechnungen, Rechnungskopien, Quittungen
- **interne Belege:** z. B. als Anweisungen über Umbuchungen oder Verrechnungen

Notbelege

Als Eigenbelege zählen auch so genannte Notbelege. Darunter werden Ersatzausfertigungen für fehlende Fremdbelege verstanden. Dies betrifft verloren gegangene Belege oder auch Fälle, in denen üblicherweise keine Belege anfallen, z. B. bei der Parkuhr oder bei Trinkgeldern. Die umgekehrte Vorstellung „Ohne Beleg keine Buchung" ist somit ein Trugschluss. Da die Erfassung der Geschäftsvorfälle zeitnah erfolgen soll, sind zur Dokumentation bei Verzögerungen provisorische Belege auszustellen.

Beispiel:

Die bestellte Ware trifft ohne Rechnung ein. Auf telefonische Nachfrage offenbart sich ein Abrechnungschaos auf der Gegenseite. Wenn der Kaufpreis bekannt ist, wird ein Eigenbeleg erstellt und verbucht – zunächst ohne Vorsteuerabzug.

Wie werden Belege bearbeitet?

Belege werden für die Buchhaltung in vier Schritten bearbeitet:

1. Schritt: Belege vorbereiten
2. Schritt: Belege kontieren
3. Schritt: Belege buchen
4. Schritt: Belege ablegen

1. Schritt: Belege vorbereiten

Die Vorbereitung der Belege besteht aus drei Phasen:

1. **Eingang:** Datumsstempel auf Fremdbelegen
2. **Sortierung**: chronologisch in Buchungskreisen wie Kasse, Bank, Eingangs- und Ausgangsrechnungen.
3. **Prüfung**: Sind die Belege ordnungsgemäß?

Fehlende Angaben

Die Anforderungen an die Ordnungsmäßigkeit der Belege sind sehr umfangreich. Fehler können dazu führen, dass der Vorsteuerabzug und sogar der Abzug als Betriebsausgabe gefährdet ist. Wenn fehlende Angaben im Nachhinein vom Finanzamt bemängelt werden, dann dürfen sie nachgetragen werden. Allerdings nur vom ausstellenden Unternehmer, nicht von Ihnen als Rechnungsempfänger. Nach dem Umsatzsteuersystem können Sie von der geschuldeten Umsatzsteuer die bereits an andere Unternehmer gezahlte Umsatzsteuer (Vorsteuer) abziehen. Ohne eine ordnungsgemäße Rechnung des anderen Unternehmers mit ausgewiesener Umsatzsteuer gibt es allerdings keinen Vorsteuerabzug. Ob eine Ausgabenrechnung Vorsteuer enthält oder nicht, sehen Sie demnach am MwSt.-Ausweis in einem Euro-Betrag und dem ausgewiesenen MwSt.-Prozentsatz.

Bestandteile einer ordnungsgemäßen Rechnung

Wie sieht eine Rechnung aus, die vor dem Finanzamt Bestand hat? Die folgende Checkliste gibt Ihnen einen Überblick, welche Bestandteile eine ordnungsgemäße Rechnung enthält:[1]

Siehe CD-ROM

Checkliste: Bestandteile einer ordnungsgemäßen Rechnung		
1.	Vollständiger Name und vollständige Anschrift sowohl des leistenden Unternehmers also auch des Leistungsempfängers	
2.	Steuernummer des leistenden Unternehmers (ausgestellt vom Finanzamt) oder Umsatzsteuer-Identifikationsnummer (ausgestellt vom Bundesamt für Finanzen)	
3.	Ausstellungsdatum (= Rechnungsdatum)	

[1] BMF-Schreiben vom 29.01.2004, IV B 7 – S 7280 – 19/04.

4.	Fortlaufende Nummer mit einer oder mehreren Zahlenreihen, die zur Identifizierung der Rechnung vom Rechnungsaussteller einmalig vergeben wird (Rechnungsnummer)	
5.	Menge und die Art (handelsübliche Bezeichnung) der gelieferten Gegenstände oder den Umfang und die Art der sonstigen Leistung	
6.	Zeitpunkt der Lieferung oder sonstigen Leistung oder der Vereinnahmung des Entgelts oder eines Teils des Entgelts in den Fällen des Absatzes 5 Satz 1, sofern dieser Zeitpunkt feststeht und nicht mit dem Ausstellungsdatum der Rechnung identisch ist	
7.	Entgelt für die Lieferung oder sonstige Leistung (§ 10 UStG), das nach Steuersätzen und einzelnen Steuerbefreiungen aufgeschlüsselt sein muss, sowie jede im Voraus vereinbarte Minderung des Entgelts, sofern sie nicht bereits im Entgelt berücksichtigt ist	
8.	Angabe des anzuwendenden Steuersatzes sowie den auf das Entgelt entfallenden Steuerbetrag oder im Fall einer Steuerbefreiung einen Hinweis darauf, dass für die Lieferung oder sonstige Leistung eine Steuerbefreiung gilt	
9.	Hinweis auf die Aufbewahrungspflicht des Leistungsempfängers in den Fällen des § 14b Abs. 1 Satz 5 UStG (Danach haben auch Nichtunternehmer Baurechnungen zwei Jahre lang aufzubewahren.)	

Achtung:

Im Anhang und auf der CD-ROM finden Sie einen Auszug aus dem Umsatzsteuergesetz mit den wichtigsten Umsatzsteuerbestimmungen und Rechnungsvorschriften.

1. Name und Anschrift des leistenden Unternehmers und des Leistungsempfängers

Vollständigkeit

In der Rechnung ist der Name und die Anschrift des leistenden Unternehmers und des Leistungsempfängers jeweils vollständig anzugeben. Dabei ist es ausreichend, wenn sich auf Grund der in die Rechnung aufgenommenen Bezeichnungen der Name und die Anschrift sowohl des leistenden Unternehmers als auch des Leistungsempfängers eindeutig feststellen lassen. Verfügt der Leistungsempfänger über ein Postfach oder über eine Großkundenadresse, ist es ausreichend, wenn diese Daten anstelle der Anschrift angegeben werden. Bei Unternehmern, die über mehrere Zweigniederlassungen, Betriebsstätten oder Betriebsteile verfügen, gilt jede betriebliche Anschrift als vollständige Anschrift.

Ungenauigkeiten

Ungenauigkeiten bei der Angabe von Namen und Adresse führen nicht zu einer Versagung des Vorsteuerabzugs, wenn z. B. bei Schreibfehlern im Namen oder der Anschrift des leistenden Unternehmers oder des Leistungsempfängers oder in der Leistungsbeschreibung eine eindeutige und unzweifelhafte Identifizierung der am Leistungsaustausch Beteiligten, der Leistung und des Leistungszeitpunkts möglich ist und die Ungenauigkeiten nicht sinnentstellend sind.

Beauftragung eines Dritten

Hat der Leistungsempfänger einen Dritten mit dem Empfang der Rechnung beauftragt und wird die Rechnung unter Nennung nur des Namens des Leistungsempfängers mit „c/o" an den Dritten adressiert, muss die Identität des Leistungsempfängers leicht und eindeutig feststellbar sein. Ansonsten könnte eine zusätzliche Steuerpflicht ausgelöst werden. Die Anschrift des Dritten gilt in diesen Fällen nicht als betriebliche Anschrift des Leistungsempfängers, wenn dieser unter der Anschrift des Dritten nicht gleichzeitig über eine Zweigniederlassung, eine Betriebsstätte oder einen Betriebsteil verfügt.[2]

2. Steuernummer oder USt.-IdNr. des leistenden Unternehmers

Steuernummer

Wenn das Finanzamt dem leistenden Unternehmer keine USt.-IdNr. erteilt hat, ist zwingend die Steuernummer anzugeben. Erteilt das Finanzamt dem leistenden Unternehmer eine neue Steuernummer (z. B. bei Verlagerung des Unternehmenssitzes), ist nur noch diese zu verwenden. Es ist nicht erforderlich, dass der Unternehmer die vom Finanzamt erteilte Steuernummer um zusätzliche Angaben (z. B. Name oder Anschrift des Finanzamts, Finanzamtsnummer oder Länderschlüssel) ergänzt.

---

[2] BMF-Schreiben vom 28.03.2006, IV A 5 – S 7280 a – 14/06.

Gutschriften

Im Fall der Gutschrift ist die Steuernummer bzw. die USt.-IdNr. des leistenden Unternehmers und nicht die des Leistungsempfängers, der die Gutschrift erteilt hat, anzugeben. Zu diesem Zweck hat der leistende Unternehmer (Gutschriftsempfänger) dem Aussteller der Gutschrift seine Steuernummer oder USt.-IdNr. mitzuteilen. Dies gilt auch für einen ausländischen Unternehmer, dem von einem inländischen Finanzamt eine Steuernummer oder vom Bundesamt für Finanzen eine USt.-IdNr. erteilt wurde.
Rechnet der Unternehmer über einen vermittelten Umsatz ab (z. B. Tankstellenbetreiber, Reisebüro), hat er die Steuernummer oder USt.-IdNr. des leistenden Unternehmers (z. B. Mineralölgesellschaft, Reiseunternehmen) anzugeben.

Mietverträge

Vor dem 01.01.2004 geschlossene Mietverträge müssen keine Steuernummer oder USt.-IdNr. des leistenden Unternehmers enthalten. Es ist nicht erforderlich, diese Verträge um die Steuernummer oder die USt.-IdNr. zu ergänzen. Bei Verträgen über Dauerleistungen, die nach dem 01.01.2004 abgeschlossen wurden, ist es ausreichend, wenn die Steuernummer oder die USt.-IdNr. des leistenden Unternehmers aufgeführt ist. Es ist nicht erforderlich, dass auf den Zahlungsbelegen die Steuernummer oder die USt.-IdNr. des leistenden Unternehmers angegeben ist.

3. Fortlaufende Nummer (Rechnungsnummer)

Einmaligkeit der Rechnung

Durch die fortlaufende Nummer (Rechnungsnummer) soll sichergestellt werden, dass die vom Unternehmer erstellte Rechnung einmalig ist. Bei der Erstellung der Rechnungsnummer ist es zulässig, eine oder mehrere Zahlen- oder Buchstabenreihen zu verwenden. (Auch eine Kombination von Ziffern mit Buchstaben ist möglich.)
Bei der Erstellung der Rechnungsnummer bleibt es dem Rechnungsaussteller überlassen, wie viele und welche separaten Nummernkreise geschaffen werden, in denen eine Rechnungsnummer jeweils einmalig vergeben wird. Dabei sind Nummernkreise für zeitlich, geographisch oder organisatorisch abgegrenzte Bereiche zulässig, z. B. für Zeiträume (Monate, Wochen, Tage), verschiedene Filialen, Betriebsstätten einschließlich Organgesellschaften oder Bestandsobjekte. Es muss jedoch gewährleistet sein (z. B. durch Vergabe einer bestimmten Klassifizierung für einen Nummernkreis), dass die je-

weilige Rechnung leicht und eindeutig dem jeweiligen Nummernkreis zugeordnet werden kann und die Rechnungsnummer einmalig ist.

Mietverträge, Gutschriften und Kleinbetragsrechnungen

Bei Mietverträgen, die vor dem 01.01.2004 abgeschlossen worden sind, ist keine fortlaufende Nummer erforderlich. Für Verträge über Dauerleistungen, die nach dem 01.01.2004 abgeschlossen wurden, ist es ausreichend, wenn diese Verträge eine einmalige Nummer enthalten (z. B. Wohnungs- oder Objektnummer, Mieternummer). Es ist nicht erforderlich, dass Zahlungsbelege eine gesonderte fortlaufende Nummer erhalten. Im Fall der Gutschrift ist die fortlaufende Nummer durch den Gutschriftsaussteller zu vergeben. Kleinbetragsrechnungen und Fahrausweise müssen keine fortlaufende Nummer enthalten.

4. Menge und Art der gelieferten Gegenstände oder Umfang und Art der sonstigen Leistung

Bezeichnung der Leistung und des Produkts

Die Bezeichnung der Leistung muss eine eindeutige und leicht nachprüfbare Feststellung der Leistung ermöglichen, über die abgerechnet worden ist.[3] Neben Markenartikelbezeichnungen sind auch handelsübliche Sammelbezeichnungen ausreichend, wenn sie die Bestimmung des anzuwendenden Steuersatzes eindeutig ermöglichen, z. B. Baubeschläge, Büromöbel, Kurzwaren, Schnittblumen, Spirituosen, Tabakwaren, Waschmittel.

Achtung:

Bezeichnungen allgemeiner Art, die Gruppen verschiedenartiger Gegenstände umfassen, z. B. Geschenkartikel, sind für eine ordnungsgemäße Rechnung nicht ausreichend.

5. Zeitpunkt der Leistung und Vereinnahmung des Entgelts

In der Rechnung ist der Zeitpunkt der Lieferung oder der sonstigen Leistung anzugeben. Dies gilt nicht bei einer Rechnung über Voraus- oder Anzahlungen, bei denen dieser Zeitpunkt noch nicht feststeht. Allerdings ist auf der Rechnung kenntlich zu machen, dass über eine noch nicht erbrachte Leistung abgerechnet wird.

---

[3] BFH-Urteil vom 10.11.1994 – BStBl 1995 II S. 395.

Als Zeitpunkt der Lieferung oder Leistungserbringung kann der Kalendermonat angegeben werden, in dem die Leistung ausgeführt wird. Wenn in einem Vertrag – z. B. Miet- oder Pachtvertrag, Wartungsvertrag oder Pauschalvertrag mit einem Steuerberater – der Zeitraum, über den sich die jeweilige Leistung oder Teilleistung erstreckt, nicht angegeben ist, reicht es aus, wenn sich dieser Zeitraum aus den einzelnen Zahlungsbelegen, z. B. aus den Überweisungsaufträgen oder den Kontoauszügen, ergibt. Dabei wird es nicht beanstandet, wenn der Zahlungsbeleg vom Leistungsempfänger ausgestellt wird.

Zeitpunkt der Lieferung oder Leistungserbringung

6. Entgelt

In der Rechnung sind nach Steuersätzen und einzelnen Steuerbefreiungen aufgeschlüsselte Entgelte anzugeben, also z. B.:

Nettoumsatz zu 19 % USt.:	1.000,00 EUR	19 % USt.:	190,00 EUR
Nettoumsatz zu 7 % USt.:	500,00 EUR	7 % USt.:	35,00 EUR

Wenn Boni, Skonti oder sonstige Rabatte vereinbart worden sind, muss in der Rechnung auf die entsprechende Vereinbarung hingewiesen werden.

7. Steuersatz und Steuerbetrag oder Hinweis auf eine Steuerbefreiung

In der Rechnung sind der Steuersatz sowie der auf das Entgelt entfallende Steuerbetrag oder – im Fall der Steuerbefreiung – ein Hinweis auf die Steuerbefreiung anzubringen.

Bei dem Hinweis auf eine Steuerbefreiung ist es nicht erforderlich, dass der Unternehmer die entsprechende Vorschrift des Umsatzsteuergesetzes oder der 6. EG-Richtlinie nennt. Allerdings soll in der Rechnung ein Hinweis auf den Grund der Steuerbefreiung enthalten sein. Dabei reicht eine Angabe in umgangssprachlicher Form aus (z. B. „Ausfuhr", „innergemeinschaftliche Lieferung", „steuerfreie Vermietung", „Krankentransport"). Vor dem 01.01.2004 geschlossene Mietverträge müssen keinen Hinweis auf eine anzuwendende Steuerbefreiung enthalten.

Hinweis auf eine Steuerbefreiung

Bestandteile von Kleinbetragsrechnungen

Rechnungen, deren Gesamtbetrag 150 EUR (bis 2006: 100 EUR) nicht übersteigt, werden als Kleinbetragsrechnungen bezeichnet. Die gesetzlichen Anforderungen für diese Rechnungen sind weniger streng. Die folgende Checkliste zeigt Ihnen, welche Angaben für Kleinbetragsrechnungen erforderlich sind.

Siehe CD-ROM

Checkliste: Bestandteile von Kleinbetragsrechnungen		
1.	Vollständiger Name und vollständige Anschrift des leistenden Unternehmers	
2.	Ausstellungsdatum (= Rechnungsdatum)	
3.	Menge und die Art (handelsübliche Bezeichnung) der gelieferten Gegenstände oder den Umfang und die Art der sonstigen Leistung	
4.	(Netto-)Entgelt und der darauf entfallende Steuerbetrag in einer Summe	
5.	Angabe des anzuwendenden Steuersatzes („... enthält 19 % MWSt.")	
6.	Im Fall einer Steuerbefreiung: Hinweis, dass für die Lieferung oder sonstige Leistung eine Steuerbefreiung gilt.	

In Rechnungen über Leistungen mit unterschiedlichen Steuersätzen sind die jeweiligen Bruttosummen anzugeben.

2. Schritt: Belege kontieren

Die geordneten und geprüften Belege werden im 2. und 3. Schritt kontiert und gebucht. Ob Sie nun die Belege kontieren und sofort buchen oder sämtliche Belege zunächst komplett vorkontieren, bleibt Ihnen überlassen. Übliche Praxis ist es, bei einer Vielzahl gleichartiger Belege – soweit sinnvoll und gestattet – diese zusammenzufassen und die Einzelbeträge als Summe per Monatsletzten einzubuchen.

Achtung:
Kassenbelege sind erst unmittelbar vor dem Buchen fortlaufend zu nummerieren. Wenn Sie ein Kassenbuch führen (chronologische und einzelne Aufzeichnung), können Sie auch hier gleiche Vorgänge eines Monats zusammengefasst einbuchen, z. B. per 30. April Briefmarken April 235 EUR, Tankquittungen April 370 EUR etc. Addieren Sie sämtliche Einzelbeträge auf und heften Sie den Tippstreifen an die Einzelbelege.

Fortlaufende Nummerierung

Bei den Buchungskreisen der Eingangs- und Umsatzrechnungen verwenden Sie als fortlaufende Nummerierung den Eingangsstempel bzw. die von Ihnen vergebene Rechnungsnummer. Möglichst in dieser Reihenfolge sind auch die Buchungen zu erfassen.
Zur Kontierung war es früher üblich, in einem Stempel auf dem Beleg die Sollkonten und Habenkonten mit den jeweiligen Beträgen sowie das Buchungsdatum einzutragen. Heute wird in der EDV-Buchhaltung aus Zeitgründen auf „überflüssige" Angaben verzichtet.

Achtung:
Bei Kontierung auf einem Bankkontoauszug z. B. fehlt die Angabe des Kontos, Betrags und Datums, da dies ohnehin ersichtlich ist. Man vermerkt zu jeder Buchung lediglich das Gegenkonto und ggf. den Schlüssel zur Umsatzsteuer. Ob die Bank im Soll oder im Haben bebucht wird, ergibt sich ebenfalls aus Eingang oder Ausgang.

Wenn Sie jede Buchung direkt vom Bankbeleg elektronisch erfassen, dient z. B. die Nummer des Kontoauszugs als Belegnummer. Um Rechnungen besser abstimmen zu können, sollten Sie in diesen Fällen sinnvoller die Rechnungsnummer erfassen. Geben Sie zu Beginn des Buchungskreises den Banksaldo des Monatsanfangs vor. So haben Sie nach jedem Auszug die Kontrolle, dass selbst die Cent-Beträge richtig eingegeben sind.

Wie vermeiden Sie Kontierungsfehler?

Fehlkontierungen lassen sich fast alle folgenlos rückgängig machen. Vorsicht ist jedoch bei allen Buchungen geboten, mit denen Sie steuerliche Wahlrechte ausüben oder sonstige ungewollte Konsequenzen auslösen.

Ein Irrtum kann teuer werden bei Kontierungsfehlern im Zusammenhang mit

- besonderen Aufzeichnungspflichten (siehe unten): Geringwertige Wirtschaftsgüter, Geschenke, Reisekosten, Bewirtungen, Löhne und Gehälter,
- Vermögensgegenständen, die entweder dem Betriebsvermögen oder dem Privatvermögen zugeordnet werden können (gewillkürtes Betriebsvermögen),
- jeglichen Zahlungen in der GmbH, die durch falsche Zuordnung als verdeckte Leistungen an einen Gesellschafter gedeutet werden können.

3. Schritt: Belege buchen

Die kontierten Belege werden nach dem jeweiligen Buchungskreis (Kasse, Bank, Ausgangsrechnungen usw.) dem Datum nach auf Buchungslisten oder direkt elektronisch erfasst. Im zweiten Fall hilft ein Buchungsprotokoll (Primanota), jede einzelne Buchung wiederzufinden.

4. Schritt: Belege ablegen

Bei der berüchtigten Schuhkartonablage verlieren Sie und – schlimmer noch – der Betriebsprüfer vom Finanzamt jeglichen Überblick und Kontrolle über die Buchhaltung.

Ablage nach Buchungskreisen

Die einfachste Ablage erfolgt chronologisch nach Buchungskreisen. Sie buchen für jeweils einen Monat nacheinander die Kasse, Bank, Sparkasse, Postbank usw. und heften die nummerierten Belege hinter den Kontoauszug/Kassenbericht. Bei größeren Buchhaltungen empfiehlt es sich, für jeden Buchungskreis eigene Aktenordner anzulegen. In die Bankordner können Listen über Daueraufträge, Einzugsermächtigungen und sonstige Verträge eingeheftet werden. Kunden- und Lieferantenrechnungen können Sie zusätzlich in Kopie, alphabetisch geordnet in separaten Ordnern ablegen. So ist eine Rechnung auch dann schnell zu finden, wenn Sie das Datum nicht genau kennen.

Welche Aufzeichnungspflichten müssen Sie beachten?

Betriebsausgaben müssen auf gesonderten Konten zeitnah aufgezeichnet werden. Wenn Sie die gesetzlichen Aufzeichnungspflichten verletzen, kann dies dazu führen, dass Ihre Betriebsausgaben steuerlich nicht anerkannt werden. Als zeitnah gilt eine Frist bis höchstens 1 Monat nach dem Geschäftsvorfall. Im Einzelnen gelten die folgenden besonderen Aufzeichnungspflichten:

- **Bewirtungskosten**: Angaben auf dem Beleg oder einem beigefügten Vordruck über bewirtete Personen, einschließlich des Unternehmers, daneben den Anlass der Bewirtung. Der Wirt muss die verzehrten Speisen und Getränke auf maschinellem Beleg mit Name und Anschrift der Gaststätte detailliert auflisten. Bei Beträgen über 150 EUR muss auch die Unterschrift des Unternehmers, MwSt.-Ausweis und Ausweis des Nettoentgelts sowie Rechnungsnummer, Rechnungs- und Lieferdatum enthalten sein.
- **Geschenke unter 35 EUR** an Geschäftsfreunde werden in einer Liste z. B. auf der Rückseite des Einkaufsbeleges dem jeweiligen Empfänger (Einzelperson, keine Firma) zugeordnet. Auch sie müssen auf einem separaten Konto erfasst werden.
- **Geringwertige Wirtschaftsgüter (GWG)** sind auf gesonderten Konten oder in einer Liste zu erfassen.
- **Löhne und Gehälter**, auch von Aushilfen, sind auf einzelnen Lohnkonten und ggf. mit Aushilfsbelegen aufzuzeichnen. Die Abrechnung können Sie auch von einem Lohnprogramm vornehmen lassen.
- **Reisekosten**: eine Reisekostenabrechnung muss enthalten:
  - Name des Reisenden
  - Zeit, Dauer, Ziel und Zweck der Reise, ggf. gefahrene Kilometer
  - Bemessungsgrundlage für den Vorsteuerabzug
  - ggf. Tankquittungen, Fahrscheine, Telefonkosten, Übernachtungs- und pauschale Verpflegungskosten, Bewirtungsbelege (separates Konto), Eigenbelege über Trinkgelder.

Buchungsfälle von A bis Z

Medien-Service

Medien-Service · Postfach 64201

Tel.: 0

Fax: 0

Firma Elektro Zapp
Inh. Erwin Zapp
Daimlerstr. 3

46464 Neustadt

Anzeigen-Rechnung

sche Post

Bei Rückfragen:

Post

0 /

Rechnungs-Datum : 12.07.07

Bei Zahlung u.Schriftverkehr stets angeben

Kunden-Nr.	Rechnungs-Nr.
10	R03

nz.Nr./ eil.Nr./ usgabe	Erschei-nungstag	Ru-brik	Auftrags-Nr./ Kurztext	Beleg	mm/ Zeilen/ Stück	Spal-ten	Preis je mm pro 1000 Stück	EUR
7685543	10.07.07	0620	Buchhalterin gesucht		100	1	1,26	126,00

Netto		126,00
UST-pfl.Betrag		126,00
UST	19,00%	23,94
Rechnungsbetrag		149,94

Verlag und Druckerei GmbH

Geschäftsführer:
HRB Amtsgericht

USt-IdNr.: DE 1
Erfüllungsort und Gerichtsstand ist

Bankkonten:
Siehe Rückseite

Anzeigenwerbung

- Anzeigenwerbung in Tageszeitungen, Fachzeitschriften und Internet-Marktplätzen für Waren und Dienstleistungen gehören zu den Werbekosten.
- Kosten für Anzeigen, in denen Sie nach Mitarbeitern suchen, gehören dagegen zu den Personalkosten.

Beleg buchen

Beispiel

In der örtlichen Tageszeitung wird eine Buchhalterin in Teilzeit gesucht. Die Kosten für die Annonce wird vom Zeitungsverlag abgebucht.

Personalkosten	126,00 EUR	
Vorsteuer	23,94 EUR	
an Bank		149,94 EUR

Das richtige Konto

BGA (GHK)	IKR	SKR03	SKR04	Kontenbezeichnung (SKR04)
441	687	4610	6600	Werbekosten
40	62	4100	6000	Löhne und Gehälter
473	693	4900	6300	Sonstige betriebliche Aufwendungen

Hambächer Berufskleidung GmbH

Firma Elektro Zapp
Inh. Erwin Zapp
Daimlerstr. 3

46464 Neustadt

(an der
6 n
Telefon (0
Telefax (0

R
Konto 60)
Fran e
K 02 01)

Konto

~~Lieferschein~~ / Rechnung 10.

Frankfurt/M., den 25.3.

Wir sandten Ihnen gem. Auftrag

Anzahl	Warengattung	Größe	Einzelpreis €	Gesamtpreis €
Sie	erhielten gemäss Lieferschein Nr.132 vom	20.3.	abgeholt	
1	Berufshose			24,14
1	dito			20,69
				44.83
		+19%	MWSt	8,52
				53,35
	Wir danken für Ihren Auftrag.			

GEBUCHT

Ust. IDNr.: D / Steuernum

Kondition: 10 Tage 2% Skonto, 30 Tage netto Kasse.
Erfüllungsort für Lieferung, Zahlung und Gerichtsstand Frankfurt/Main.

Skontoberechtigter Betrag
Die Ware bleibt bis zur völligen Bezahlung unser Eigentum.

Sitz der Gesellschaft: Fr schäftsfüh

Arbeitskleidung

- Als typische Berufsbekleidung gilt z. B. ein schwarzer Anzug oder Frack des Kellners oder der Büromantel des Architekten. Er kann als „Sonstiger Betriebsbedarf" erfasst werden.
- Erhält der Arbeitnehmer die Berufsbekleidung von seinem Arbeitgeber zusätzlich zum ohnehin geschuldeten Arbeitslohn, so ist anzunehmen, dass es sich um typische Berufskleidung handelt.[4]
- Wenn der Arbeitnehmer jedoch die Kosten der Berufsbekleidung selbst trägt, verweigert das Finanzamt die Anerkennung als Werbungskosten. So befindet das Sächsische Finanzgericht: Die von einem Baumaschinisten für die Tätigkeit auf dem Bau getragenen Jeanshosen, Latzhosen, Pullover, T-Shirts und Anoraks dienen vornehmlich dem Zweck des witterungsangemessenen Bekleidetseins und sind keine zum Werbungskostenabzug berechtigende „typische Berufskleidung".[5] Aufwendungen für die Reinigung typischer Berufskleidung stellen Werbungskosten dar; dies gilt auch dann, wenn die Berufskleidung zu Hause in der eigenen Waschmaschine gereinigt wird. Die Reinigungskosten sind zu schätzen. Die Schätzung der Reinigungskosten kann auch anhand repräsentativer Daten der Verbraucherverbände erfolgen.[6]

Beleg buchen

Die Arbeitshose wird bar bezahlt.

Beispiel

Arbeitskleidung	44,83 EUR	
Vorsteuer	8,52 EUR	
an Kasse		53,35 EUR

Das richtige Konto

BGA (GHK)	IKR	SKR03	SKR04	Kontenbezeichnung (SKR04)
405	6410	4140	6130	Freiwillige soziale Aufwendungen, lohnsteuerfrei
4725	6074	4980	6850	Sonstiger Betriebsbedarf

[4] Vgl. R 20 und R 21c Lohnsteuerrichtlinien.

[5] Urteil vom 27.04.2005 – 5 K 1031/04.

[6] FG München Urteil vom 29.04.2005 – 10 K 1422/02.

GmbH Liefer- und Hausanschrift

Postfach
3
Telefon 0
Telefax 05

AutFit

Reifen + Autoservice

GmbH

Tel 0 Fax 06

USt-IdNr.: DE
Steuernr 25/2

UGENHEIM

Firma Elektro Zapp
Inh. Erwin Zapp
Daimlerstr. 3

46464 Neustadt

BARVERKAUF Blatt 1

Es gelten ausschließlich unsere Ihnen bekannten Allg. Geschäftsbedingungen

Belegnummer	Kd.Nr.	Beleg-Datum
27 5/2	090	12.07.0

Bei Zahlung bzw. Rückfragen bitte angeben!

Lieferdatum: 12.07.0

Unsere Fachkraft: R
Monteur ....: U

Kennzeichen:
KFZ: MINI MINI
Km-Stand: 19.585
TÜV-Termin: AU-Termin:

Pos	Artikel-Bezeichnung	Menge	Einzelpreis	Betrag EUR	UST
1	**W GNS** 15058133 Windschutzscheibe	1	163,00	163,00	2
2	**Clipse - seitlich** 15998017000285000l	8	0,22	1,76	2
3	**Clipse - unten** 159980170002850002	8	0,17	1,36	2
4	**HAFTGRUND SCHEIBENMONTAGE** 10910223 DIENSTLEISTUNGEN	1	9,40	9,40	2
5	**Leiste oben** 159980170002850003	1	9,90	9,90	2
6	**Leiste unten** 159980170002850004	1	13,20	13,20	2
7	**KLEBESATZ WINDSCHUTZSCHEIBE** 10910224 DIENSTLEISTUNGEN	1	73,02	73,02	2
8	**ALTGLASENTSORGUNG PKW** 10917009 DIENSTLEISTUNG	1	4,31	4,31	2
9	**ARBEITSWERT SCHEIBE 12 AW / h** 10910225 DIENSTLEISTUNGEN	34	5,96	202,64	2
10	**KLEINMATERIAL UND REINIGUNGSMATERIAL** 10910227 DIENSTLEISTUNGEN	1	5,43	5,43	2
11	**RADWECHSEL PKW ALU** 10910511 DIENSTLEISTUNG	4	3,88	15,52	2
12	**AUSWUCHTEN STAT. PKW ALU** 10910538 DIENSTLEISTUNG	2	8,02	16,04	2
13	**GUTE-FAHRT-CHECK DURCHGEFUEHRT** 10910165 DIENSTLEISTUNG	1	0,00		2

12.07.0 Barzahlung 515.58 EUR

-N-a-t-i-o-n-a-l--
- 0800 /

-e-u-r-o-p-a-w-e-i-t-
- 00 800 /

ACHTUNG! Radmuttern nach 50-100 km, bei Zwillingsrädern nach 200 km, unbedingt nachziehen lassen.

WARE ERHALTEN	Warenwert	Steuerpfl. Betrag		Umsatzsteuer	Endbetrag	Wäh
END-BETRAG DANKEND ERHALTEN!	515,58	515,58	19,0%	97,96	613,54	EUR

Autoreparatur

- Die Entnahme eines dem Unternehmen zugeordneten Pkw, den ein Unternehmer von einem Nichtunternehmer und damit ohne Berechtigung zum Vorsteuerabzug erworben hat, unterliegt nicht der Umsatzbesteuerung.[7]
- Aufwendungen für Reparaturen, Pflege, Dienstleistungen, Ersatz eines Scheibenwischers oder einer Autobatterie und Wartung führen selbst im Fall eines Vorsteuerabzugs nicht zu einer Umsatzsteuerpflicht bei Entnahme des Pkw.

Beleg buchen

Die Reparaturrechnung der Firma AutFit über den Austausch der Windschutzscheibe kostet 613,54 EUR und wird bar bezahlt. Beispiel

Kfz-Reparaturen Vorsteuer	515,58 EUR 97,96 EUR	
an Kasse		613,54 EUR

Das richtige Konto

BGA (GHK)	IKR	SKR03	SKR04	Kontenbezeichnung (SKR04)
034	0841	0320	0520	Pkw
4714	6882	4540	6540	Kfz-Reparaturen

[7] BFH, Urteil vom 18.10.2001, V R 106/98.

CArTEc

Automotive Engineering

K… e GmbH · …

D-…

TELEFON 0049 - (0) …3
TELEFAX 0049 - (0) …
EMAIL info@….de
INTERNET www.h… de

Firma Elektro Zapp
Inh. Erwin Zapp
Daimlerstr. 3

46464 Neustadt

Nummer/ number:
Kunden Nr:
Datum/ date:
Auftragsnummer:

Rechnung

Fahrzeug/ Modell	Amtl. Kennzeichen	Km/ Stand	Kundenberater
M… r S			

Wir bestellen, liefern, berechnen zu unseren AGB.

Rechnungsdatum entspricht Leistungsdatum

Menge quantity	Artikelnummer article number	Artikel article description	Einzel Preis single net	%	Gesamt Preis total net
1,00	1000	Leistungssteigerung 147 KW incl. TÜV-Eintrag	560,34	0,00	560,34
4,00	1000	Zündkerzen Beru UXF	4,60	0,00	18,40
1,00	1000	Luftfilter	13,50	0,00	13,50
1,00	1000	Fahrwerksfedern (Eibach) incl.Einbau u.TÜV-Eintr.	290,95	0,00	290,95
1,00	1000	Spurverbreiterungen incl. Montage	137,93	0,00	137,93
1,00	1000	Radschrauben	19,83	0,00	19,83

Warenwert	1.040,95
Porto	0,00
Verpackung	0,00
Nachnahme	0,00
Eilzuschlag/ Express	0,00

Summe Netto EURO/ net value:	1.040,95
19% MwSt. / V.A.T.	197,78
Summe Brutto EURO/ total amount:	1.238,73

Die Ware bleibt bis zur vollständigen Bezahlung Eigentum der Firma … bH

Zahlung sofort in bar ohne Abzug

The goods remain property of … e …H until complete payment.

Payable after receiving

D-6…
Tel.+49 (… · Fax …

Gebucht

BANK S…
BLZ … · Konto …
SWIFT CODE …
UST. ID NR. DE …
GESCHÄFTSFÜHRER H…
AMTSGERICHT …3

Autotuning (Sonderausstattungen)

- Anschaffungsnahe Einbauten von Sonderausstattungen, wie z. B. Standheizung, Klimaanlage, Diebstahlsicherung und eingebaute Navigationsgeräte, sind mit dem Pkw zu aktivieren.
- So sind ein eingebautes Autotelefon oder Autoradio keine Bestandteile des Kfz, da sie leicht vom Fahrzeug getrennt werden können.[8]
- Dagegen steht ein fest eingebautes GPS-Navigationsgerät in einem einheitlichen Nutzungs- und Funktionszusammenhang mit dem Kfz und kann nicht von der Nutzungsmöglichkeit des Kfz getrennt werden.[9]
- Schließlich kommt es auf die Nutzungs- und Funktionsmöglichkeit der Zusatzausstattung an: Ist die Gebrauchsmöglichkeit der in das Fahrzeug eingebauten zusätzlichen Gegenstände untrennbar mit der Art und Weise der Fahrzeugnutzung verbunden, ist eine vom Fahrzeug getrennte Beurteilung nicht möglich.

Beleg buchen

Beispiel

Unmittelbar nach dem Kauf wird der Mini auf eine höhere Leistung getuned und die Umbauten in den Fahrzeugbrief eingetragen. Die anschaffungsnahen Kosten werden zum Kaufpreis des Pkw hinzuaktiviert.

Pkw	1.040,95 EUR	
Vorsteuer	197,78 EUR	
an Bank		1.238,73 EUR

Das richtige Konto

BGA (GHK)	IKR	SKR03	SKR04	Kontenbezeichnung (SKR04)
034	0841	0320	0520	Pkw
4714	6882	4540	6540	Kfz-Reparaturen

[8] BFH, Urteil vom 18.10.2001, V R 106/98.

[9] BFH, Urteil vom 16.02.2005, VI R 37/04.

bahn. comf. DB IC/EC Fahrkarte
CIV 80 NORMALPREIS

UMTAUSCH/ERSTATTUNG AB DEM
1.GELTUNGSTAG: 15 EURO

1 Erwachsener

H: am 18.03.0 R: am 18.03.0

			VON	->NACH			Kl/Cl
IC/EC			Bensheim	->Frankfurt-Höchst			2
IC/EC			Frankfurt-Höchst	->Bensheim			

VIA: DA*F

1 BC 25

3214

Preis EUR ***59,50

17671404 MWST D: ***59,50 19,0% =***9,50 32
130037084 504514601 Bensheim 00
13003708-95 Kreditkarte 15.03.07 16:19

18030602376

Bahnfahrkarten

- Bahnfahrkarten gelten auch dann als Rechnungen, wenn sie nicht die Bestandteile Steuernummer, Rechnungsnummer, Nettoerlöse und Leistungsempfänger enthalten.
- Anstelle des Steuersatzes kann die Tarifentfernung angegeben sein (§ 34 UStDV). Denn bei einer Fahrtstrecke unter 50 km beträgt der Vorsteuerabzug 7 %, darüber 19 %.
- Bei Zugreisen ins Ausland muss aus dem Fahrausweis der Anteil des Beförderungspreises und der Steuersatz hervorgehen, der auf die Strecke bis zur Grenze entfällt (ein ausländischer Streckenanteil von weniger als zehn Kilometer gilt als inländisch, § 3 UStDV). Nur aus diesem Betrag erhalten Sie den Vorsteuerabzug.

Beleg buchen

Beispiel

Die Bahnfahrkarte zum Preis von 59,50 EUR bezahlt der Unternehmer über Kreditkarte. Der Steuersatz von 19 % und der Vorsteuerbetrag sind ausgedruckt.

Reisekosten Unternehmer Fahrtkosten	50,00 EUR	
Vorsteuer	9,50 EUR	
an Kreditkartenabrechnung		59,50 EUR

Das richtige Konto

BGA (GHK)	IKR	SKR03	SKR04	Kontenbezeichnung
4450	6850	4663	6663	Reisekosten Arbeitnehmer Fahrtkosten
4460	68510	4673	6673	Reisekosten Unternehmer Fahrtkosten
174	4890	1730	3610	Kreditkartenabrechnung

BGE

Berufsgenossenschaft
für den ....

BG für den Einzelhandel - 53 102 Bonn

Firma
Horst Starke
Wiesengasse 3
55586 Neustadt

Bezirksverwaltung Bonn
Mitglieder- und Beitragsabteilung

Telefon: (0228) ....
Telefax: (0228) ....
E-Mail: ....bonn@.....de
Datum: 12.06.....

Beitragsbescheid für 2007

gem § 168 Abs. 1 Sozialgesetzbuch - Gesetzliche Unfallversicherung - (SGB VII)

Sehr geehrte Unternehmerin, sehr geehrter Unternehmer,
wir haben den Beitrag für Ihr Unternehmen gemäß den umseitig genannten Vorschriften wie folgt berechnet:

I. Beitrag zur Berufsgenossenschaft							
	Unternehmer Versicherungssumme	Ehegatte	Arbeitnehmer Arbeitsentgelt	Gefahr-klasse	Beitragseinheiten	Beitrags-fuß	Beitrag EUR
	a	b	c	d	e=(a+b+c)xd	f	g=(e x f): 1000
Pflicht-Versicheru	22.080	6.850	61.526	3,9	352.778	3,43	1.210,03
Zusatz-Versicheru							
Freiwillige Versicheru							
II. Fremdbeiträge	Diese Beiträge sind von der Berufsgenossenschaft aufgrund gesetzlicher Vorschriften mit einzufordern und an Dritte abzuführen						
Ausgleichslast	Arbeitsentgelt wie I.c. abzüglich Freibetrag von 110.000 EUR						
Insolvenz für die Bundesanstalt für Arbeit	Arbeitsentgelt wie I.c. 61.526					2,34	143,97
Die Beitragsforderung für 2007 wird festgesetzt auf							1.354,00
Bitte zahlen Sie (möglichst keine Schecks verwenden)							1.354,00

Der festgesetzte Betrag wird am **15. des nächstens Monats** fällig. Überweisen Sie den Beitrag bitte so frühzeitig, dass er bis zum Fälligskeitstag unserem Bankkonto gutgeschrieben wird. Dies gilt auch, wenn Sie Rückfragen haben oder Widerspruch einlegen.
Bitte benutzen Sie den beigefügten Überweisungsträger. Sie erleichtern uns die Arbeit und helfen uns, Kosten zu sparen. Sie können das Formular bei allen Banken, Sparkassen und der Post, auch für Bareinzahlungen, verwenden.
Sollte die Zahlung nicht bis zum **Fälligkeitstag unserem Bankkonto gutgeschrieben sein**, ist nach § 24 Sozialgesetzbuch - Gemeinsame Vorschriften - (SGB IV) in Verbindung mit § 31 unserer Satzung ein Säumniszuschlag zu zahlen. Er beträgt für jeden angefangenen Monat der Säumnis (SGB IV) 1 v.H. des Rückstandes.
Außerdem haben Sie die Möglichkeit, am **Lastschriftverfahren** teilzunehmen. Falls Sie hiervon Gebrauch machen wollen, füllen Sie bitte, falls noch nicht geschehen, die beigefügte Einzugsermächtigung aus und senden diese so rechtzeitig zurück, dass sie **spätestens 10 Tage vor Fälligkeit bei der Berufsgenossenschaft vorliegt.**

Mit freundliche Grüßen
Berufsgenossenschaft für den Einzelhandel

Berufsgenossenschaften (Beiträge)

- Beiträge an Berufsverbände sind abziehbare Betriebsausgaben, wenn die Mitgliedschaft in dem Verband beruflich veranlasst ist (z. B. IHK, Handwerkskammer).
- Beiträge zu Berufsgenossenschaften zählen hingegen zu den sozialen Abgaben.
- Aus den Beiträgen ist kein Vorsteuerabzug möglich.

Tipp:

Beiträge zur Berufsgenossenschaft werden nur ausnahmsweise im Voraus erhoben. Bilden Sie in diesem Fall in der Bilanz eine sonstige Rückstellung.

Beleg buchen

Beispiel

Auf Basis der gemeldeten Arbeitsstunden und der Gefahrenklasse wird der Berufsgenossenschaftsbeitrag in Euro festgesetzt.

Berufsgenossenschaftsbeiträge	1.354,00 EUR	
an Bank		1.354,00 EUR

Das richtige Konto

BGA (GHK)	IKR	SKR03	SKR04	Kontenbezeichnung (SKR04)
427	692	4380	6420	Beiträge
4041	642	4138	6120	Beiträge zur Berufsgenossenschaft
428	6921	4390	6430	Sonstige Abgaben

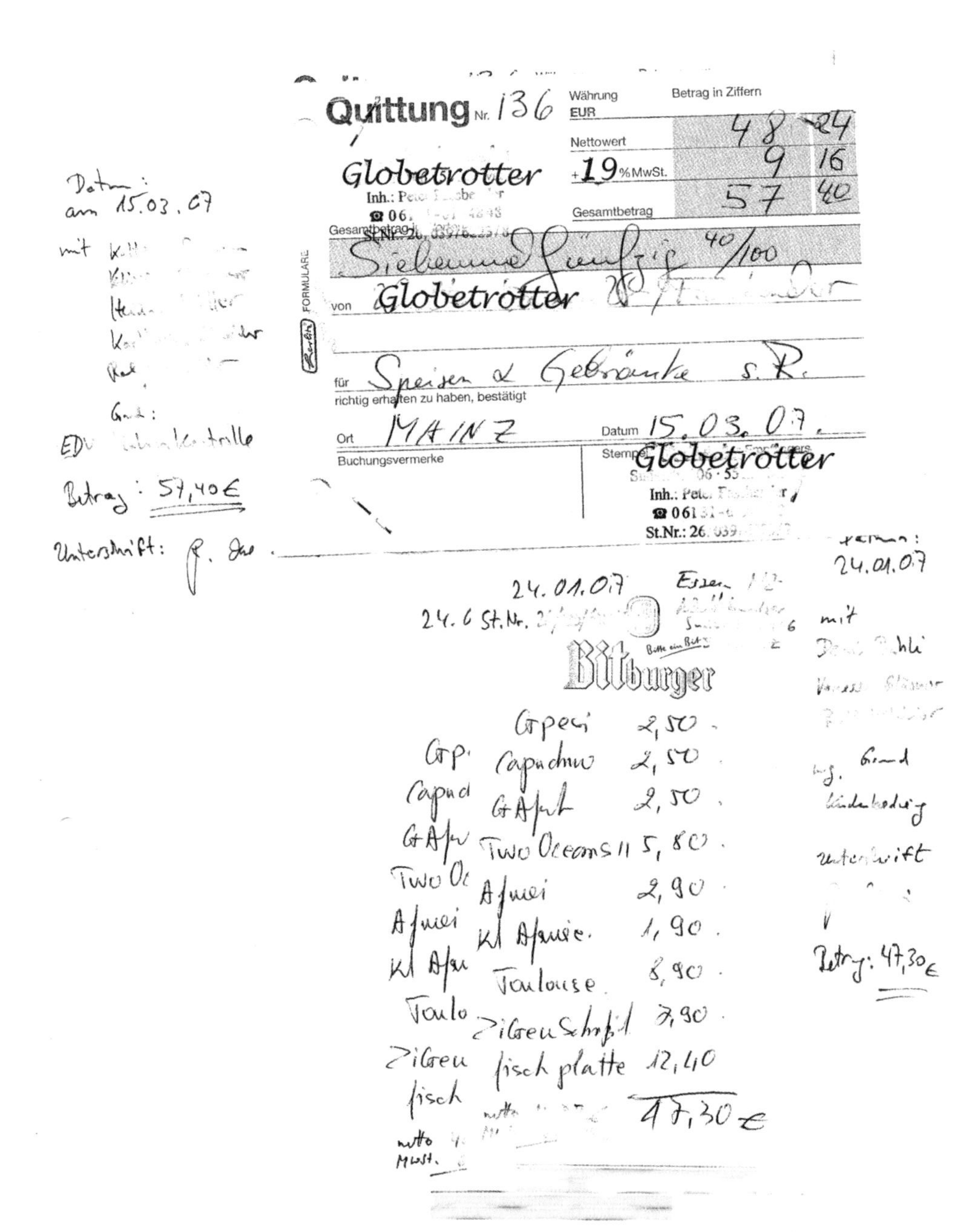

Quittung Nr. 136

Währung	Betrag in Ziffern	
EUR	48	24
Nettowert		
+19 % MwSt.	9	16
Gesamtbetrag	57	40

Globetrotter

Gesamtbetrag in Worten: Siebenundfünfzig 40/100

von Globetrotter

für Speisen & Getränke s. R.

richtig erhalten zu haben, bestätigt

Ort MAINZ Datum 15.03.07.

Buchungsvermerke

Stempel/Unterschrift des Empfängers: Globetrotter

Datum: am 15.03.07

mit

Grund:

EDV

Betrag: 57,40 €

Unterschrift:

24.01.07

Bitburger

Gspezi	2,50
Capuchino	2,50
G Apfel	2,50
Two Oceans	5,80
Afwei	2,90
Kl Afwie.	1,90
Toulouse	8,90
Zigeuner Schnitzel	7,90
fisch platte	12,40
	47,30 €

netto

MwSt.

Datum: 24.01.07

mit

Grund

Unterschrift

Betrag: 47,30 €

Bewirtung von Mitarbeitern

- Sachleistungen des Arbeitgebers, die auch im gesellschaftlichen Verkehr üblicherweise ausgetauscht werden und zu keiner ins Gewicht fallenden Bereicherung der Arbeitnehmer führen, gehören als bloße Aufmerksamkeiten nicht zum Arbeitslohn.
- Als Aufmerksamkeiten gehören auch Getränke und Genussmittel, die der Arbeitgeber den Arbeitnehmern zum Verzehr im Betrieb unentgeltlich oder teilentgeltlich überlässt, nicht zum Arbeitslohn. Dasselbe gilt für Speisen, die der Arbeitgeber den Arbeitnehmern anlässlich und während eines außergewöhnlichen Arbeitseinsatzes überlässt und deren Wert 44 EUR nicht überschreitet.[10]
- Die Bewirtung eigener Arbeitnehmer durch den Arbeitgeber außerhalb von herkömmlichen Betriebsveranstaltungen führt in der Regel zu einem Zufluss von Arbeitslohn. Bei einem außergewöhnlichen Arbeitseinsatz kann ausnahmsweise der Belohnungscharakter verneint werden, wenn die unentgeltliche Überlassung des Essens für den Arbeitgeber von erheblicher Wichtigkeit ist.[11]

Beleg buchen

Die Arbeitsbesprechung zu den aktuellen organisatorischen Problemen mit dem Mahnwesen findet in der Gaststätte *Globetrotter* statt.

Beispiel

Achtung:

Der Inhaber der Gaststätte *Globetrotter* kann offensichtlich keine maschinelle Rechnung erstellen. Bei einer Bewirtung von Geschäftsfreunden wäre deshalb der Betriebsausgabenabzug gefährdet.

Freiwillige Soziale Aufwendung lohnsteuerfrei	57,40 EUR	
an Kasse		57,40 EUR

Das richtige Konto

BGA (GHK)	IKR	SKR03	SKR04	Kontenbezeichnung (SKR04)
405	6410	4140	6130	Freiw. soziale Aufwendung, LSt.-frei

[10] Vgl. R 73 Lohnsteuerrichtlinien.

[11] BFH, Urteil vom 04.08.1994 – VI R 61/92.

Kai...
55...
Tel.: 061...
St.Nr.5...

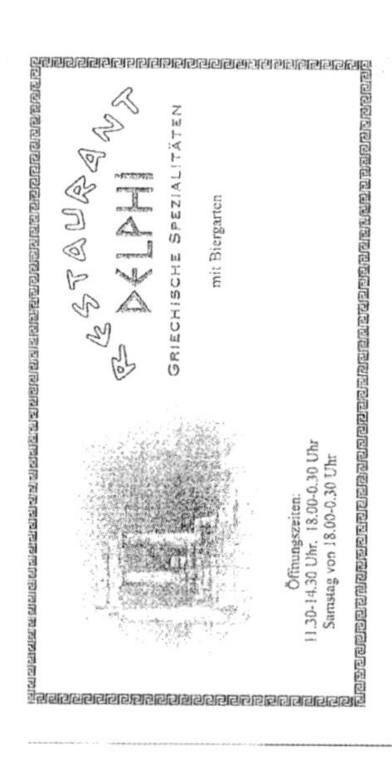

* Rechnung 9
Tisch # 5

1 Kalbsnieren	17,50
3 Flensburger 0.33	7,80
2 Medoc 0.2	7,00
1 DIVERSES	13,50
1 DIVERSES	17,50
1 DIVERSES	8,50
9 Total	71,80
Netto MWST 19%	60,33
MWST 19%	11,44
BAR	71,80

RECHNUNG

Tischreservierung erbeten.
Alle Speisen auch zum Mitnehmen.
Ab 15 € Lieferung frei Haus
Vielen Dank für Ihren Besuch!

Kein Ruhetag,
durchgehend
warme Küche

Mon 14-11-2007 23:52:17
#0062 L0001 Bediener 2

Vielen Dank
für Ihren Besuch

Angaben
zum Nachweis der Höhe und
der betr.Veranlassung von
Bewirtungsaufwenmdungen
($ 4 Abs.5 Ziff. 2 EStG)

Tag und Ort der Bewirtung:

Bewirtete Person(en):

Anlass der Bewirtung:
wg. Einkauf ...
Umsatzentwicklung

Höhe der Aufwendungen
x bei Bewirtung x i
in Gaststätte
lt. umseitiger / beigefüg
Rechnung

71,80 €

Ort Datum Unterschrif
... 14.11. ...

Rechnungsempfänger:

****

Angaben zum Nachweis der Höhe und der betrieblichen Veranlassung von Bewirtungsaufwendungen
($ 4 Abs. 5 Ziff. 2 EStG)

Tag der Bewirtung
Ort der Bewirtung
Bewirtete Person(en)
Höhe der Aufwendungen
Bei Bewirtung in Gaststätte* lt. Umseitiger/beigefügter Rechnung €
In anderen Fällen* €
*Zutreffendes bitte ankreuzen
Ort/Datum/Unterschrift

Bewirtungskosten

- Die angemessenen Aufwendungen für die Bewirtung von Geschäftsfreunden aus geschäftlichem Anlass sind nur dann abziehbar, wenn sie einzeln und getrennt von den sonstigen Betriebsausgaben zeitnah aufgezeichnet werden (§ 4 Abs. 7 EStG). Von den Bewirtungskosten sind 30 % nicht abzugsfähig. Nach einem Urteil des Bundesfinanzhofs können Sie gleichwohl in voller Höhe Vorsteuer abziehen.[12]
- Hat die Bewirtung in einer Gaststätte stattgefunden, genügen Angaben zum Anlass und zu den Teilnehmern der Bewirtung. Es muss sich um eine maschinell erstellte Rechnung handeln, auf der Bewirtungsleistungen nach Art, Umfang, Entgelt und Tag der Bewirtung in der Rechnung gesondert bezeichnet werden. Die Angabe „Speisen und Getränke“ reicht nicht aus. Die Rechnung muss den Namen der Gaststätte und des Gastgebers enthalten, das Nettoentgelt und die ausgewiesene Umsatzsteuer, die Rechnungsnummer und die Steuernummer des Gastwirts. Dies gilt nicht bei Kleinbetragsrechnungen bis 150 EUR (bis 2006: 100 EUR).

Achtung:
Als zeitnahe Erfassung wird der Zeitraum von 10 Tagen gesehen. Im Urteil vom 19.08.1980 hat der Bundesfinanzhof eine monatliche Aufgliederung schon als nicht mehr ausreichend angesehen.

Beleg buchen

Bewirtung der Geschäftsfreunde im Restaurant *Delphi*.

Beispiel

Bewirtungskosten Nicht abzugsfähige Bewirtungskosten Vorsteuer	42,33 EUR 18,00 EUR 11,47 EUR	
an Kasse		71,80 EUR

Das richtige Konto

BGA (GHK)	IKR	SKR03	SKR04	Kontenbezeichnung (SKR04)
		4650	6640	Bewirtungskosten
2082	6868	4654	6644	Nicht abzugsfähige Bewirtungskosten

[12] BFH, Urteil vom 10.02.2005, Az. V R 76/03.

Buchführungsbüro Pro-Account

Steuerfachgehilfin Erika Sommer
62631 Oppenheim, Daimlerstr. 3 Postfach 1301
info@pro-account.de

Pro-Account 62631 Oppenheim Postfach 1301

Firma
Horst Starke
Wiesengasse 3
55586 Neustadt

Seite:	1 von 1
Kd.b.Lief.:	
Kundennr.:	12370
Bearbeiter:	
Bestellnr:	
Ust.Id.Nr.:	
ProjektNr.:	
Steuernr.:	
Lieferdatum:	05.10.2007
Datum:	02.12.2007

Rechnung Nr. 2200515

Vielen Dank für Ihren Auftrag !

Pos	Menge		Artikel-Nr.	Text	Einzelpreis	Rabatt	Gesamtpreis
1	2,00		1023	Kontierung lfd. Monatsbuchhaltung September, Oktober 2007	100,00		200,00
6	13,00		1055	Lohnabrechnung September 2007 13 AN	6,90		89,70
8	18,00		1055	Lohnabrechnung Oktober 2007 18 AN	6,90		124,20
7	5,00		1060	Einrichtung Lohnkonten	11,50		57,50
Gesamt Netto							471,40
zzgl. 19,00 % USt. auf						471,40	89,57
Gesamtbetrag							€ 560,97

Vielen Dank für Ihren Auftrag !

Buchführungskosten

- Die Kosten für die Buchführung durch selbstständige Buchhalter oder Steuerberater sind als Betriebsausgabe abziehbar.
- Buchführungskosten für den Monat Dezember bzw. das 4. Quartal gehören wirtschaftlich in das abgelaufene Jahr und sind als Verbindlichkeiten zu bilanzieren. Die Vorsteuer kann jedoch nicht im alten Jahr abgezogen werden, weil die Buchführungsarbeiten frühestens im Januar des Folgejahres ausgeführt und abgerechnet werden können.

Beleg buchen

Beispiel

Die Rechnung für die Finanz- und Lohnbuchführung September und Oktober 2007 in Höhe von 560,97 EUR werden überwiesen:

Buchführungskosten	471,40 EUR	
Vorsteuer	89,57 EUR	
an Bank		560,97 EUR

Das richtige Konto

BGA (GHK)	IKR	SKR03	SKR04	Kontenbezeichnung (SKR04)
484	677	4950	6825	Rechts- und Beratungskosten
4845	6771	4957	6827	Abschluss- und Prüfungskosten
4846	6176	4955	6830	Buchführungskosten

Computer & Bürobedarf
Top in Preis und Leistung!

unsere Bestellhotline : 065
unsere Faxnummer : 06

Rechnung

Firma
Horst Starke
Wiesengasse 3
55586 Neustadt

	Seite 1
Rechnungsnummer	10
Rechnungsdatum	18.05.200
Kundennummer	100

Sachbearbeiter	Susanne
Durchwahl	DW:-30 (FAX 82
Versandart	Standard
Versandtarif	Internet
USt-ID-Nr.	
Reklamationshotline	06
Fibu - Hotline	06
Zahlungsart	Bankeinzug
e-Mail	

Ihre Internetbestellung

Pos.	Artikel-Nr	Artikelbezeichnung	Menge	Preis	Rab% 1 / Rab% 2	Gesamt/EUR
		SAMMELBELEG -> WA-Aufträge Übernahme von Auftrag Nr. 24066759 / 18.05.2006				
1	1400471	Papier A4 80g weiß ECONOMY - 5.000 Blatt Packung, Testpreis: Gilt nur 1x je Kunde - Mehrmengen werden zu den aktuellen Staffelpreisen berechnet. Bitte beachten: Bei diesem Papier kaufen wir für Sie immer günstigst zu einer guten Qualität ein. Daher können die Sorten von Lieferung zu Lieferung variieren. - Qualitätspapier im Economy-Bereich mit ansprechender Weiße und ordentlicher Stabilität - mit guten Abbildungs- und Laufeigenschaften auf allen modernen Bürogeräten, auf Hochleistungskopierern inkl. Sorter, Heftung und Falzung - dank seiner universellen Eigenschaften immer dann eine gute Wahl, wenn ökonomische Aspekte absolut im Vordergrund stehen	1	14,90 PE : 5000	2,00	14,60
2	1399905	Canon PIXMA iP 4200 Tinte schwarz (0620b001/CLI-8BK) ...... ohne Umkarton... Canon / PIXMA:MP 800-iP 4200-iP 5200-iP 6600-; - Kapazität: bis zu 450 Seiten bei 5 Prozent Seitendeckung A4	1	7,80	2,00	7,64

* Lieferdatum : 19.05.200

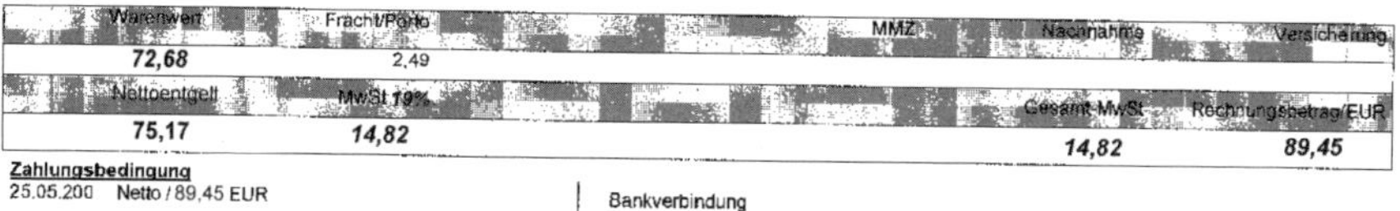

Warenwert	Fracht/Porto	MMZ	Nachnahme	Versicherung
72,68	2,49			

Nettoentgelt	MwSt 19%	Gesamt-MwSt	Rechnungsbetrag/EUR
75,17	14,82	14,82	89,45

Zahlungsbedingung
25.05.200 Netto / 89,45 EUR

Bankverbindung
Bankleitzahl
Kontonummer

Der Betrag wird innerhalb von 7 Tagen abgebucht. 2% Bankeinzugsrabatt sind bereits im Feld 'Rab% 2' berücksichtigt.

Gerichtsstand für beide Seiten ist r. Es gilt erweiterter Eigentumsvorbehalt. Steuernummer : 11 UST-ID : DE 8

zbank BLZ 5 Kto. 3 Eingetragen beim AG

Es gelten ausschl. unsere Ihnen bekannten Allgemeinen Verkauf- und Lieferbedingungen. Diese sind unter www. .de abrufbar.

Bürobedarf

Unter Bürobedarf versteht man alle Wirtschaftsgüter, die Verbrauchsmaterial darstellen und deren Anschaffungskosten weniger als 60 EUR/Stück betragen.
Dazu zählen z. B. Aufwendungen für

- allgemeines Papier und Briefpapier,
- Schreibgeräte und Minen,
- Mappen und Ordner,
- Mülleimer,
- Post-it-Blöcke,
- Radiergummis, Tesa, Klebestifte etc.

Diese Aufwendungen werden unter „Bürobedarf" gebucht.

Tipp:

Achten Sie darauf, dass die gekauften Büroartikel vollständig ausgezeichnet sind, damit sich der Steuersatz eindeutig bestimmen lässt.

Beleg buchen

Die Firma *Beta* liefert Druckertoner und Briefkuverts.

Beispiel

Bürobedarf	75,17 EUR	
Vorsteuer	14,82 EUR	
an Bank		89,45 EUR

Das richtige Konto

BGA (GHK)	IKR	SKR03	SKR04	Kontenbezeichnung (SKR04)
481	6800	4930	6815	Bürobedarf

Tel. (04
Fax (04

Firma Elektro Zapp
Inh. Erwin Zapp
Daimlerstr. 3

46464 Neustadt

Ihre Bestell-Daten:
Auftr.-Nr. ▶ 08/15
vom ▶ 14/02/2007

RECHNUNG

Seite 1

Bei Zahlung bitte angeben

Kunden-Nr. ▶ 123456 | **Rechnungs-Nr.** ▶ 7894512 | **Tag** ▶ 14/02/2007

Wir lieferten Ihnen und berechnen wie folgt:

Best.-Nr.	Bezeichnung	Farbe	Anzahl	Preis per 100	Preis ges.
D-020	Drahtbindemaschine eco II	weiß	1		599,00
	12 Monate Garantie				
	Birkenbihl "27 Erfolge"	we/r	1	kostenlos	
			1	kostenlos	
	Das Rechnungsdatum entspricht dem Lieferdatum				
***	Vielen Dank für Ihren Auftrag -				
	und empfehlen Sie uns bitte weiter.		***		

▶ Die gelieferte Ware bleibt bis zur vollständigen Bezahlung unser Eigentum.

▶ Zahlung innerhalb 8 Tagen abzüglich 2% Skonto
oder innerhalb 30 Tagen netto ohne Abzug.

▶ Unsere UST ID-NR. DE 11

Netto-Warenwert	599,00
Versandspesen einschl. Versicherung	0,00
netto *EUR*	599,00
zzgl. ***19%*** Mwst.	113,81
gesamt *EUR*	712,81

./. 2 %
698,55

tan 753808

Anschrift | Handelsregister | Telefon | Telefax | Postbank | Bank

Büromaschinen

- Büromaschinen unter 60 EUR sind den „Werkzeugen und Kleingeräten" zuzuordnen.
- Büromaschinen wie Kopierer, Faxgeräte, Bindemaschine als selbstständig nutzungsfähige Geräte sind bei Anschaffungskosten unter 410 EUR als Geringwertige Wirtschaftsgüter (GWG) sofort abzugsfähig, ansonsten als „Sonstige Betriebs- und Geschäftsausstattung" zu aktivieren.
- Nicht selbstständig nutzungsfähige Bürogeräte, wie z. B. Drucker und Computermonitore, sind selbst bei Anschaffungskosten unter 410 EUR nicht als GWG zu behandeln. Sie sind über die betriebsgewöhnliche Nutzungsdauer von drei Jahren abzuschreiben.

Beleg buchen

Beispiel

Die Drahtbindemaschine kostet 599 EUR. Bei Zahlung innerhalb von 8 Tagen kann jedoch 2 % Skonto abgezogen werden, also wird unmittelbar der skontierte Rechnungsbetrag von 698,55 EUR überwiesen.

Sonstige Betriebs- und Geschäftsausstattung	587,02 EUR	
Vorsteuer	111,53 EUR	
an Bank		698,55 EUR

Das richtige Konto

BGA (GHK)	IKR	SKR03	SKR04	Kontenbezeichnung (SKR04)
033	087	0490	0690	Sonstige Betriebs- und Geschäftsausstattung
037	089	0480	0670	GWG
472	603	4985	6845	Werkzeuge und Kleingeräte

FirmenService

Lieferadresse	Rechnungsanschrift
Firma	Firma
Horst Starke	Horst Starke
Wiesengasse 3	Wiesengasse 3
55586 Neustadt	55586 Neustadt

Rechnung Nr. Datum 25.02.2

Order Nr. 07 -1 Kunden Nr:

Katja Lenz (Firmenservice A Service Tel: 0(

Ihre Lieferung 25.02.2

M	Anz.	Beschreibung	Art.Nr.	Preis	Gesamt
	2	101-00 0		2.500,00	5.000,00
	1	E 60 SCHW	3486	4.520,00	4.520,00
	2	EF	74	190,00	320,00
	10	E. BU	848	200,00	2.000,00

Warenwert gesamt		11.900,00
Gesamtbetr.d. Rechnung	Waren u. Service total	11.900,00
MwSt. 19%: EUR 1.900,00	Netto total	10.000,00
Mit Firmen Konto Nr: 11290	werden verrechnet	11.900,00

Liebe -Kundin, lieber Kunde,
hiermit bestätigen wir Ihre Bestellung.

Die Anlieferung erfolgt tagsüber ab 7.00 Uhr.

Ihr

Büromöbel

- Nach der amtlichen AfA-Tabelle beträgt die betriebsgewöhnliche Nutzungsdauer von Büromöbeln 13 Jahre.
- Selbstständig nutzungsfähige Büromöbel unter 410 EUR Anschaffungskosten können als Geringwertige Wirtschaftsgüter (GWG) sofort abgeschrieben werden.
- Etwas anderes gilt z. B. für Stahlregalteile, die Sie neu kombinieren könnten. Ausschlaggebend ist der Wert des zusammenhängenden Regals am Jahresende.

Beleg buchen

Beispiel

Bei den Büromöbeln sind neben den Schränken auch die Schreibtischkombinationen und Regalteile mit über 410 EUR Anschaffungskosten anzusetzen. Lediglich Stühle und Beistelltische können als GWG erfasst werden.

GWG	2.000,00 EUR	
Büroeinrichtung	8.000,00 EUR	
Vorsteuer	1.900,00 EUR	
an Bank		11.900,00 EUR

Das richtige Konto

BGA (GHK)	IKR	SKR03	SKR04	Kontenbezeichnung (SKR04)
0332	087	0420	0650	Büroeinrichtung
037	089	0480	0670	GWG

LANDRATSAMT BUSSGELDST. FAX

TEL.: (APP. SIEHE BEI SACHBEARB.)

Buchungs-/Aktenzeichen
Bitte stets angeben

LANDRATSAMT

Herrn, Frau, Firma

Horst Starke
Wiesengasse 3
55586 Neustadt

Schriftliche Verwarnung mit Verwarnungsgeld/Anhörung

R Ü C K S E N D U N G
INNERHALB EINER WOCHE ERBETEN
AN:

Sehr geehrte Dame, sehr geehrter Herr,

Ihnen wird zur Last gelegt, am , um Uhr in

als Führer/in des PKW,
folgende Ordnungswidrigkeit(en) nach § 24 StVG begangen zu haben:

Sie überschritten die zulässige Höchstgeschwindigkeit innerhalb
geschlossener Ortschaften um 6 km/h.
Zulässige Geschwindigkeit: 30 km/h;
Festgestellte Geschwindigkeit (abzgl. Toleranz): 36 km/h.
§ 41 Abs. 2, § 49 StVO; § 24 StVG; 11.3.1 BKat

GESCHWINDIGKEITSMESSUNG/LICHTBILD

Hinweis: wenn Sie sich nicht äußern wollen, kann das Foto mit Ihrem im Pass-/oder Personalausweisregister hinterlegten Foto verglichen werden.

Beweismittel: Foto
FILM:

Zeuge/
Anzeigeerstatter:

Verwarnungsgeld 15,00 €

Wurde die Zahlung für obiges Aktenzeichen bereits geleistet, ist dieses Schreiben gegenstandslos.

Zahlbar innerhalb einer Woche nach Zugang. Verspäteter oder unvollständiger Zahlungseingang kann einen Bußgeldbescheid mit zusätzlichen Verfahrenskosten zur Folge haben.

Mit freundlichen Grüßen

Hinweis:
Keine Eintragung in das Verkehrszentralregister.

bitte wenden ➡

Bußgelder

- Für Bußgelder besteht ein steuerliches Abzugsverbot (§ 4 Abs. 5 Satz 1 Nr. 8 Satz 1 EStG).
- Übernimmt ein Arbeitgeber die Zahlung von Verwarnungsgeldern (oder sogar Geldstrafen), die einem Arbeitnehmer aus unterschiedlichsten Gründen auferlegt werden, handelt es sich um Arbeitslohn. Dies gilt z. B. auch für Geschwindigkeitsübertretungen auf Weisung des Arbeitgebers durch angestellte Taxifahrer oder für das Überladen eines Lkw, das Überschreiten von Lenkzeiten etc.
- Die Übernahme von Verwarnungsgeldern durch den Arbeitgeber kann ausnahmsweise nicht zu einem Arbeitslohn führen, wenn sie im eigenbetrieblichen Interesse des Arbeitgebers liegt.[13] In diesem Sonderfall musste ein Paketzusteller Nachteile betroffener Fahrer ausgleichen, die in Städten ohne Ausnahmegenehmigungen für das Halten in Verbotszonen auslieferten.

Beleg buchen

Beispiel

Die Geschwindigkeitsüberschreitung Ihres Mitarbeiters von 6 km/h innerorts auf dem Weg zur Post kurz vor Schalterschluss wird mit 15 EUR geahndet. Im eigenen Interesse übernehmen Sie das Bußgeld, müssen aber die Geldbuße als zusätzlichen Sachbezug ansetzen.

Gehalt Nicht abzugsfähige Betriebsausgaben	15,00 EUR 15,00 EUR	
an Bank an verrechnete Sachbezüge		15,00 EUR 15,00 EUR

Das richtige Konto

BGA (GHK)	IKR	SKR03	SKR04	Kontenbezeichnung
2082	6868	4645	6645	Nicht abzugsfähige Betriebsausgaben
40	62	4100	6000	Löhne und Gehälter
279	5190	8590	4940	Verrechnete sonstige Sachbezüge

[13] BFH, Urteil vom 07.07.2004, VI R 29/00.

Ges. für Computernetze und Systemlösungen mbH

Zentrale [illegible]
D[illegible]
[illegible]eim
Tel. [illegible]
Fax 0[illegible]

B[illegible]
Im[illegible]
69[illegible]
Tel. [illegible]
Fax [illegible]

http://www.gr[illegible]
e-Mail: info@g[illegible]

Geschäftsführer
Dipl-Informati[illegible]

H[illegible]
Ust ID-Nr. D[illegible]

Bankverbindungen
[illegible]
Kto. [illegible]0

Volk[illegible]
Kt[illegible]

Firma
Horst Starke
Wiesengasse 3

55586 Neustadt

Rechnung Nr. 3[illegible]

Rechnungsdatum=Lieferdatum

Kunden-Nr. [illegible] Unser Zeichen [illegible] den 22.04[illegible]

Wir danken für Ihre Bestellung und berechnen wie folgt :

Pos.	Menge	Bezeichnung	Einzel-Pr.	Gesamt EUR
1	1,00 Stk.	Siemens L /P-III-1GHz/20GB/256MB/CD-Rom/ Windows 2000 Liz., Restgarantie 6 Mon.	269,00	269,00
2	1,00 Stk.	AVM FRITZ!Card, 32 Bit PCI, passiv inkl. Kommunikationssoftware f. Windows	69,00	69,00
3	1,00 Std.	Installation von Windows 2000 sowie Einrichtung als HAP1 - pauschal	120,00	120,00
4	1,00 Stk.	Fahrtkostenpauschale bis 30 km Anfahrt	30,00	30,00

Betrag netto	EUR	488 , 00
MwSt 19,0%	EUR	92 , 72
Endbetrag	EUR	580 , 72

Zahlungsziel : 8 Tage rein netto
bis 30.04.2[illegible] EUR

Überw. 03.05.0[illegible]
Je

Lieferung ausschließlich zu unseren allg. Geschäftsbedingungen, die unter www [illegible] agb eingesehen oder bei uns angefordert werden können.

25. April 200[illegible] 65 i.O.

Computer (Anschaffungskosten)

- Zu den Anschaffungskosten von Computern gehören neben dem Anschaffungspreis auch die einzelnen zurechenbaren Anschaffungsnebenkosten und die nachträglichen Anschaffungskosten.
- Nachträgliche Anschaffungskosten entstehen im Rahmen von Umbauten oder Erweiterungen der Anlage. Dabei kann die Abgrenzung zu Erhaltungsaufwand und Instandsetzung schwierig sein. Als Indiz für nachträgliche Anschaffungskosten dient die Erweiterung der Anlage in zeitlicher Nähe zur Anschaffung, ohne dass ihre Wesensart verändert wird.
- Computerzubehör, wie z. B. Maus, Drucker, Tastatur, Monitor, Scanner, können nicht selbstständig genutzt werden. Daher kommt eine sofortige Abschreibung – auch wenn die Anschaffungskosten des einzelnen Gegenstandes unter 410 EUR (netto) liegen sollten – als geringwertiges Wirtschaftsgut im Regelfall nicht infrage.

Tipp

Beim nachträglichen Austausch von Computerteilen und bei Aufrüstung bzw. Anpassung an den technischen Fortschritt handelt es sich um Reparatur- und Wartungsaufwand, den Sie als Betriebsausgabe direkt abziehen können.

Beleg buchen

Beispiel

In einem gebrauchten Standard-PC wird eine ISDN-Karte eingebaut. Wegen der Nebenkosten durch Installation und Lieferung übersteigen die Anschaffungskosten insgesamt die Grenze von 410 EUR für Geringwertige Wirtschaftsgüter.

Computer Vorsteuer	488,00 EUR 92,72 EUR	
an Bank		580,72 EUR

Das richtige Konto

BGA (GHK)	IKR	SKR03	SKR04	Kontenbezeichnung (SKR04)
033	087	0490	0690	Sonstige Betriebs- und Geschäftsausstattung
4831	6165	4806	6495	Wartungskosten für Hard- und Software

EXtrasoft GmbH

Firma Müller GmbH
zHd Geschäftsführer Friedrich Müller
Industriestraße 10

43598 Staade

Gebucht

15.09.20

R E C H N U N G

Nummer : 33

Seite : 1

Bezeichnung	Anzahl	Einzelpreis	Gesamt
19" ACER TFT Display AL1511s geliefert mit nach	2	199,80	399,60

Leistung erbracht bzw. Lieferung erfolgte im Monat der Rechnungsstellung.
Zahlungsbedingungen:
Zahlbar ohne Abzug bis 29.09.20

Netto EUR	399,60
19 % Mwst	75,92
Gesamt EUR	475,52

Die Ware bleibt bis zur restlosen Bezahlung Eigentum des Lieferanten. Es gilt der erweiterte Eigentumsvorbehalt.

Anschrift:
D
Telefon:
Telefax:

Internet:
http://www. …soft-gmbh.de
E-Mail:
Info@ …bh.de
Ust.ID-Nr.:
DE 8

Registergericht:
Amtsgericht
HRB
Geschäftsführer:

Bankverbindungen:
Sparkas
Konto
Konto

Computermonitore

- Büromaschinen unter 60 EUR sind den „Werkzeugen und Kleingeräten“zuzuordnen.
- Büromaschinen wie Kopierer, Faxgeräte, Bindemaschine als selbstständig nutzungsfähige Geräte sind bei Anschaffungskosten unter 410 EUR als Geringwertige Wirtschaftsgüter (GWG) sofort abzugsfähig, ansonsten als „Sonstige Betriebs- und Geschäftsausstattung“ zu aktivieren.
- Nicht selbstständig nutzungsfähige Bürogeräte, wie z. B. Drucker und Computermonitore, sind selbst bei Anschaffungskosten unter 410 EUR nicht als GWG zu behandeln. Sie sind über die betriebsgewöhnliche Nutzungsdauer von drei Jahren abzuschreiben.

Tipp

Wenn Sie die Bildschirme älteren Computern im Anlagenverzeichnis zuordnen, lassen sie sich über den verkürzten Abschreibungszeitraum absetzen.

Beleg buchen

Beispiel

Die Flachbildschirme von Extrasoft kosten 399,60 EUR. Da sie nur zusammen mit einem Computer, aber nicht selbstständig nutzungsfähig sind, kommt keine Sofortabschreibung als GWG in Betracht. Die Monitore sind entweder einzeln zu aktivieren oder aber zusammen mit den Computern, an denen sie eingesetzt werden (Nutzungszusammenhang).

Sonstige Betriebs- und Geschäftsausstattung	399,60 EUR	
Vorsteuer	75,92 EUR	
an Bank		475,52 EUR

Das richtige Konto

BGA (GHK)	IKR	SKR03	SKR04	Kontenbezeichnung (SKR04)
033	087	0490	0690	Sonstige Betriebs- und Geschäftsausstattung
037	089	0480	0670	GWG
472	603	4985	6845	Werkzeuge und Kleingeräte

Software & Consulting GmbH

Postfach 3
D - 8

D - 8
Telefon 0
Telefax 08
e-mail info@ de
w w w . d e

Firma
Horst Starke
Wiesengasse 3
55586 Neustadt

Rechnung RE-0
Ihre Kunden-Nr.: 6
Ihre Bestellung: fax
Ihr Bestelldatum: 06.04.200
Es betreut Sie: St Durchwahl -44

06.04.20
Rechnungsdatum=Lieferdatum

Pos	Art.-Nr.	Bezeichnung	Menge	EP	Gesamt
1		KalcStar 7.30 Hersteller: Originalartikelnr:	1	743,46 EUR	743,46 EUR

Summe netto	743,46 EUR
+ Versand	12,00 EUR
Zwischensumme netto	755,46 EUR
+ Mwst.	143,54 EUR
Endbetrag	899,00 EUR

20571

Zahlungsbedingung: Bankeinzug
wird abgebucht von

***** Achtung - Neue Versandkosten ab Lieferung - Achtung! *****
***** Stellen Sie jetzt um auf Bankeinzug! Versand erfolgt d ****

Dokument-Nr. Seite 1
Die Ware bleibt bis zur vollständigen Bezahlung unser Eigentum.

Sitz der Gesellschaft Geschäftsführer Dipl.In USt.-Id-Nr. DE1 Sparkasse Kt.-Nr. BLZ 72 Kt.-Nr. BLZ Kt.-Nr. BLZ Kt.-Nr. BLZ
HRB

Computerprogramme (Software)

- Computerprogramme sind immaterielle Wirtschaftsgüter. Die Anschaffungskosten sind über eine betriebsgewöhnliche Nutzungsdauer von drei Jahren[14] bis fünf Jahren[15] abzuschreiben.
- Computerprogramme unter 410 EUR Anschaffungskosten (Betriebssystemsoftware wie Windows XP oder Anwendungsprogramme wie der Lexware Buchhalter) dürfen als so genannte Trivialsoftware wie Geringwertige Wirtschaftsgüter (GWG) sofort abgeschrieben werden.
- Eine mit wirtschaftlicher Abnutzung begründete kürzere Nutzungsdauer kann nur dann zu Grunde gelegt werden, wenn das Wirtschaftsgut vor Ablauf der technischen Nutzbarkeit objektiv wirtschaftlich verbraucht ist.[16]

Beleg buchen

Das Artikelkalkulationsprogramm kostet brutto 899 EUR.

Beispiel

Software Vorsteuer	755,46 EUR 143,54 EUR	
an Bank		899,00 EUR

Das richtige Konto

BGA (GHK)	IKR	SKR03	SKR04	Kontenbezeichnung
14	23	27	135	Software
4831	6165	4806	6495	Wartungskosten Hard- und Software
4912	6549	4855	6260	Sofortabschreibung GWG
492	651	4822	6200	Abschreibung immaterieller VG
4929	655	4826	6210	Außerplanmäßige Abschreibung immaterieller VG

[14] Schmidt/Weber-Grellet EStG § 5 Rdn. 270.

[15] Niedersächsisches Finanzgericht, Urteil vom 16.01.2003, AZ: 10 K 82/99.

[16] FG Münster, Urteil vom 18.02.2005, Az. 11 K 5218/03 E,U.

LEXWARE®

545

Lexware GmbH & Co. KG, Pf 112, D-79001 Freiburg

Firma
Horst Starke
Wiesengasse 3
55586 Neustadt

1 2 0 0 0 3 3 8 2

Rechnungsnummer:	R20
Kundennummer:	
Rechnungsdatum:	12.01.0
Fälligkeitsdatum:	11.02.0
Lieferdatum:	12.01.0
Seite:	1

Rechnung R20(

Artikel	Beschreibung	Menge	VK-Preis	Rabatt	Betrag
8871-020-0400	Lexware faktura plus Update Version 15.2	1 Stück	167,23 EUR		167,23 EUR
	Versandkostenanteil	1	5,90 EUR		5,90 EUR

20514

Total	173,13 EUR
19%MWSt	32,89 EUR
Total inkl. MWSt	206,02 EUR

Bitte nicht überweisen! Abbuchung über: Kto. , BLZ
Zahlungsbedingung 30 Tage rein netto

Bankverbindung	Sparkasse BLZ Konto
Unsere USt.-IdNr.	DE

Computerprogramme (Updates)

- Computerprogramme sind immaterielle Wirtschaftsgüter. Die Anschaffungskosten sind über eine betriebsgewöhnliche Nutzungsdauer von drei Jahren[17] bis fünf Jahren abzuschreiben.[18]
- Updates behandeln Sie in der Regel als Instandhaltungsaufwand, den Sie sofort als Betriebsausgabe absetzen können. Nur wenn die Updates in sich selbstständig lauffähige Programme sind, ohne Abhängigkeit zur Vorläuferversion, ist das Update zu aktivieren (sofern über 410 EUR) und die alte Version abzuschreiben.
- Beim Erwerb eines Updates einer Standard-Software kommt eine außerordentliche Abschreibung der alten Programmversion wegen technischer Abnutzung nicht in Betracht, weil dieses vor Aufspielen des Updates voll funktionsfähig war und jederzeit vom erworbenen Speichermedium wieder auf den PC installiert werden kann.[19]

Beleg buchen

Beispiel

Das Update 15.2 von Lexware Lohn und Gehalt kostet brutto 199 EUR. Auch die Versandkosten von 5,90 EUR werden den Wartungskosten für die Software zugeschlagen.

Wartungskosten Hard- und Software Vorsteuer	173,13 EUR 32,89 EUR	
an Bank		206,02 EUR

Das richtige Konto

BGA (GHK)	IKR	SKR03	SKR04	Kontenbezeichnung
14	23	27	135	Software
4831	6165	4806	6495	Wartungskosten Hard- und Software
4912	6549	4855	6260	Sofortabschreibung GWG
492	651	4822	6200	Abschreibung immaterieller VG
4929	655	4826	6210	Außerplanmäßige Abschreibung immaterieller VG

---

[17] Schmidt/Weber-Grellet EStG § 5 Rdn. 270.

[18] Niedersächsisches Finanzgericht, Urteil vom 16.01.2003, Az. 10 K 82/99.

[19] Niedersächsisches Finanzgericht, Urteil vom 16.01.2003, Az. 10 K 82/99.

Lebensversicherungs-Aktiengesellschaft der -Leben)

Versicherungsnehmer:

GMBH
Personalbüro

Versicherungsschein
Nr. 900/60

Versicherte Person	
	*09.1
Leistungsempfänger	
im Erlebensfall	S. Erkl. Direktv. v. 17.12.97
im Todesfall	S. Erkl. Direktv. v. 17.12.97
Tarif	A (Gemischte Versicherung)
Versicherungssumme	99.329 DM
Beginn/Ablauf der Versicherung	01.01.1998/01.01.2018 12 Uhr
Dauer der Beitragszahlung	20 Jahre
Tarifbeitrag jährlich	3.705,96 DM
Einlösungsbeitrag vom 01.01.1998 - 01.02.1998	324,27 DM
Folgebeitrag ab 01.02.1998 monatlich	324,27 DM

Der Beitrag wird jeweils zur Fälligkeit abgebucht.

Konto-Nr.
Sparkasse

Kontoauszug 6
Blatt 1

Datum Erläuterungen		Betrag
Kontostand in EUR am 28.04.200 , Auszug Nr. 5		997,86+
02.05 Lastschrift	Wert: 02.05.200 ELV KASSE 2	30,40-
02.05 Lastschrift -LEBENSVERS. AG LEBENSVERSICHERUNG	Wert: 02.05.200 BEITRAG F. 900/604916-D-71	153,10-
02.05 Lastschrift	Wert: 02.05.200 T 481426998.7 05/06 136,21	165,24-
02.05 Zahlungseingang	Wert: 02.05.200 RE. NR. 2200544	23,78+

199 116 03/2006 04002

Direktversicherung

- Eine Direktversicherung ist eine Lebensversicherung auf das Leben eines Arbeitnehmers, die durch den Arbeitgeber abgeschlossen worden ist und bei der der Arbeitnehmer oder seine Hinterbliebenen hinsichtlich der Leistungen des Versicherers bezugsberechtigt sind.
- Die Prämien für eine derartige Direktversicherung, die seitens der Gesellschaft an eine Lebensversicherung gezahlt werden, sind bei der Gesellschaft Betriebsausgaben. Das gilt auch für Einmalbeiträge.
- Versicherungsnehmer ist somit der Arbeitgeber. Versicherte Person und Berechtigter ist der Arbeitnehmer.
- Bei Verträgen mit Kapitalauszahlung, die vor 2005 abgeschlossen wurden, ist eine Pauschalierung der Lohnsteuer möglich. Die Prämien von Neuverträgen ab 2005 sind regulär zu versteuern.

Achtung:
Bei Versicherungsverträgen mit lebenslangen Rentenzahlungen sind die Versicherungsbeiträge zum Teil steuerfrei (2007: bis 2.544 EUR). Bei Verträgen ab 2005 erhöht sich der maximal steuerfreie Betrag um weitere 1.800 EUR.

Beleg buchen

Beispiel

Die monatliche Direktversicherungsprämie eines Vertrages aus 1998 wird abgebucht. Die Firma versteuert zu Gunsten ihres Arbeitnehmers die Prämien pauschal.

Aufwendungen für Altersversorgung	153,10 EUR	
Pauschale Lohnsteuer für Altersversorgung	30,62 EUR	
an Bank		183,72 EUR

Das richtige Konto

BGA (GHK)	IKR	SKR03	SKR04	Kontenbezeichnung (SKR04)
406	648	4160	6140	Aufwendungen für Altersversorgung
4064	6461	4167	6147	Pauschale Lohnsteuer für Versicherungen
4061	6481	4168	6148	Aufw. Altersversorg. Mituntern. § 15 EStG

Kaufmannsbank

Filiale

Horst Starke
Wiesengasse 3
55586 Neustadt

Ihr Ansprechpartner:
Alfred Neumann
Tel. 0815 3456-23

Neustadt, den 29.09.2007

Auszahlung
Kontonummer
UNIVERSALDARLEHEN **über EUR 25.000,00**

Wir bestätigen Ihnen die Auszahlung Ihres Darlehens zum 06.10.2007

	Auszahlung	25.000,00 EUR
-	Bearbeitungsentgelt	250,00 EUR
=	Auszahlung netto	24.750,00 EUR

Die Auszahlung erfolgt zu Gunsten Konto
Somit ist Ihr Darlehen voll ausgezahlt.

Danach ergibt sich folgender Stand Ihres Darlehens: *

*	Saldo	25.000,00 EUR
*	Bearbeitungsentgelt gezahlt	250,00 EUR
	Laufzeit bis	30.09.2012
	Anzahl der Annuitätsraten	060
	Zinssatz fest vereinbart bis / % p. a.	30.09.2010 / 5,10
	Zinsmethode	Deutsch 30 / 360

Zahlungen

Annuitätsrate	451,68 EUR	am	30.10.2007	
Annuitätsrate	472,93 EUR	ab	30.11.2007	monatlich
letzte Rate	472,75 EUR	am	30.09.2012	

Die Raten werden zu Lasten Konto gebucht.
Die am 30.09.2012 fällige letzte Rate kann in der Höhe abweichend sein.

* geänderte Werte gegenüber dem letzten Buchungs-/Darlehensstand
Im Übrigen gelten die im Darlehensvertrag getroffenen Vereinbarungen.

Diese Mitteilung ist maschinell erstellt worden und ohne Unterschrift gültig.

Disagio

- Ein Disagio ist der Differenzbetrag zwischen dem ausbezahlten Betrag und dem Darlehensnennwert. Das Disagio stellt vorausbezahlte Darlehenskosten dar. Es ist als aktiver Rechnungsabgrenzungsposten in der Bilanz auszuweisen und auf die Darlehenslaufzeit zu verteilen.
- Seit 2006 müssen auch Einnahmen-Überschussrechner Disagios auf die Laufzeit der Darlehen verteilen, sofern sie über 5 Jahre laufen.

Beleg buchen

Beispiel

Die Kaufmannsbank schreibt am 06.10.2007 das zugesagte Darlehen über 25.000 EUR dem Girokonto gut, zieht jedoch eine Bearbeitungsgebühr von 500 EUR ab. Da das Darlehen über eine Laufzeit von 60 Monaten läuft, beträgt der monatliche Disagioanteil 4,17 EUR:

$$\frac{250 \text{ EUR}}{60 \text{ Monate}} = 4{,}17 \text{ EUR}$$

Bank	24.750,00 EUR	
Disagio	250,00 EUR	
an Darlehen		25.000,00 EUR

Für die verbleibenden 3 Monate 2007 wird zum Jahresende Disagio in Höhe von 3 × 4,17 EUR = 12,51 EUR aufgelöst.

Zinsaufwendungen für langfristige Verbindlichkeiten	12,51 EUR	
an Disagio		12,51 EUR

Das richtige Konto

BGA (GHK)	IKR	SKR03	SKR04	Kontenbezeichnung (SKR04)
092	290	0986	1940	Disagio
212	7511	2120	7320	Zinsaufwendungen für langfristige Verbindlichkeiten

ERSTSCHRIFT! Für den Zahlungspflichtigen bestimmt! Bitte Rückseite beachten!

Zollzahlstelle

(Dienststelle)

Block Nr. Blatt
183739-37

Quittung

Aufschubbescheinigung

Herr/Frau/Frl./Firma MediaCom GmbH

Straße, Hausnummer

PLZ, Ort Neustadt

hat entrichtet – hat bis zum ... aufschieben lassen:

Einzahlungsgrund 1	Betrag 2
Zoll - Euro	3,48
EUSt	19,28
ZP57	
	23,26

Mit Scheck – Postscheck – über

– eingezahlt. Eingang vorbehalten.

Ohne Gewähr für rechtzeitige Vorlegung.

i. B.

(Dienststempelabdruck) Zollzahlstelle (Ort) 8. (Datum)

Nichtzutreffendes und freibleibende Felder sind so zu streichen, daß nachträgliche Eintragungen nicht vorgenommen werden können

(Kassier) (Buchh./Abfert.Bea.)

3307 Quittung

NH 740 747 87

0408 Berechnung der Eingangsabgaben zur mündlichen Zollanmeldung – III B 4 – (1990)

VALUE

8.00

0.00

8.00

I here... to the ... of my knowledge and that the merchandise described is of Hong Kong origin.

For an behalf of
Maruda Techvision Ltd.

MARUDA TECHVISION LIMITED 馬瑞達有限公司

SIGNATURE

新界葵涌葵豐街33-39號華豐工業大廈第二期十樓E座
Unit E, 10/F, Block 2, Wah Fung Ind.Centre, 33-39 Kwai Fung Crescent,Kwai Chung, N.T.
Tel.: 24191159, 26159234
Fax: 26122964, 24207053

Einfuhrumsatzsteuer

- Die Einfuhrumsatzsteuer kann vom Unternehmer wie Vorsteuer abgezogen werden, wenn sie tatsächlich bezahlt wird und die Gegenstände für sein Unternehmen in das Inland eingeführt wurden.
- Bemessungsgrundlage ist das Entgelt für die gesamte Dienstleistung (Ware und Versandkosten).
- Soweit im Zollwert noch nicht enthalten, gehören zur Bemessungsgrundlage für die Einfuhrumsatzsteuer auch die Einfuhrabgaben (insbesondere Zölle), die Vermittlungskosten für die Lieferung und die Beförderungskosten bis zum ersten Bestimmungsort im Gemeinschaftsgebiet.
- Zum Abzug der Einfuhrumsatzsteuer ist in der Regel der Abnehmer berechtigt, wenn er im Zeitpunkt der Einfuhr bereits die Verfügungsmacht über den Gegenstand hatte.

Achtung:
Im Gegensatz zur Vorsteuer, die bereits bei Vorliegen einer ordnungsgemäßen Rechnung abziehbar ist, kann nur die tatsächlich gezahlte Einfuhrumsatzsteuer abgezogen werden.

Beleg buchen

Beispiel

Die Firma MediaCom GmbH lässt sich aus Taiwan mit der Post ein Warenmuster im Wert von 300 EUR liefern. Eine Proforma-Rechnung liegt der Lieferung bei und dient dem Zollamt als Bemessungsgrundlage für die Zollabgaben und die Einfuhrumsatzsteuer. Das Paket wird gegen Barzahlung der Steuer und Abgabe direkt beim Zollamt ausgelöst.

Bezahlte Einfuhrumsatzsteuer	19,28 EUR	
Zollabgaben	3,98 EUR	
an Kasse		23,26 EUR

Das richtige Konto

BGA (GHK)	IKR	SKR03	SKR04	Kontenbezeichnung (SKR04)
143	2628	1433	1433	Bezahlte Einfuhrumsatzsteuer
3022	6171	3850	5840	Zölle und Einfuhrabgaben

Finanzamt 6 24.02.0X

Telefon 0XXXXXXXXX
Telefax 0XXXXXXXXX

Finanzamt
Postf. 1
: 02.0 0.55 EUR

Steuernummer
0 XXXXXXXXX

◀ Bei allen Zuschriften und Einzahlungen vollständig angeben ! Blatt 1

Konten des Finanzamts

***

Herrn und Frau
Horst und Sabine Starke
Wiesengasse 3
55586 Neustadt

Ausdruck lt. Kontostand v. 21.02.0X, 0.00 Uhr

Steuerart-(Abgabeart)	Zeitraum	Fälligkeitstag	Betrag €
Einkommensteuer	1.Vj.0X	10.03.0X	301 00
Kirchenst.ev	1.Vj.0X	10.03.0X	27 00
		Summe :	328 00

ZAHLUNGSHINWEIS

Sehr geehrte(r) Steuerzahler(in),

wir machen Sie schon jetzt darauf aufmerksam, daß die nebenstehenden Steuer-/ Abgabeforderungen in Kürze fällig werden.
Bitte zahlen Sie die betreffenden Beträge rechtzeitig auf eines der Konten der Finanzamts ein.

Sie erleichtern sich und uns die Arbeit, wenn Sie den vorbereiteten Zahlungsträger verwenden oder mit dem beigefügten Vordruck die Teilnahme am Einzugsermächtigungsverfahren erklären.

Diese Mitteilung ist gegenstandslos, wenn
Sie zwischenzeitlich am Einzugsermächtigungsverfahren teilnehmen.

Mit freundlichen Grüßen
Ihr Finanzamt

Kasse 254d (ED) - Zahlungshinweis - 04.2005 Bitte beachten Sie die Rückseite ! Hier abtrennen !

Einkommensteuerzahlungen

- Die Einkommensteuer ist eine Personensteuer. Besteuert wird das Einkommen natürlicher Personen. Aus diesem Grund hat die Einkommensteuer des Einzelunternehmers oder eines Gesellschafters nichts mit dem betrieblichen Bereich zu tun. Daher darf es keine Gewinnauswirkung geben – weder beim Bilanzierer noch für Einnahmen-Überschuss-Rechner.
- Wenn Einkommensteuer (Vorauszahlungen, Nachzahlungen und auch Erstattungen) über das betriebliche Bankkonto abgebucht oder per Überweisung bezahlt wird, erfolgt die Buchung über ein gesondertes Privatkonto.

Tipp:

Wenn Gesellschafter während des Jahres keine Entnahmen tätigen, wäre es unfair, sie mit der Steuer auf anteilig zugeordnete Gewinne (auf Papier) zu belasten. In diesem Fall sollte die Gesellschaft die persönlichen Einkommensteuerzahlungen der Gesellschafter übernehmen, soweit sie auf diese Gewinnanteile entfällt.

Beleg buchen

Beispiel

Die Einkommensteuervorauszahlungen des Gesellschafters B der Muster-GmbH & Co. KG werden als Privatentnahmen erfasst.

Privatsteuern Gesellschafter B	328,00	
an Bank		328,00

Das richtige Konto

BGA (GHK)	IKR	SKR03	SKR04	Kontenbezeichnung (SKR04)
163	3022	1810	2150	Privatsteuern Einzelunternehmer
162	3022	1910	2550	Privatsteuern Teilhafter

ConEnergy GmbH

Hellers Restaurant
Siegfriedstraße 12

43527 Bergen

Ihr Kundenberater: XXXXXXXXXXXXXX
Telefon 062XXXX
Fax 062XXXX

Kundennummer 37XXXX
Rechnungsdatum 07.09.2007
Sammelbesteller: 37XXXXX

Rechnung 20XXXXX

Lieferanschrift: Hellers Restaurant, Siegfriedstraße 12, 43527 Bergen

Wir berechnen Ihnen		Menge/Liter	Preis Euro p. 100 Liter		Gesamtpreis
			ohne MwSt.	inkl. MwSt.	Euro ohne MwSt.
Lieferschein 3	vom 07.09.2007				
Heizöl		5.004	51,90		2.597,08
		Rechnungsbetrag			2.597,08
		Rechnungsbetrag inkl. MwSt.			3.090,52

Im Rechnungsbetrag enthalten sind 19 % MwSt. = 493,44 Euro Zahlung gemäß besonderer Vereinbarung
Die umseitig abgedruckten Allgemeinen Geschäftsbedingungen gelten nur für gewerbliche Abnehmer
Wir bedanken uns für Ihren Auftrag!

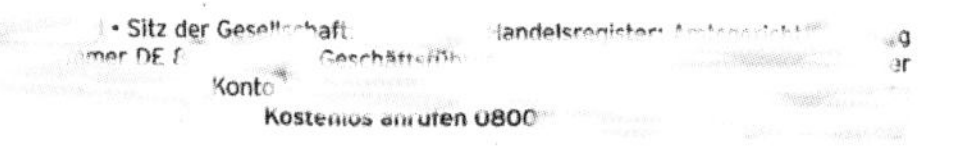

Energiekosten (Heizöl)

- Aufwand für Energiestoffe entsteht entweder in Handel, Verwaltung, Büro und Vertrieb oder als Materialeinsatz (Roh-, Hilfs- und Betriebsstoffe) in der Fertigung, in Werkstätten u. Ä.

Beleg buchen

In der Kfz-Werkstatt Schröder wird der 5.000-Liter-Heizöl-Tank zweimal jährlich gefüllt. Der zweimal jährliche Zugang wird auf einem Bestandskonto aufwandsneutral erfasst. Schröder ermittelt jeweils den monatlichen Verbrauch an Heizöl zur Beheizung der Werkstatt, des Lagers und des Büros (2/3) einerseits und seines Privathauses (1/3) andererseits und bucht den betrieblichen Teil als monatlichen Aufwand ein. Der monatliche betriebliche Anteil errechnet sich wie folgt:

Beispiel

$$\frac{5.400 \text{ Liter (jährlicher Gesamtverbrauch)}}{12 \text{ Monate}} \times \frac{2}{3} = 300 \text{ EUR (betrieblicher Anteil)}$$

Der monatliche betriebliche Anteil beträgt 300 EUR.

Roh-, Hilfs- und Betriebsstoffe (Bestand)	2.597,08 EUR	
Vorsteuer	493,44 EUR	
an Bank		3.090,52 EUR

Monatlich wird sowohl der Heizölverbrauch von insgesamt 450 EUR als auch die Privatentnahme von 150 EUR gebucht.

Heizung	450,00 EUR	
Privatentnahme	150,00 EUR	
an Roh-, Hilfs- und Betriebsstoffe (Bestand)		450,00 EUR
an Unentgeltliche Wertabgaben		150,00 EUR
an Umsatzsteuer		28,50 EUR

Das richtige Konto

BGA (GHK)	IKR	SKR03	SKR04	Kontenbezeichnung (SKR04)
431	6933	4230	6320	Heizung
396	20	3970	1000	Roh-, Hilfs- und Betriebsstoffe
871	542	8910	4600	Unentgeltliche Wertabgaben
3016	605	3090	5190	Energiestoffe

terrashop.de Terrashop GmbH, Lise-Meitner-Str. 8, 53332 Bornheim Tel.: 02227-9292-0
Internet: www.terrashop.de E-Mail: service@terrashop.de Fax: 02227-9292-1

Firma

Firma
Horst Starke
Wiesengasse 3
55586 Neustadt

/

Rechnung
Nr. 4518
Kunden-Nr. 0005

Rechnungs-/Lieferdatum: 06.04.200
Vielen Dank für Ihre Bestellung vom 06.04.200

Bearbeiter: SPIM

Stk.	Bestell-Nr.	Gr.	Titel	Lagerpl.	MwSt %	Einzelpreis	Gesamtpreis
1	49961204		C# - Universell programmieren von Anfang an	A 02 3	7	1.95	1.95
1	82661392		Das Nukebook	C 02 1	7	5.99	5.99
1	81582436		VHS-Kasetten auf DVD	K 04 3	7	1.95	1.95
1	89996447	A	Alexander der Große	N 07 1	7	2.95	2.95
1	82726153		Perl - easy	O 03 1	7	1.95	1.95
1	90849094		Auf der Suche im Internet	O 03 5	7	1.00	1.00
1	81550504		ASP 3.0/ASP+ - WebBook	P 03 4	7	1.95	1.95
1	92664257	A	Lao-tzu	Q 01 2	7	2.95	2.95
1	BEST_ID		281735				

Gesamt EUR 20.69

abgebucht EUR 20.69

Enthaltene Mwst/Netto: 7.00% = 1.35/19.33

Gesamtstückzahl	Gewicht	Versandart
8	3.640	Postpaket

Komm. Kontrolle

Steuer-Nr. 222/5718/1380
Geschäftsführer: Helmut Frey

Handelsregister: Amtsgericht Bonn
HRB 9379 - Ust-IdNr. DE 214366298

Bank: Kreissparkasse Köln
Konto 0184004087 BLZ 37050299

Bitte wende

Fachliteratur

- Für Zeitschriften, Zeitungen und Bücher gibt es ein separates Konto „Zeitschriften, Bücher".
- Der Vermerk „Fachliteratur" auf dem Beleg anstatt einer Titelangabe reicht in der Regel nicht aus, den betrieblichen Zweck nachzuvollziehen.[20] Mit Ausnahme der Zeitung „Handelsblatt" werden die Aufwendungen für eine (überregionale) Tageszeitung nicht als Betriebsausgabe anerkannt.
- Generell gilt: Je enger der betriebliche Zusammenhang mit dem Inhalt der Zeitschrift ist, z. B. Computerfachzeitschrift für ein IT-Unternehmen, medizinische Forschungsreview für Ärzte, desto leichter kann man eine Betriebsausgabe (sofortiger Aufwand) geltend machen.
- Fachbücher und -zeitschriften sind in der Regel mit 7 % besteuert.

Tipp:

Werbefachzeitschriften unterliegen der regulären Umsatzsteuer und sind unter Werbekosten zu erfassen.

Beleg buchen

Beispiel

Der Versandbuchhändler *Terrashop* GmbH liefert mehrere Restpostenbücher an den Programmentwickler Silbermann. Damit dieser in den Genuss einer versandkostenfreien Lieferung kommt, sind auch einige private Bücher dabei. *Terrashop* bucht den Rechnungsbetrag vom Bankkonto ab.

Fachliteratur Privatentnahme Vorsteuer	12,00 EUR 7,85 EUR 0,84 EUR	
an Bank		20,69 EUR

Das richtige Konto

BGA (GHK)	IKR	SKR03	SKR04	Kontenbezeichnung (SKR04)
4815	681	4940	6820	Zeitschriften, Bücher

[20] BFH, Urteil vom 16.02.1990, VI R 144/86, BFH/NV 1990 S. 763.

Hesse t
Forst

Betrieb und Dienstleistungen

Horst Starke
Wiesengasse 3
55586 Neustadt

Datum: 18.03.

Schulungskurs der schule
in der Zeit vom 08.03.20 bis 09.03.20

Verwaltungskostenordnung vom

Rechnung über Lehrgangsgebühren

Re.-Nr.: 1156050303

Für die Teilnahme an dem o. a. Lehrgang sind folgende Kosten zu berechen:	Anzahl	Satz €	Summe: €
Teilnehmer: Herr H			
Lehrgangsgebühren (70,00 €/Tag)	2	70,00	140,00
	Rechnungsbetrag		**140,00**

Den Rechnungsbetrag bitte ich bis zum **08.04.** an

4900

Empfänger: H 6
Konto-Nr.: 9
BLZ: 5 bank H

unter Angabe der o.a. Rechungsnummer zu überweisen.

bez 6.4.

bei Rückfragen:

Fortbildungskosten

Definition

- Als Fortbildung bezeichnet das Bundesarbeitsgericht jede Maßnahme zur Erlangung von Fähigkeiten und Erfahrungen, die generell für einen Arbeitnehmer von Nutzen sind oder die darin besteht, bereits vorhandene Kenntnisse zu verbessern oder durch tatsächliche praktische Übungen zu vervollkommnen.
- Zu den abziehbaren Kosten gehören insbesondere die Lehrgangskosten, Aufwendungen für Kurse, Repetitorien, Prüfungen, Kosten für die erforderlichen Fachbücher, Schreibmaterialien und andere Hilfsmittel. Fahrtkosten des Arbeitnehmers sind mit den tatsächlichen Kosten bzw. 0,30 EUR je gefahrenen Kilometer abziehbar. Auch Verpflegungsmehraufwendungen können bei entsprechend langer Abwesenheit von der Wohnung des Arbeitnehmers mit den gesetzlichen Pauschbeträgen berücksichtigt werden.[21]

Beleg buchen

Beispiel

Für eine berufliche Fortbildung beim staatlichen Forstamt an zwei Tagen betragen die Seminargebühren 140 EUR (umsatzsteuerfrei). Der Arbeitnehmer war jeweils mehr als 14 Stunden außer Haus und fuhr die Strecke von 100 km mit seinem eigenen Wagen. Der Arbeitgeber überweist die Lehrgangsgebühr und ersetzt dem Arbeitnehmer die Reisekosten von 2 × 12 EUR + 4 × 100 × 0,30 EUR = 144 EUR.

Fortbildungskosten	284,00 EUR	
an Bank (Forstamt)		140,00 EUR
an Bank (Arbeitnehmer)		144,00 EUR

Das richtige Konto

BGA (GHK)	IKR	SKR03	SKR04	Kontenbezeichnung (SKR04)
4855	6941	4945	6821	Fortbildungskosten

[21] § 4 Abs. 5 Satz 1 Nr. 5 EStG, 2007: 24/12/6 EUR bei Abwesenheit von 24 Std./14 Std. /8 Std.

Quittung

EINZAHLUNG Volksbank eG

Kto.-Inhaber	Unterschrift
Erwin Stein	*E. Stein*

Kto.-Nr.	Datum	PN-Nr./lfd. Nr.	Einz.	Betrag EUR
				2.000,00

Diese Quittung gilt nur mit dem Aufdruck der Kassenmaschine und der Unterschrift des Kassierers oder mit Zeichnung in der durch Aushang bekanntgegebenen Form.

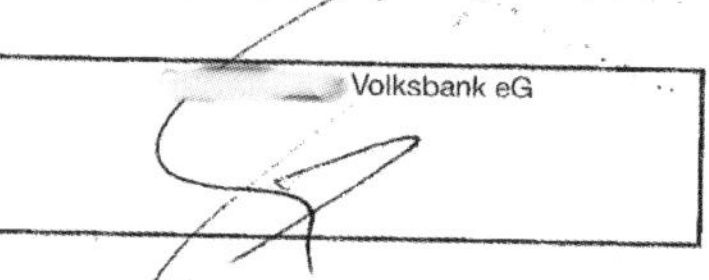

Geldtransit

Definition

Das Geldtransit-Konto ist ein Verrechnungskonto für Geld, das aus der Kasse bzw. vom Bankkonto entnommen, aber noch nicht auf dem jeweiligen Empfängerkonto gutgeschrieben ist. In der Buchhaltung braucht man dieses Hilfskonto

1. zu Kontrollzwecken und
2. zur Vermeidung von doppelter Erfassung.

Mit diesem Konto gehen Sie sicher, dass das Geld im Transit von einem Konto auch beim anderen Konto ankommt.

- Wenn die Verrechnungsstelle „Geldtransit“ nicht nachvollziehbar ausgeglichen wird, hakt es irgendwo. Eine Eintragung wurde vergessen, es liegen Additionsfehler oder Buchungsfehler vor oder es ist tatsächlich Geld abhandengekommen.
- Ohne das Hilfskonto „Geldtransit“ würden Sie ein und denselben Vorgang doppelt erfassen, zum einen auf dem Kassenkonto und ein zweites Mal beim Verbuchen der Bankbewegung.

Beleg buchen

Beispiel

Der Bankbeleg über 2.000 EUR dient als Auszahlungsbeleg für die Kasse.

Geldtransit	2.000,00 EUR	
an Kasse		2.000,00 EUR

Bei der Eingangsbuchung des Kontoauszugs wird das Geldtransitkonto wieder glattgestellt.

Bank	2.000,00 EUR	
an Geldtransit		2.000,00 EUR

Das richtige Konto

BGA (GHK)	IKR	SKR03	SKR04	Kontenbezeichnung (SKR04)
159	2667	1360	1460	Geldtransit

Stuttgart
AG Stuttgart (BLZ)
Konto
Telefon: (07 11) 2
Telefax: (07 11) 2
Steuernummer: 2

Stuttgart, 03.12.0

GEMA · Bezirksdirektion Stuttgart ·

Herrn

BITTE IMMER ANGEBEN

Ä N D E R U N G S M I T T E I L U N G zum Vertrag

Die Vergütungssätze haben sich geändert.
Die lt. Ziff.2 zu zahlende Pauschalrate beträgt ab 01.02.0 :

Pos.2.01 jährlich R I 1.a bis 100qm je Raum
im o.g. Betrieb

- GEÄNDERT! -

GEMA	WR	68,20
GVL	WR	17,73
VGW	WR	13,64

GEMA	GVL	VGW/ZWF	GSVT-NL	NETTO	7,0% UST	BRUTTO
68,20	17,73	13,64	19,91	79,66	5,58	85,24

Alle Beträge sind in EURO ausgewiesen.
- K E I N E Z A H L U N G S A U F F O R D E R U N G -
Ein Fälligkeitshinweis bzw. Abbuchung vom Konto erfolgt zur Fälligkeit.

GEMA-Abgaben

- Gaststätten, Kinos und Videotheken müssen Urheberrechtsabgaben an die GEMA zahlen.
- GEMA-Abgaben fallen auch an, wenn Sie z. B. eine Betriebsfeier musikalisch unterlegen.
- Möglicher Vorsteuerabzug: die Abgaben unterliegen dem ermäßigten Umsatzsteuersatz.
- GEZ-Gebühren sind dagegen umsatzsteuerfrei.

Beleg buchen

Die GEMA setzt neue Beiträge für 2007 fest und bucht sie ab. Beispiel

Beiträge	85,24 EUR	
an Bank		85,24 EUR

Das richtige Konto

BGA (GHK)	IKR	SKR03	SKR04	Kontenbezeichnung (SKR04)
427	692	4380	6420	Beiträge

Versand GmbH

Tel.: 097 Fax: 097
Internet: www. n eMail:

RECHNUNG

Horst Starke
Wiesengasse 3
55586 Neustadt

geben Sie bei Zahlung im Verwendungszweck 1 ausschliesslich diese Ziffernfolge ein: 00004

en-Nr.	Bestellangaben	Bestellart	Versandart	fällig bis	Rechnungsdatum	Rechnung Nr.
442	20-03-200	**Fax-Schein**	**DPD-Paketd. 8.66 kg**	10-04-200	20-03-200	490 Seite: 1/1

ellt durch: Herrn

el	Produktbezeichnung	*VPE Anzahl	*VPE Preis EUR	Betrag EUR
	Sayung FAXoMAT 5.40 (X),	1	389.00	389.00

Beiliegend unser Aktionspräsent:
Voicerecorder 1
****

Warenwert netto	389.00
Versandspesen	10.00
Zwischensumme netto	399.00
MwSt. 19.0 %	75.81
Gesamtbetrag EUR	474.81

Verpackungseinheit

Bitte geben Sie bei Zahlung im Verwendungszweck 1 ausschliesslich diese Ziffernfolge ein:
00004

NGSDATUM = RECHNUNGSDATUM (siehe oben)
tten Sie, den oben stehenden Rechnungsbetrag
alb von 20 Tagen ohne Abzug zu begleichen.
nkäufe bei uns gelten grundsätzlich unsere ABG,
r Ihnen auf Wunsch gern schicken/faxen/mailen.
Sie Fragen haben oder telefonisch bestellen möchten: wir sind montags bis freitags zwischen
hr und 18 Uhr persönlich erreichbar. Danach nimmt der Anrufbeantworter Ihre Nachricht entgegen
erte Ware bleibt bis zur vollständigen Bezahlung der Rechnung in unserem Eigentum.
Steuer-Nr. (laut § 14 UStG) lautet: 37. Der Gerichtsstand ist n.

USt.-Ident-Nr.: DE8
Registergericht Sc B 2 Geschäftsführer sind:
Kto. (BLZ)

Geringwertige Wirtschaftsgüter

- Anlagegüter mit einem Wert von netto 60 EUR bis 410 EUR sind auf dem Konto „Geringwertige Wirtschaftsgüter" (GWG) zu erfassen.
- Für diese Gegenstände gilt zum Jahresabschluss ein Bewertungswahlrecht: Sie können entweder in voller Höhe im Jahr der Anschaffung abgesetzt oder auf ihre Nutzungsdauer verteilt werden. Dieses Wahlrecht können Sie für jedes GWG einzeln und in jedem Jahr für die nächsten GWGs anders ausüben.
- Eine weitere Voraussetzung für die Sofortabschreibung ist die Auflistung der GWGs auf dem Kontenblatt oder in einer separaten Liste (Belegvorschrift).
- Das Geringwertige Wirtschaftsgut muss selbstständig nutzbar sein und darf in keinem technischen Nutzungszusammenhang mit anderen Gegenständen stehen. So sind Drucker nur zusammen mit einer Computeranlage, aber nicht selbstständig nutzbar und werden zusammen mit ihr abgeschrieben.

Beleg buchen

Beispiel

Das neue Faxgerät kostet 399 EUR netto (zzgl. USt.) Der Rechnungsbetrag wird sofort überwiesen.

Geringwertige Wirtschaftsgüter Vorsteuer	399,00 EUR 75,81 EUR	
an Bank		474,81 EUR

Zum Jahresende werden die Anschaffungskosten komplett abgesetzt.

Sofortabschreibung Geringwertiger Wirtschaftsgüter	399,00 EUR	
an Geringwertige Wirtschaftsgüter		399,00 EUR

Das richtige Konto

BGA (GHK)	IKR	SKR03	SKR04	Kontenbezeichnung (SKR04)
037	089	0480	0670	Geringwertige Wirtschaftsgüter (GWG)
4912	6549	4855	6260	Sofortabschreibung GWG

Handelsvertretungen
Großhandel

Neumann

Brillant-, Gold- und Silberschmuck

Erwin Scholz
Generalvertretung
Mittelstr. 10

56728 Brohl

Telefon
Autotelefon
Faxnumme

RECHNUNG Nr.872 ,den 17. November 2007

Rechnungsdatum gleich Lieferdatum

Stück	Nummer	Bezeichnung	Leg.	EZ-Preis	Ges-Preis in EUR
3	23.66275.6	Armband	925	65,00	195,00

	Netto	195,00
zzgl.	19 % MwSt	37,05
	Gesamt	232,05

Zahlungsbedingungen: 30 Tage 5 % Skonto

Bankverbindung Konto N (BLZ)
Steuernumme

Geschenke an Geschäftsfreunde

Geschenke an Geschäftsfreunde können Sie nach wie vor steuerlich geltend machen, wenn Sie die folgenden Punkte beachten:

- Sie müssen die Empfänger von Geschenken nicht auflisten, wenn Art und geringer Wert des Geschenks (z. B. Taschenkalender, Kugelschreiber u. Ä.) vermuten lässt, dass die Freigrenze von 35 EUR bei dem einzelnen Empfänger im Wirtschaftsjahr nicht überschritten wird.
- Entscheidend für den Abzug als Betriebsausgabe ist, wann das Geschenk überreicht wurde.
- Die beschenkte Person darf nicht Arbeitnehmer des Steuerpflichtigen sein. Handelsvertreter oder andere Personen in ständiger Geschäftsbeziehung (z. B. durch Werkverträge als Subunternehmer) gelten nach dieser Vorschrift nicht als Arbeitnehmer.
- Die Obergrenze von 35 EUR ist kein Freibetrag, sondern eine Freigrenze: Übersteigt die Summe der Geschenkaufwendungen je Empfänger den Betrag von 35 EUR im Wirtschaftsjahr, entfällt jeglicher Abzug.

Tipp:

Aufwendungen für Geschenke gleicher Art können in einer Buchung zusammengefasst werden, wenn die Namen der Empfänger der Geschenke aufgelistet werden.

Beleg buchen

Geschenke, nicht abzugsfähig	195,00 EUR	
Vorsteuer	37,05 EUR	
an Bank		232,05 EUR

Das richtige Konto

BGA (GHK)	IKR	SKR03	SKR04	Kontenbezeichnung (SKR04)
442	6871	4630	6610	Geschenke, abzugsfähig
2081	6875	4635	6620	Geschenke, nicht abzugsfähig

GETRÄNKE Kleinert

GMBH & CO KG
XXXXXXXXX
XXXXXXXXX
TEL. 0XXXXXXXXX
UST.-ID-NR. DE 11XXXXXX
ST.-NR. 0XXXXXXXXX
XXXXXXX BANK
BLZ 5XXXXX
KTO.-NR. 7XXXXXXX

Horst Starke
Wiesengasse 10

55586 Neustadt

STAMM-NR. 00XXXXXXX
DATUM 11.05.2007
RECHNUNGS-NR.: 1 XXXXXXX
SEITE 001

TTE BEI ZAHLUNG ANGEBEN: STAMM-NR. 00XXXXXXX DATUM 11.05.2007 RECHN.-NR.: 03XXXXXXX

TIKEL-. BEZEICHNUNG	EAN	MENGE	PREIS EUR	BRUTTO-EUR-BETR	NETTO-EUR-BETR	MW ST

DATUM 11.05.2007 LIEFERSCHEIN-NR.: 1 XXXXXXX
REF-LIEFERSCHEIN:
CHNUNGS-SUMME: 1 LIEFERUNG(EN) BIS 11.05.2007, 1 LIEFERNACHWEIS(E) ANBEI

42 MEZZO MIX 24X0,50PETM	5449000101358	1	14,60	14,60	V
90 NESTEA LEM NR 12X0,50	5000112545845	1	7,62	7,62	V
89 NESTEA PEAC NR 12X0,50	5000112545869	1	7,62	7,62	V
88 NESTEA WALDFR NR 12X0,50	5000112545821	2	7,62	15,24	V
45 CHERRY COKE 12X0,50PETM	5449000026118	1	7,30	7,30	V
	WARENWERT --------------------->			52,38	*

	GEL.	ZURÜCK	DIFF.			
35 KPL. LGT PET 05/24ER KI	1	1-	0	5,10	0,00	V
36 KPL. LGT PET 05/12ER KI	1	1-	0	3,30	0,00	V
74 KUNSTSTOFFKASTEN 24/0,33	0	2-	2-	1,50	3,00-	V
4/ LEERGUT NR-PFAND 3,00EU	4	0	4	3,00	12,00	V
	LEERGUT ---------------------->				9,00	*

NETTO-BETRAG, GESAMT (V)	EUR	61,38	*
ZZGL. MEHRWERTSTEUER 19 %	EUR	11,66	V
RECHNUNGSBETRAG	EUR	73,04	*

HLUNG ERFOLGT DURCH BANKEINZUG VON IHREM KONTO 1[illegible]

LIEFER- UND LEISTUNGSZEITPUNKT ENTSPRICHT DEM LIEFERSCHEINDATUM

Getränke (Personal)

- Getränke für das Personal sind Annehmlichkeiten am Arbeitsplatz, die steuerfrei bleiben.
- Zu den freiwilligen sozialen Aufwendungen gehören auch Snacks und kleine Geschenke u. Ä. sowie die Anschaffung und Überlassung von typischer Arbeitskleidung an Arbeitnehmer. Bleibt der Besitz beim Unternehmen, buchen Sie auf das Konto „(sonstiger) Betriebsbedarf".
- Der steuerfreie geldwerte Vorteil bei Betriebsveranstaltungen darf beim einzelnen Arbeitnehmer 2 Mal pro Jahr jeweils 110 EUR nicht übersteigen.

Tipp:

Bei so genannten „Arbeitsessen" außerhalb von herkömmlichen Betriebsveranstaltungen liegt Arbeitslohn vor, wenn es in einer Gaststätte am Sitz des Unternehmens mit der Geschäftsführung und leitenden Angestellten ca. zehn Mal jährlich durchgeführt wird.[22] Diese Vorteile sind bei einzelnen Teilnehmern nur dann steuerfrei, wenn sie von auswärtigen Niederlassungen angereist waren.

Beleg buchen

Beispiel

Der Getränkehändler liefert in den Pausenraum Getränke für die Mitarbeiter und zieht den Rechnungsbetrag vom Bankkonto ein.

Freiwillige soziale Aufwendungen	61,38 EUR	
Vorsteuer	11,66 EUR	
an Bank		73,04 EUR

Das richtige Konto

BGA (GHK)	IKR	SKR03	SKR04	Kontenbezeichnung (SKR04)
405	6410	4140	6130	Freiwillige soziale Aufwendungen, lohnsteuerfrei

[22] BFH, Urteil vom 04.08.1994 VI-R-61/92, BStBl II 1995, 59.

DER GEMEINDEVORSTAND
DER GEMEINDE

Gemeindevorstand

Firma

Firma Elektro Zapp
Inh. Erwin Zapp
Daimlerstr. 3

46464 Neustadt

Sprechzeiten Rathaus:

Sachbearbeiter
Telefon
e-mail
Sachbearbeiterin
Telefon
e-mail
Amt:
Telefax

Gewerbesteuer - Veranlagungsbescheid
für 2006

Wirtschaftsjahr: 01.01.2006-31.12.2006

Abgaben-Nr.: **(bitte stets vollständig angeben)**
Aktenzeichen:

Messbescheid-Datum: 16.06.2007

1. Festsetzung der Gewerbesteuer

Messbetrag	208,00 EUR
Hebesatz	310,00 %
Steuerbetrag	644,00 EUR
minus Vorauszahlung	0,00 EUR
Nachforderung fällig am 01.08.2007	**644,00 EUR**

2. Stand Ihres Kontos berücksichtigt bis 28.06.2007

Reste aus Vorjahr	0,00 EUR
Bisher angefordert im Kalenderjahr	0,00 EUR
Heutige Anforderung	644,00 EUR
Gesamtanforderung	644,00 EUR
Bisher bezahlt	0,00 EUR
Noch zu zahlen	**644,00 EUR**

3. Fälligkeiten in 2007

01.08.2007 644,00 EUR

Gebucht

Bitte nutzen Sie die Vorteile des Bankeinzugsverfahrens, erteilen Sie uns eine Abbuchungsermächtigung.

Bitte aufbewahren, dieser Bescheid gilt bis zur Erteilung eines neuen Bescheides, ggf. auch für die folgenden Jahre.
Der Bescheid ist maschinell erstellt und ohne Unterschrift gültig.
Erläuterungen und Rechtsbehelfsbelehrung siehe Rückseite.

Konten
der
Gemeindekonten

Gewerbesteuer

- Gewerbesteuer ist als Betriebsausgabe abziehbar.
- Die laufenden Vorauszahlungen der Gewerbesteuer mindern den Gewinn des laufenden Jahres.
- Für eine darüber hinaus zu leistende Gewerbesteuerabschlusszahlung ist eine Rückstellung in der Bilanz zu bilden.

Beleg buchen

Beispiel

Ihre Gemeinde fordert Sie im Jahr 2007 auf, für das Jahr 2006 Gewerbesteuer in Höhe von 644 EUR an die Gemeinde als Abschlusszahlung zu entrichten. Die hierfür gebildete Rückstellung in Höhe von 700 EUR ist buchungstechnisch wie folgt zu behandeln:

Gewerbesteuerrückstellung	700,00 EUR	
an Bank		644,00 EUR
an Erträge aus der Auflösung von Gewerbesteuerrückstellungen		56,00 EUR

Als laufende Vorauszahlung für das Jahr 2007 sind ebenfalls 644 EUR zu zahlen:

Gewerbesteuer	644,00 EUR	
an Bank		644,00 EUR

Das richtige Konto

BGA (GHK)	IKR	SKR03	SKR04	Kontenbezeichnung (SKR04)
421	770	4320	7610	Gewerbesteuer
0722	380	0957	3030	Gewerbesteuerrückstellung
226	5484	2284	7644	Erträge aus der Auflösung von Rückstellungen für Steuer vom Einkommen und Ertrag

GEBÜHRENEINZUGSZENTRALE DER ÖFFENTLICH - RECHTLICHEN RUNDFUNKANSTALTEN IN DER BUNDESREPUBLIK DEUTSCHLAND

Firma Elektro Zapp
Inh. Erwin Zapp
Daimlerstr. 3

46464 Neustadt

Zahlung der Rundfunkgebühren

Sehr geehrter Rundfunkteilnehmer,
Ihre Rundfunkgebühren sind am **15.12.0** fällig.
Bitte zahlen Sie den Gesamtbetrag von

EUR 51,09

umgehend mit dem anhängenden Zahlungsformular.

Mit freundlichen Grüßen
Gebühreneinzugszentrale

FD20504 PD20504

Gebühreneinzugszentrale, 50656 Köln, Telefon 01805 00 66 67 (0,12 €/Min)

Kontoauszug vom 09.12.0 Teilnehmer-Nr.		Anzahl Rundfunkgeräte Radio	Fernseher	Gutschrift (+)/Belastung (-) € ct
Buchungs-datum	Kontostand am 10.09.0 in EUR			-51,09
09.0	Zahlungseingang in 09.200			+51,09
12.0	Rundfunkgebühren für 11.200 - 01.200	1	1	-51,09
				-51,09

Gebucht

GEZ 0205 2004

GEZ-Gebühren

- Rundfunkgebühren sind für jedes Empfangsgerät zu zahlen.
- Zweitgeräte sind zwar grundsätzlich frei, jedoch sind für Radios in beruflichen Fahrzeugen und am Arbeitsplatz zusätzliche Gebühren zu zahlen.
- Im Gegensatz zu der GEMA-Abgabe sind die Rundfunkgebühren umsatzsteuerfrei.
- Die GEZ-Gebühren können Sie als „Sonstige betriebliche Aufwendungen" oder als „Sonstige Abgaben" erfassen.

Achtung:

Ab dem 01.01.2007 sind für die Computer eines Betriebs insgesamt eine Rundfunkgebühr zu entrichten, wenn nicht bereits für ein herkömmliches Gerät gezahlt wird (§ 5 Abs. 3 Rundfunkgebührenstaatsvertrag).

Die Vereinigung der Rundfunkgebührenzahler (VRGZ) hat jedoch gegen diese Verordnung Verfassungsbeschwerde eingereicht. Auch die Handwerkskammern weisen darauf hin, dass in den Betrieben gearbeitet wird und über den Computer weder ferngesehen noch Radio gehört wird.

Beleg buchen

Die Radiogebühren für das Autoradio für drei Monate werden zur Mitte des Zeitraums eingezogen.

Beispiel

Sonstige Abgaben	51,09 EUR	
an Bank		51,09 EUR

Das richtige Konto

BGA (GHK)	IKR	SKR03	SKR04	Kontenbezeichnung (SKR04)
473	693	4900	6300	Sonstige betriebliche Aufwendungen
427	692	4390	6430	Sonstige Abgaben

DER GEMEINDEVORSTAND
DER GEMEINDE

Gemeindevorstand

Firma Elektro Zapp
Inh. Erwin Zapp
Daimlerstr. 3

46464 Neustadt

Sprechzeiten Rathaus:
montags bis freitags von 8.00 bis 12.00 Uhr
u. mittwochs von 13.00 bis 18.00 Uhr
Außenstelle
dienstags von 15.00 bis 18.00 Uhr

Sachbearbeiter
Telefon
e-mail
Sachbearbeiterin
Telefon
e-mail
Amt:
Telefax

Grundbesitzabgaben-Bescheid 200

Die Gemeindevertretung hat in ihrer Sitzung vom 01.10.20 die Erhöhung der Hebesätze für Grundsteuer A von 220% auf 270% sowie für Grundsteuer B von 265% auf 280% beschlossen.

für: Fl. 5 Flst.

Abgaben-Nr.: 100
(bitte stets vollständig angeben)

, den 26.01.200 **Blatt: 1**

Art	Berechnungsgrundlage/ Aktenzeichen VZ= Vorauszahlung	Bemessung	Einheit	Hebe- und Gebührensatz	Zeitraum von- bis/ Jahr MM- MM/ JJJJ	Abgabenbetrag	Gutschrift/ Nachforderung
202	Grundsteuer B 04	11,63	EUR	280,00 %	01 - 12 / 200	32,56 EUR	32,56 EUR

Offene Forderungen und Fälligkeiten 200

Datum	Betrag in EUR
01.03.200	8,14
15.05.200	8,14
15.08.200	8,14
15.11.200	8,14

Kontoauszug 200

Insgesamt Gutschrift/Nachforderung	32,56 EUR
Bisherige Festsetzung	0,00 EUR
Reste aus Vorjahren	0,00 EUR
Insgesamt zu zahlen	32,56 EUR
Zahlungen bis 14.01.200	0,00 EUR
Noch zu zahlen	32,56 EUR

(siehe nebenstehende Fälligkeiten)

Bitte nutzen Sie die Vorteile des Bankeinzugsverfahrens - erteilen Sie uns eine Einzugsermächtigung.

Bitte aufbewahren, dieser Bescheid gilt bis zur Erteilung eines neuen Bescheides, ggf. auch für die folgenden Jahre.
Der Bescheid ist maschinell erstellt und ohne Unterschrift gültig.
Erläuterungen und Rechtsbehelfsbelehrung siehe Rückseite.

Gebucht

Konten
der
Gemeindekonten

USt-IdNr.
DE
Rechnungsnr.:

ORTSTEILE:

Grundsteuer

- Grundsteuer wird von der Gemeinde auf Grundbesitz erhoben.
- Zum Grundbesitz gehören Grund und Boden, Gebäude, Außenanlagen, Erbbaurechte, Wohnungseigentum, Gebäude auf fremdem Grund und Boden, land- und forstwirtschaftliche Betriebe sowie betriebliche Grundstücke.
- Falls der Zahlungszeitraum nicht mit dem Wirtschaftsjahr übereinstimmt, ist in der Bilanz ein aktiver Rechnungsabgrenzungsposten zu bilden, in der die Beträge ausgewiesen werden, die nicht auf das Wirtschaftsjahr entfallen.

Beleg buchen

Die Gemeinde erhebt für das Betriebsgelände eine geringe Grundsteuer.

Beispiel

Grundsteuer	32,56 EUR	
an Bank		32,56 EUR

Das richtige Konto

BGA (GHK)	IKR	SKR03	SKR04	Kontenbezeichnung (SKR04)
423	702	2375	7680	Grundsteuer

Gerichtskasse
platz
6 tadt
Tel: 06
Fax: 06
Landesbank BLZ: Kto.:

Datum: 29. April 200

KOSTENBERECHNUNG

Gerichtskasse

RZB
Nr. 187

IT Consult GmbH
Geschäftsführer
Horst Starke
Wiesengasse 3
55586 Neustadt

Ihr Zeichen: nicht bekannt

Aktenzeichen: 4 HRB Amtsgericht
Bez.d.Sache: Handelsregistersache

Text laut Kostenordnung (KostO §§)	Wert	Anteil
137 Ziff. 5, Kosten der öffentlichen Bekanntmachung	0,00	55,38
137 Ziff. 5, Kosten der öffentlichen Bekanntmachung	0,00	78,81
137 Ziff. 5, Kosten der öffentlichen Bekanntmachung	0,00	66,35
79 Abs. 1, Eintragung in das Handelsregister	1500,00	18,00

Summe	218,54
abzüglich Vorschüsse und Erledigungen	300,00
abzüglich Verrechnungsbetrag	0,00
Verbleibender Überschuss in EUR	81,46

Sehr geehrte Dame, sehr geehrter Herr!

|X| Der oben genannte Überschuss ist an Sie zurückzuzahlen und wird Ihnen überwiesen.

|_| Der oben genannte Überschuss wurde in Höhe von ________ EUR auf die fällige Kostenschuld zu Kassenzeichen ____________ verrechnet.

|_| Nach Verrechnung sind noch zu zahlen: ________ EUR
Der Restbetrag in Höhe von ________ EUR wird ihnen überwiesen.

Mit freundlichen Grüßen
GERICHTSKASSE

Gründungskosten (Handelsregister)

- Das Konto „Sonstige betriebliche Aufwendungen“ verwenden Sie für die Verbuchung von Aufwand, den Sie sonst nicht zuordnen können, z. B. Safemiete, GEZ-Zahlungen u. a. Hingegen bezeichnet „Sonstiger Betriebsbedarf“ den Verbrauch von Gegenständen.
- Einmalige Aufwendungen, wie z. B. Gründungskosten, können auf „Sonstige Aufwendungen, unregelmäßig“ kontiert werden.
- Als sonstiger Betriebsbedarf gilt auch die typische Berufskleidung, wie z. B. schwarzer Anzug oder Frack des Kellners oder der Büromantel des Architekten.

Beleg buchen

Beispiel

Der Kostenvorschuss für die Handelsregistereintragung ist bereits als „Sonstige, unregelmäßige Aufwendungen“ erfasst worden. Der eingehende Überschuss von 81,46 EUR wird als Kostenerstattung im Haben gebucht.

Bank	81,46 EUR	
an Sonstige Aufwendungen, unregelmäßig		81,46 EUR

Das richtige Konto

BGA (GHK)	IKR	SKR03	SKR04	Kontenbezeichnung (SKR04)
473	693	4900	6300	Sonstige betriebliche Aufwendungen
4739	6992	2309	6969	Sonstige Aufwendungen, unregelmäßig
4725	6074	4980	6850	Sonstiger Betriebsbedarf

HANDWERKSKAMMER
RHEIN-MAIN

Handwerkskammer Rhein-Main • Postfach 10 07 41 • 64207 Darmstadt
Vertraulich - nur für Geschäftsleitung

Firma Elektro Zapp
Inh. Erwin Zapp
Daimlerstr. 3

46464 Neustadt

Handwerkskammer Rhein-Main
Hauptverwaltung Darmstadt
Hindenburgstraße 1
64295 Darmstadt
Telefon: (0 61 51) 30 07 - 0
Telefax: (0 61 51) 30 07 - 289

Bankkonto nur für Beitragszahlungen:
Konto 111165, Volksbank Darmstadt eG, BLZ 508 900 00

Betriebsnummer 1415534
Bitte bei Zahlung/Schriftverkehr angeben

Datum 14.02.2007

Beitragsbescheid 2 0 0 7

Blatt 1 von 2

Beitrags-jahr		Gesamtbeitrag EUR	bereits veranlagt EUR	Gesamtbeitrag bzw. Abweichung EUR
2007	siehe Blatt 2	422,00	0,00	422,00

Hinweis
Dieser Beitragsbescheid ergeht wegen der Möglichkeit der Nachveranlagung des in Abhängigkeit vom Gewerbeertrag gestaffelten Grundbeitrages und des Zusatzbeitrages gem. § 7 der Beitragsordnung der Handwerkskammer Rhein-Main vorläufig. Liegt der Gewerbeertrag **2001** nicht vor, wird zunächst auf den letzten vorliegenden Gewerbeertrag zurückgegriffen.

Beitragsfestsetzung 200

1. Grundbeitrag

Gewerbeertrag 200 -umgerechnet in EURO-	Natürliche Personen und Personengesellschaften	Juristische Personen und Personengesellschaften mit Beteiligung einer juristischen Person
- 18.500	133,00 EUR	307,00 EUR
18.501 - 21.500	159,00 EUR	359,00 EUR
21.501 - 24.500	174,00 EUR	389,00 EUR
24.501 - 27.500	189,00 EUR	419,00 EUR
27.501 - 38.000	204,00 EUR	449,00 EUR
38.001 - 49.000	219,00 EUR	479,00 EUR
49.001 - 61.500	234,00 EUR	509,00 EUR
über 61.500	249,00 EUR	539,00 EUR

2. Zusatzbeitrag

Der Zusatzbeitrag beträgt 0,9% des Gewerbeertrages oder des Gewinns aus Gewerbebetrieb 20 Er ist auf volle EURO-Beträge aufzurunden.

Bei der Berechnung des Zusatzbeitrages wird bei natürlichen Personen und Personengesellschaften (ohne Beteiligung einer juristischen Person) ein Freibetrag von EUR 12.800,00, der bei Teilungen mit Industrie- und Handelskammern anteilig in Ansatz gebracht wird, abgezogen.

Vollständiger Beitragsbeschluß und weitere Hinweise auf der Rückseite!

Summe der Veranlagung einschl. Vorjahre | 422,00
abzüglich davon bereits bezahlt
noch offener Beitrag
noch offene Mahngebühren früherer Veranlagungen

Zu zahlender Gesamtbetrag	EUR
Wir bitten Sie, den Betrag innerhalb von 14 Tagen mit beigefügtem Überweisungsträger zu überweisen oder uns die Einzugsermächtigung ausgefüllt zurückzusenden.	422,00
Guthaben	EUR
Guthaben werden bei der nächsten Beitragsrechnung berücksichtigt.	
Nicht überweisen	EUR
Betrag wird gemäß der uns vorliegenden Einzugsermächtigung vom unten angegebenen Konto abgebucht. BLZ: Konto:	

Rechtsmittelbelehrung

Gegen diesen Bescheid können Sie binnen eines Monat nach Zustellung Widerspruch bei der Handwerkskammer erheben. Der Widerspruch ist schriftlich oder zur Niede schrift bei der Handwerkskammer einzulegen. Er hat gemä § 80 Abs. 2 Nr. 1 der Verwaltungsgerichtsordnung keine di Zahlung aufschiebende Wirkung. Zahlungen sind unal hängig davon zu leisten.

HANDWERKSKAMMER RHEIN-MAIN

Handwerkskammer (Beiträge)

Beiträge an Berufsverbände sind abziehbare Betriebsausgaben, wenn die Mitgliedschaft in dem Verband beruflich veranlasst ist (z. B. IHK, Handwerkskammer). Voraussetzung für die Abzugsfähigkeit von Beiträgen als Betriebsausgaben ist, dass diese einen betrieblichen Bezug aufweisen. Nicht abzugsfähig sind:

- Beiträge und Spenden an Sportvereine, sonstige Vereine und Organisationen
- Spenden und Beiträge an Parteien
- Beiträge zur Handwerkskammer stehen gleich: Kammerbeiträge z. B. zur Rechtsanwaltskammer oder zur Steuerberaterkammer
- Beiträge zur Berufsgenossenschaft

Aus den Beiträgen ist kein Vorsteuerabzug möglich.

Tipp:

Handwerksbeiträge werden gewöhnlich für das laufende Kalenderjahr fällig. Anderenfalls sind jedoch die Beiträge abzugrenzen.

Beleg buchen

Beispiel

Auf Basis des Gewerbeertrags des Vorjahres wird der Beitrag für die Handwerkskammer Rhein Main auf 422 EUR festgesetzt.

Beiträge	422,00 EUR	
an Bank		422,00 EUR

Das richtige Konto

BGA (GHK)	IKR	SKR03	SKR04	Kontenbezeichnung (SKR04)
427	692	4380	6420	Beiträge
4041	642	4138	6120	Beiträge zur Berufsgenossenschaft
428	6921	4390	6430	Sonstige Abgaben

SÄHMANN

CD – TV – HIFI – VIDEO – PC – ELEKTRO

STR. · TEL. (/ FAX

Horst Starke
Wiesengasse 3
55586 Neustadt

, den 30.10.2007

Rechnung 10

Bei Zahlung bitte angeben   Telefon:0

Sie erhielten von uns

Pos.	Menge	Beschreibung	Preis	Gesamtpreis EUR
1	1	3310 Mit 1Jahr Garantie	99,00	99,00
		Zahlbar rein netto		**99,00 EUR**

Im Betrag sind 19% MwSt.= 16,81 EUR enthalten.

Zahlbar rein netto

Liefertermin:30.10.2007 von __.00 bis __.00 Uhr

Ware ordnungsgemäß erhalten: Betrag dankend erhalten:

____________________ ____________________

Die gelieferte Ware bleibt bis zur vollständigen Bezahlung unser Eigentum.

Es gelten die in unseren Räumen aushängenden Geschäftsbedingungen.
Ust.-IdNr. DE

Bankverbindung:
Volksbank
(BLZ Konto-Nr.

Handelsregister:
HRA

Handyvertrag

- Die verbilligte Überlassung eines Handys beim Abschluss eines Mobilfunkvertrages führt zu Einnahmen beim Leistungsempfänger in Höhe vom Wert des Handys (ohne Vertragsbindung) abzüglich der Zuzahlung. Diese Einnahmen sind grundsätzlich über die Vertragslaufzeit passiv abzugrenzen.
- Ein passiver Rechnungsabgrenzungsposten braucht allerdings dann nicht gebildet werden, wenn der Wert des Handys (ohne Vertragsbindung) unter 410 EUR bleibt (GWG).[23]

Beleg buchen

Beispiel

Das übernommene Handy wird ohne Vertragsbindung zum Netto-Preis von 563,19 EUR verkauft. Beim Abschluss eines Vertrages über zwei Jahre beträgt die Zuzahlung brutto 99 EUR. Die Zahlung erfolgt über EC-Karte.

Geschäftsausstattung	563,19 EUR	
Vorsteuer	16,81 EUR	
an Bank		99,00 EUR
an Passive Rechnungsabgrenzung		480,00 EUR

Für die Monate Oktober bis Dezember 2007 sind drei von 24 Monaten ertragswirksam einzubuchen.

Passive Rechnungsabgrenzung	60,00 EUR	
an Sonstige betriebliche Erträge		60,00 EUR

Das richtige Konto

BGA (GHK)	IKR	SKR03	SKR04	Kontenbezeichnung (SKR04)
033	087	0490	0690	Sonstige Betriebs- und Geschäftsausstattung
037	089	0480	0670	GWG
093	49	0990	3900	Passive Rechnungsabgrenzung
27	54	8600	4830	Sonstige betriebliche Erträge

[23] BMF-Schreiben vom 20.06.2005 – IV B 2-S 2134-17/05.

Rechnung
Invoice

Inhaberin

HOTEL UND RESTAURANT

Ein Haus in zentraler Lage mit komfortablen Zimmern, Gesellschaftsräumen, Hofterrasse, eigenen Parkplätzen und Garagen.

Steuer-Nr. 11 0

RECHNUNG

Übernachtungskosten ohne Frühstück

GEBUCHT

Zimmer Nr. :11

Firma :

Gastname : Herr

90666012180

Anreise : 26.02.200

Abreise :27.02.200

Nächte : 1

Personen : 1

Zimmerart : Einbettzimmer

Rechnung netto	:	42,01 €
zuz..19% MwSt.	:	7,99 €
Rechnung brutto	:	**50,00 €**

A U F W I E D E R S E H E N · G O O D B Y E !

Name/Nom: Zimmer/Room/Chambre: Datum/Date: Unterschrift/Signature:

Bankverbindung: r Bank eG · BLZ · Konto-Nr.
· BLZ Konto-Nr.

Hotelkosten

- Der Unternehmer kann Übernachtungskosten auf Geschäftsreisen als Betriebsausgaben geltend machen.
- Bei Übernachtungen des Arbeitnehmers muss die Rechnung ebenfalls auf den Arbeitgeber als Leistungsempfänger ausgestellt sein. Der Arbeitnehmer kann jedoch die Hotelrechnung zuerst selbst bezahlen und sich vom Arbeitgeber die Aufwendungen lohnsteuerfrei erstatten lassen.
- In Kleinbetragsrechnungen mit einem Gesamtbetrag bis zu höchstens 150 EUR (bis 2006: 100 EUR) muss der Leistungsempfänger nicht benannt werden. Wenn jedoch der Arbeitnehmer als Leistungsempfänger bezeichnet ist, ist der Vorsteuerabzug nicht mehr möglich.
- Bei Übernachtung mit Frühstück ist von den Betriebsausgaben ein Frühstücksanteil von 4,50 EUR abzuziehen.

Tipp:

Nach § 7 Abs. 1 Bundesreisekostengesetz ist ein pauschales Übernachtungsgeld von 20 EUR steuerfrei vom Arbeitgeber erstattungsfähig, wenn keine höheren Übernachtungskosten nachgewiesen werden können.

Beleg buchen

Beispiel

Die Übernachtung ohne Frühstück (siehe Beleg) ihres mitreisenden Arbeitnehmers, Herrn Huber, kostet der Unternehmerin, Frau Meier, 50 EUR brutto. Sie zahlt bar aus eigener Tasche.

Übernachtungskosten Arbeitnehmer	42,01 EUR	
Vorsteuer	7,99 EUR	
an Privateinlage		50,00 EUR

Das richtige Konto

BGA (GHK)	IKR	SKR03	SKR04	Kontenbezeichnung (SKR04)
4452	6855	4666	6660	Reisekosten AN Übernachtungsaufwand
4462	6857	4676	6680	Reisekosten UN Übernachtungsaufwand

Moskwa Inkasso und Auskunftei

Firma Elektro Zapp
Inh. Erwin Zapp
Daimlerstr. 3

46464 Neustadt

Aktenzeichen bitte
immer angeben:

Ihr Bearbeiter:
Herr
Tel.:
von 9-12 und 14-16 Uhr

13.11.2007

Auftraggeber-Nr.: Rechnung-Nr.:

Hinweis: Die Adresse hat sich verändert.
Geburtsdatum:

Kd.-Nr.: / Ihre Re-Nr.:
Endabrechnungsgrund: Vollzahlung

Übergebene Forderung in EUR gegen den Schuldner:

Hauptsache:	363.00
Hauptsache-Zinsen:	2.75
Ihre Mahnauslagen:	5.00
Summe:	370.75

ENDABRECHNUNG in EUR

Überschuß aus Schuldnerzahlung gesamt:		373.75
Vom Schuldner direkt an Sie bezahlt:		0.00
Ihre Kosten:		0.00
Davon Auslagen ohne Umst:	0.00	
19.00% Umst. auf vom Schuldner erstattete Kosten *) und		
19.00% Umst. auf Ihre Kosten	0.00	-5.37
40.00% EP mit Kostenrisiko aus	373.75	-149.50
19.00% Umsatzsteuer hierauf		-28.41
Gutschrift:		190.47
Mit Ihnen bereits abgerechnet:		0.00
Aktueller Endsaldo an Sie auszuzahlen:		190.47
Ihre Umsatzsteuer:		33.78

*) Gemäß BFH-Urteil (Beschl. v. 6.3.1990 - VII E 9/89) trägt bei vorsteuerabzugsberechtigten Auftraggebern dieser die Umsatzsteuer auf vom Schuldner erstattete Kosten.

Mit freundlichen Grüßen

Telefon:
Telefax:
E-Mail:
WWW:

Als Inkasso...
Geschä...
Sitz der Gesellschaft...

Steuernummer:

Inkassoabrechnung

- Von den eingezogenen Forderungen ziehen Inkassobüros ihre Kosten ab.
- Die auf die Kosten entfallende Umsatzsteuer trägt der Auftraggeber. Er kann sie als Vorsteuer geltend machen.
- Zahlt Ihr säumiger Schuldner nur einen Teil einer bereits versteuerten Forderung, lässt sich der uneinbringliche Teil ausbuchen.

Tipp:

Bei Ratenzahlung der Schuldner oder separatem Gebührenausweis der Inkassobüros kann es auf den Abrechnungen recht unübersichtlich werden. Beachten Sie, dass nicht nur die eingehenden Zahlungen, sondern auch die ausgewiesene Vorsteuer und die Inkassokosten umsatzsteuerpflichtige Erlöse darstellen.

Beleg buchen

Beispiel

Der Schuldner zahlt die noch nicht versteuerte Forderung und sämtliche Inkassokosten an das Inkassobüro in voller Höhe. Nach Abzug der Kosten überweist das Inkassobüro den Betrag von 190,47 EUR.

Bank	190,47 EUR	
Nebenkosten des Geldverkehrs	149,50 EUR	
Vorsteuer	33,78 EUR	
an Verkaufserlöse		373,75 EUR

Das richtige Konto

BGA (GHK)	IKR	SKR03	SKR04	Kontenbezeichnung (SKR04)
486	675	4970	6855	Nebenkosten des Geldverkehrs

OHG – *Elektrogroßhandel*

F OHG * I trasse 40 *

Telefon 06
Telefax 06
e-mail f @t-online

Firma
Horst Starke
Wiesengasse 3
55586 Neustadt

RECHNUNG

Bei Zahlung bitte angeben:

Kunden-Nr.	Rechnungs-Nr.	Datum	Seite
10	21	29.07.200	1

Ihre Auftrags-Nr.: Herr O

Ihr Ansprechpartner	Telefon	Telefax	E-Mail
	06	06	f @t-online.de

Pos.	Artikel-Nr. / Bezeichnung	Menge	Einh.	Einzelpreis	Art.Gr.		Gesamtpreis
	Lieferschein 15 vom 26.07.20						
1 0	**O60** WDK6(32MTR WAND+DECKENK.M.O. 60X 60 WEISS	32	Meter	9,25	45,00 00071	%	162,80

Gebucht

Warenwert €	Mwst-%	Mwst €	Endbetrag €
162,80	19,00	30,93	193,73

Zahlungsbedingung :

8.08.200	2,00 %	3,87	189,86
28.08.200	netto Kasse		193,73

Steuernr.: 3

Bankverbindung:

Sitz der Gesellschaft: Mannheim
Amtsgericht HRB
Gerichtsstand n

Umsatzsteuer-ID-Nummer
2

Instandhaltungskosten

Instandhaltungskosten sind Kosten, die infolge von Abnutzung, Alterung und Witterung zur Erhaltung des bestimmungsgemäßen Gebrauchs von baulichen Anlagen aufgewendet werden müssen.

Definition

- Wenn eine Deckenbeleuchtung mit dem Gebäude verbunden und damit zu einem Teil des Hauses wird, kann sie nicht mehr als selbstständige „bewegliche" Sache betrachtet werden.[24]
- Mietereinbauten und Mieterumbauten sind dagegen in der Bilanz des Mieters zu aktivieren, wenn es sich um (gegenüber dem Gebäude) selbstständige Wirtschaftsgüter handelt, für die der Mieter Herstellungskosten aufgewendet hat. Die Höhe der Absetzung für Abnutzung (AfA) wird nach den für Gebäude geltenden Grundsätzen bestimmt, also maximal 50 Jahre.[25]

Tipp

Die große Gefahr für Mietereinbauten bei unbefristeten Mietverträgen liegt in der Qualifizierung als unselbstständiger Gebäudebestandteil mit einem Abschreibungszeitraum von 50 Jahren! Sie können dies verhindern, indem Sie mit dem Vermieter Restwertvergütungen für den Auszug in 5 Jahren, 10 Jahren, 20 Jahren usw. vereinbaren.

Beleg buchen

Der Mieter ersetzt mit eigenem Personal nach fünf Jahren die Deckenbeleuchtung durch neue Lichtleisten. Eine Totalrenovierung oder Umbau der Mieträume findet nicht statt. Bei den hier vorliegenden geringen Materialwerten handelt es sich um Instandhaltungskosten.

Beispiel

Instandhaltung betrieblicher Räume	162,80 EUR	
Vorsteuer	30,93 EUR	
an Bank		193,73 EUR

Das richtige Konto

BGA (GHK)	IKR	SKR03	SKR04	Kontenbezeichnung (SKR04)
0249	080	0450	0680	Einbauten in fremde Grundstücke
4711	6933	4260	6335	Instandhaltung betrieblicher Räume

[24] BFH, Urteil vom 17.05.1968 – VI R 227/67.

[25] BFH, Urteil vom 15.10.1996 – VIII R 44/94.

ıstfc

Firma
Horst Starke
Wiesengasse 3

55586 Neustadt

Ihre Kundennummer 70230
Ihre Rechnungsnummer 30

Rechnungsdatum 17.04.200
Seite 1 von 6

Kundenservice Center
Postfach

Telefon: 01805-
Telefax: 0800
E-Mail: Kundenservice@ de

Sehr geehrte Damen und Herren,

wir bedanken uns für Ihr Vertrauen und die Nutzung unserer Leistungen. Wir erlauben uns, die von Ihnen genutzten Leistungen nachfolgend zu berechnen:

Ihre Rechnung vom April 200

Kabelanschluss	12,50 €
Kabel Internet	25,78 €
Telefonie	19,23 €
Nettobetrag	**57,51 €**
MwSt. 19%	10,93 €
Gesamtbetrag	**68,44 €**

Hinweise zur Zahlung dieser Rechnung finden Sie auf der Rückseite.

Mit freundlichen Grüßen

Ihr

Internetgebühr

- Bei einem betrieblichen Internetanschluss können Sie die Kosten als Betriebsausgaben ansetzen und ggf. die Vorsteuer abziehen.
- Bei privater Mitnutzung durch Arbeitnehmer bleibt der Betriebsausgabenabzug bestehen (Steuerbefreiung für die Nutzung von Telekommunikationsgeräten § 3 Nr. 45 EStG 2000).
- Bei privater Mitnutzung durch den Unternehmer sollten Sie die privat veranlassten Kosten mit einem pauschalen Abschlag berücksichtigen.[26]
- Vorsteuerabzug ist nur aus Originalrechnungen möglich. Eine elektronische Rechnung im PDF-Format gilt für sich genommen nicht als Original, da sie beliebig oft ausgedruckt und bearbeitet (gefälscht?) werden kann. Für einen Vorsteuerabzug sind nach § 14 Abs. 3 UStG die Echtheit der Herkunft und die Unversehrtheit des Inhalts zu gewährleisten, in der Regel mit qualifizierter elektronischer Signatur.

Achtung:
Achten Sie bei elektronischen Rechnungen auf eine qualifizierte Signierung, sonst ist der Vorsteuerabzug gefährdet.

Beleg buchen

Der Kabelbetreiber bucht die monatliche Grundgebühr für Kabel, Internet und Telefon ab.

Beispiel

Internetgebühren	57,51 EUR	
Vorsteuer	10,93 EUR	
an Bank		68,44 EUR

Das richtige Konto

BGA (GHK)	IKR	SKR03	SKR04	Kontenbezeichnung
4822	6822	4925	6810	Internetkosten
4821	6821	4920	6805	Telefon

[26] BMF, 06.05.2002, IV A 6 – S 2144 – 19/02.

WIRTSCHAFTSDATENBANKEN

GmbH · Postfach

Firma
Horst Starke
Wiesengasse 3
55586 Neustadt

Versandanschrift

Kunden-Nr.
Bitte unbedingt angeben!

RECHNUNG INTERNET
50011 / 190

Abrechnungszeitraum: AUGUST
Userid: WB025
Seite: 1

Ihre Bestellzeichen: WB025383
Ihre Bestellung vom: 30.10. FREISCHALTUNG)

Wir haben Ihre Rechnungsdaten in unserer Datenverarbeitungsanlage gespeichert (§ 28 Abs. 1 BDSG); die Datenschutzbestimmungen werden beachtet.

Düsseldorf, den 01.09.

Art-Nr.	DBID	Artikel-Bezeichnung	Menge	Einheit	Preis DEM	Betrag DEM
		SESSION	1			0.00
		DATENBANK-SUCHEN	13			26.00
		DATENBANK-DOKUMENTE	4			9.60
		NEWS-BREAK PROFILE	0			0.00
		NEWS-BREAK DOKUMENTE	0			0.00
		GRAFIK/TABELLE	0			0.00

*** DER RECHNUNGSBETRAG WIRD VON IHREM KONTO
*** KONTONUMMER: BLZ:
*** INSTITUT :
*** WIE VEREINBART PER LASTSCHRIFT ABGEBUCHT.

Steuerl. Entgelt	MwSt. Satz	MwSt.	Rechnungsbetrag
29,92 EUR	19%	5,68 EUR	35,60 EUR

Zahlbar spätestens 14 Tage nach Rechnungserteilung ohne Abzug.

GmbH
Telefon 0
Telefax 02
AG
VAT: DE 118
Vorsitzender des Aufsichtsrats:

Internetkosten (Datenbankrecherche)

- Der Zugriff auf Datenbanken und Dokumente, die Nutzung von Online-Programmen und Recherchedienste im Internet können kostenpflichtig sein.
- In der Regel können diese Dienste unter „Internetkosten“ erfasst werden.
- Bei erheblichen oder regelmäßigen Ausgaben sind die Kosten sachlich zuzuordnen, z. B. den Personalkosten, Werbekosten, Rechtsberatungskosten, Buchhaltungskosten etc.

Achtung:
Prüfen Sie, aus welchem Land Ihr Internetdienstleister tätig ist. Als inländischer Leistungsempfänger eines ausländischen Unternehmers schulden Sie die Umsatzsteuer nach § 13b UStG. Auf der Rechnung muss ein entsprechender Hinweis erfolgen.

Beleg buchen

Beispiel

Die *Danes* GmbH holt bei einem Datenbanksystem Registerauskünfte über konkurrierende Firmen ein.

Internetkosten Vorsteuer	29,92 EUR 5,68 EUR	
an Bank		35,60 EUR

Das richtige Konto

BGA (GHK)	IKR	SKR03	SKR04	Kontenbezeichnung
4822	6822	4925	6810	Internetkosten

Transport Gmbh

Kaution

KFZ Nummer: MG - WS 508 Sprinter 5 2 0 , - €

von Thorsten Frings, M G

25.09.07
Wir werden den Betrag wie vereinbart am .ten des Monats einziehen.

erh. am 29.09.07

Ge
Tel.u.F
V
HRE

Kautionen

In der Buchhaltung wird unterschieden, ob es sich um erhaltene oder geleistete Sicherheitsleistungen handelt.

- Erhaltene Kautionen sind bei den „Sonstigen Verbindlichkeiten" auszuweisen.
- Geleistete Kautionen werden bei den „Sonstigen Vermögensgegenständen" ausgewiesen. Kautionen für langfristige Verträge, die auf unbestimmte Zeit abgeschlossen sind, werden bei den „Sonstigen Ausleihungen" im Anlagevermögen ausgewiesen.

Tipp:

Auch bei innergemeinschaftlichen Lieferungen von Neufahrzeugen ist eine Kaution in Höhe der Umsatzsteuer üblich. Sie wird dem Abnehmer erst erstattet, wenn er die Zulassung oder die Besteuerung im anderen EU-Staat nachweist.

Beleg buchen

Beispiel

Die Mietkaution für den Lkw beträgt 520 EUR und wird vom Bankkonto des Mieters eingezogen

Geleistete Kautionen	520,00 EUR	
an Bank		520,00 EUR

Das richtige Konto

BGA (GHK)	IKR	SKR03	SKR04	Kontenbezeichnung (SKR04)
117	266	1525	1350	Geleistete Kautionen
172	4863	1732	3550	Erhaltene Kautionen
046	16	0540	0930	Sonstige Ausleihungen

Finanzamt
Kraftfahrzeugsteuernummer
(Bitte bei Rückfragen angeben)

Telefon
Telefax 06

03.04.2007

***

Finanzamt 201
Postf.

04. 0.55 EUR

Bescheid

über

Kraftfahrzeugsteuer

***

Der Bescheid ist nach § 12 Abs. 2 Nr. 3 Kraftfahrzeugsteuergesetz geändert.

Festsetzung	€
Die Steuer wird für das Fahrzeug mit dem amtlichen Kennzeichen festgesetzt: für die Zeit vom 16.07.2006 bis 27.03.2007 auf	336,00

Abrechnung (Stichtag 29.03.2007)	€	€
Steuer für die Zeit vom 16.07.2006 bis 27.03.2007 . . davon bereits getilgt	336,00 481,00	
verbleiben	-145,00	-145,00
Summe		-145,00

Das Guthaben von 145,00 € wird erstattet auf das Konto

Grundlagen der Festsetzung

Fahrzeugart . . . . Personenkraftwagen
Erstzulassungsdatum 03.01.1989
Hubraum . . . . 2975 cm³, entspricht 30 angefangene 100 cm³
Kraftstoffart/Energiequelle 0002 Diesel
Emissionsklasse . . . . . . 0425 SCHADSTOFFARM EURO 2
Steuersatz . . . . 16,05 € je angefangene 100 cm³ nach § 9 Abs. 1 Nr. 2 Buchst. b KraftStG

Angaben zur Kraftstoffart/Energiequelle und zur Emissionsklasse ergeben sich aus der seit dem 01.10.2005 anzuwendenden Richtlinie 1999/37/EG. Hierdurch hat sich die Steuer nicht geändert.

S t e u e r b e r e c h n u n g	€ gerundet
vom 16.07.2006 bis 27.03.2007: 16,05 € x 30 angefangene 100 cm³ x 255 Tage : 365 Tage	336,00

Sonstige Erläuterungen

Die Steuerpflicht endete am 28.03.2007.

Wenn Sie bei einer Wiederzulassung dieses Fahrzeugs oder der Zulassung eines anderen Fahrzeugs wieder am Lastschrifteinzugsverfahren teilnehmen wollen, müssen Sie die Teilnahme erneut schriftlich erklären.

Das Finanzamt (Finanzkasse) hat folgende Konten:
Konto-Nr.: Kreditinstitut: BLZ:

Kraftfahrzeugsteuer

- Für die Kfz-Steuer ist ein eigenes Konto nicht unter „Fahrzeugkosten", sondern unter „Sonstige Steuern" vorgesehen.
- Diese Steuer gehört zu den Betriebssteuern, wenn die Fahrzeuge für betriebliche Zwecke genutzt werden.
- Falls der Zahlungszeitraum nicht mit dem Wirtschaftsjahr übereinstimmt, ist in der Bilanz ein aktiver Rechnungsabgrenzungsposten zu bilden und dort die nicht auf das Wirtschaftsjahr entfallenden Beträge auszuweisen.
- Erstattungen sind gegen diesen Abgrenzungsposten oder ggf. beim Aufwandskonto im Haben zu buchen.

Beleg buchen

Beispiel

Im Abgrenzungsposten für Kfz-Steuer in der Bilanz zum 31.12.2006 waren 240 EUR eingestellt (6 Monate von 480 EUR). Nach der Abmeldung des Pkws zum 27.03.2007 beträgt die Erstattung 145 EUR.

Bank	145,00 EUR	
Kfz-Steuer	95,00 EUR	
an Aktive Rechnungsabgrenzungsposten		240,00 EUR

Das richtige Konto

BGA (GHK)	IKR	SKR03	SKR04	Kontenbezeichnung (SKR04)
422	703	4510	7685	Kfz-Steuer
091	29	0980	1900	Aktive Rechnungsabgrenzungsposten

Futura Versicherung

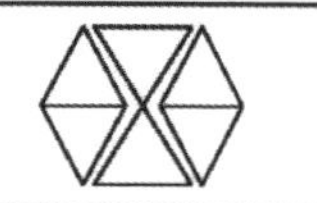

Futura Versicherung AG, 61407 Oberursel

Firma
Elektro Zapp
60234 Frankfurt

Futura Versicherung AG
Hauptstelle
61407 Oberursel

Telefon: 06171 / ....
Telefax: 06171 / ....

Oberursel, 22.06.07

Kraftfahrtversicherung Nr. A0111000222 F- YZ 888 Pkw-Kombi

Hersteller	Ty-Nr.	KW	Fahrzeug-Ident-Nr.	Vers.Beginn	jährl. km-Leistung	Zahlungsweise
Opel	531	100	16001600	01.03.2007	30.000	jährlich

Beitragserstattung wegen Fahrzeugabmeldung

Haftpflichtversicherung					
Personenschäden	Sachschäden	Vermögensschäden	Regio.-/Typklasse	Beitragsklasse	Beitrag
6,5 Mio. €/Person	unbegrenzt	unbegrenzt	N5/16	35%	95,40 €
Vollkaskoversicherung			Regio.-/Typklasse	Beitragsklasse	Beitrag
650 € Selbstbeteiligung und 300 € Teilkasko-Selbstbeteiligung			N3/29	40%	142,80 €
Beitragserstattung :	für den Zeitraum 01.03.2007 bis 16.06.2007			gesamt	238,20 €

Den Erstattungsbetrag werden wir auf Ihr Kto A-Bank Frankfurt, BLZ 54036000, Nr. 10057890 überweisen.

Kraftfahrzeugversicherung

- Für Kfz-Versicherungen ist ein eigenes Konto unter den Fahrzeugkosten vorgesehen.
- Versicherungsentschädigungen für Unfallschäden sind auf einem gesonderten Konto zu erfassen.
- Eine Erstattung von Versicherungsbeiträgen sollte nicht als zusätzlicher Ertrag, sondern als Teilstorno der ursprünglichen Aufwandszahlung verstanden werden.

Tipp:

Beachten Sie, dass Sie Versicherungszahlungen, die auch für das Folgejahr geleistet werden, zum Jahresende aktiv abgrenzen müssen. Beispiel: Sie zahlen am 28.10.06 Kraftfahrzeugversicherung für den betrieblichen Fuhrpark für die Zeit vom 01.10.06 bis 30.09.07 in Höhe von 10.000 EUR. Lediglich in Höhe von 2.500 EUR (drei von zwölf Monate) gehört dies zum Aufwand des Jahres 2006. Deshalb müssen Sie in der Bilanz zum 31.12.06 in dieser Höhe einen aktiven Rechnungsabgrenzungsposten in Höhe von 7.500 EUR bilden.

Beleg buchen

Beispiel

Sie melden einen Firmenwagen ab und teilen der Versicherungsgesellschaft mit, dass Sie keine Verrechnung mit künftigen Prämienzahlungen wünschen. Daraufhin wird die überzahlte Prämie von 238,20 EUR überwiesen.

Bank	238,20 EUR	
an Versicherungen		238,20 EUR

Das richtige Konto

BGA (GHK)	IKR	SKR03	SKR04	Kontenbezeichnung
4261	691	4520	6520	Kfz-Versicherungen
267	5431	2742	4970	Versicherungsentschädigungen
91	29	980	1900	Aktive Rechnungsabgrenzung

Firma
Horst Starke
Wiesengasse 3
55586 Neustadt

Karteninhaberservice / Sperrhotline: 01805

Umsatzaufstellung vom 03.03.07 bis 28.04.07
MasterCard 5486

Seite: 1

Ihr Verfügungsrahmen: 2.500 EUR

Buchungsdatum	Belegdatum	Umsatzinformationen	Betrag in Euro
		SALDO VORMONAT	0,00+
15.03.07	15.03.07	Deutsche Bahn AG Berlin	59,50-
03.04.06	03.04.07	MASTERCARD JAHRESGEBUEHR	18,00-
		NEUER SALDO	77,50-

UMSATZSUMME SEIT:04.2007 0,00

Ihr Konto Nr 00 wird in den nächsten Tagen mit o. g. Saldo belastet.
Diese Aufstellung enthält alle Umsätze, die bis zum Erstellungsdatum eingegangen sind.
Wir bitten, diese zu prüfen und evtl. Unstimmigkeiten unverzüglich mitzuteilen.

U45674

Kreditkartenabrechnung

- Die Sammelabbuchung der monatlichen Kreditkartenabrechnung ist in Einzelbuchungen aufzusplitten. Für die Zahlungen über Kreditkarte können Sie auch ein separates Verrechnungskonto verwenden.
- Nutzen Sie als Firmeninhaber die Kreditkarte, um damit betriebliche Vorgänge zu bezahlen, buchen Sie die Kreditkartengebühr auf das Konto „Nebenkosten des Geldverkehrs".

Beleg buchen

Beispiel

Auf der Kreditkartenabrechnung März finden sich neben der Jahresgebühr noch die Kosten für die Bahnfahrkarte (Beleg siehe dort).

Reisekosten Unternehmer Fahrtkosten Vorsteuer	50,00 EUR 9,50 EUR	
Nebenkosten des Geldverkehrs	18,00 EUR	
an Kreditkartenabrechnung		77,50 EUR

Bei Abbuchung vom Bankkonto wird das Konto „Kreditkartenabrechnung" ausgeglichen.

Kreditkartenabrechnung	77,50 EUR	
an Bank		77,50 EUR

Das richtige Konto

BGA (GHK)	IKR	SKR03	SKR04	Kontenbezeichnung (SKR04)
174	4890	1730	3610	Kreditkartenabrechnung
486	675	4970	6855	Nebenkosten des Geldverkehrs

Fahrzeug-Mietkaufvertrag

- Antrag des Mieters -

MV-Nr.: 245361 11.05.07
Lieferdatum 11.05.07

Mieter

Firma/Name Horst Starke

Branche IT-Berater
Straße, Nr. Wiesengasse 3 Telefon XXXXXXXXXXX
PLZ/Ort 55586 Neustadt Telefax XXXXXXXXXXX

Lieferant

Firma/Name EASY Leasing AG Steuernummer DE 098XXXXXX
Straße, Nr. Opelstr. 5 Telefon XXXXXXXXXXX
PLZ/Ort 64530 Eschersbach Telefax XXXXXXXXXXX

Fahrzeug

Anzahl 1 XXXXXXXXXXXXXXXXXXXXXXXXXX KOMBI, 5 Türen, 132 KW

fabrikneu ja ☐ nein ☒

☐ Lieferumfang und Ausstattung gemäß beiliegender Anlage "Spezifizierung des Fahrzeuges"

Soweit nachfolgend keine abweichende Angabe erfolgt, wird als Standort des Fahrzeuges die oben genannte Anschrift des Mieters vereinbart.

Konditionen
Anpassung gem. nachfolgender Ziffer 4 möglich

Laufzeit 36 Monate	%	EUR
Berechnungsgrundlage	100	16.380,00
Miete monatlich	3,1665	518,68
Differenzabsicherung monatlich		3,00
einmalige Sonderzahlung fällig mit erster Miete	0,0000	0,00
letzte erhöhte Miete		
gesetzl. USt. auf die Gesamtmietforderung u. Differenzabsicherung (mit der ersten Miete sofort und in voller Höhe zu zahlen)		3.568,34

Bankeinzug

Der Mieter ermächtigt den Vermieter, die Mieten und alle sonstigen nach dem Vertrag geschuldeten Zahlungen von folgendem Konto im Lastschriftverfahren einzuziehen:

BLZ XXXXXXXXXXXXXXXXX Kto.-N XXXXXXXXXXXXXXXXX
Bank XXXXXXXXXXXXXXXXXXXXXXXXXXXXXXXXXXX

Diese Einzugsermächtigung erstreckt sich auch auf einen Forderungseinzug durch einen Dritten, an den der Leasinggeber die Forderungen zu Refinanzierungszwecken abtritt oder durch einen von diesem beauftragten Dritten.

Der Mieter beantragt bei der LEASING AG - im folgenden Vermieter genannt - **zu den vorstehenden und nachfolgenden Bedingungen** den Abschluss eines Mietkaufvertrages über das o.g. Mietobjekt. Er hält sich an seinen Antrag bis 1 Monat nach dessen Eingang beim Vermieter gebunden

11.05.07
, den
Ort, Datum (Stempel und Unterschrift des Mieters)

LEASING AG Hauptverwaltung Regionalverwaltung Regionalverwaltung Vorstand Aufsichtsratsvorsitzender

Mietkauf (Kaufleasing)

- Bei Leasinggegenständen können sich in Grenzfällen Zuordnungsprobleme ergeben. In den meisten Verträgen ist gewollt, dass der Leasingnehmer kein Eigentümer wird, so dass er als Aufwand nicht die AfA, sondern die Leasingraten und die anteilige Sonderzahlung berücksichtigen kann.
- Erfolgt die Zuordnung zum Leasingnehmer, handelt es sich um Kaufleasing.
- Bei „Mietverträgen", die im Ergebnis Mietkaufverträge sind, wird dem Mieter vertraglich das Recht eingeräumt, den gemieteten Gegenstand unter Anrechnung der gezahlten Miete auf den Kaufpreis zu erwerben.
- Auf die Bezeichnung in den Verträgen kommt es nicht an. Allerdings ist kein Vorsteuerabzug aus dem gesamten Kaufpreis möglich, wenn sie nur bei den einzelnen Raten ausgewiesen ist.

Beleg buchen

Beispiel

Die Leasinggesellschaft schließt einen Mietkaufvertrag ab. Auf den Kaufpreis von 16.380 EUR und einem Finanzierungsanteil von 2.400,48 EUR werden 3.568,34 Umsatzsteuer fällig, die im Vertrag ausgewiesen sind. Die Umsatzsteuer wird zusammen mit der ersten Rate von 518,68 EUR überwiesen.

Pkw	16.380,00 EUR	
Vorsteuer	3.568,34 EUR	
Aktive Rechnungsabgrenzung	2.400,48 EUR	
Kaufleasing	521,68 EUR	
an Bank		4.090,02 EUR
Darlehen		18.780,75 EUR

Das richtige Konto

BGA (GHK)	IKR	SKR03	SKR04	Kontenbezeichnung (SKR04)
4918	671	4815	6250	Kaufleasing
034	0841	0320	0520	Pkw
91	29	980	1900	Aktive Rechnungsabgrenzung

Energie-Vertriebsgesellschaft mbH

Energie-Vertriebsgesellschaft mbH

Firma Elektro Zapp
Inh. Erwin Zapp
Daimlerstr. 3

46464 Neustadt

Servicenummer	(08 00)
Montag - Freitag	07:00 - 19:00 Uhr

Telefax
E-Mail info@
Bankverbindung
BLZ
Konto
Datum

Bitte bei Zahlungen und Rückfragen Vertragskontonummer angeben:

Kundennummer
Vertragskontonummer
Rechnungsnummer

Ihre Jahresrechnung

Sehr geehrter Herr Zapp,

als unser Kunde erhalten Sie sicher und zuverlässig Energie. Gerne sind wir der kompetente Energieversorger in Ihrer Nähe. Mit Abschluss des Abrechnungszeitraums informieren wir Sie nun über Ihre exakten Verbrauchs- und Abrechnungsdaten. Vielen Dank für Ihr Vertrauen.

Mit freundlichen Grüßen

Ihre Energie-Vertriebsgesellschaft mbH

Zeitraum 01.01.2006-31.12.2006

Abrechnung Strom EUR	Nettobetrag	Umsatzsteuer	Bruttobetrag
Ihr Verbrauch kostet	1.100,00	176,00	1.276,00
bereits gezahlt haben Sie	1.000,00	160,00	1.160,00
noch zu zahlen	100,00	16,00	160,00

Abrechnungsbetrag 116,00 EUR

Noch zu zahlen sind **116,00 EUR**

Den Betrag werden wir mit der nächsten, fälligen Forderung erheben.

Hier finden Sie uns:

Energie-Vertriebsgesellschaft mbH
Sitz der Gesellschaft:
Registergericht HRB Nr.
Steuernummer:

Vorsitzender des Aufsichtsrats:
Geschäftsführer:

1/3

Unsere Internetadresse.
www.

Mietnebenkosten (Strom, Gas, Wasser)

- Aufwand für Strom, Gas und Wasser entsteht entweder (wie im folgenden Beispiel) in Handel, Verwaltung, Büro und Vertrieb oder als Materialeinsatz (Roh-, Hilfs- und Betriebsstoff) in der Fertigung, in Werkstätten u. Ä.
- Für Gas, Strom und Wasser werden in der Regel während des Jahres Abschlagszahlungen geleistet und meist vom Versorger per Lastschrift eingezogen.
- In einer Jahresendabrechnung wird der tatsächliche Verbrauch des abgelaufenen Jahres den Abschlagszahlungen gegenübergestellt. Daraus ergibt sich eine Rückerstattung, die Sie entsprechend unter „Forderungen", bzw. eine Nachzahlung, die Sie unter „Verbindlichkeiten/Rückstellungen" bilanzieren.

Beleg buchen

Beispiel

Als der Jahresabschluss aufgestellt wird, liegt die Nachzahlungsrechnung für 2006 vor (Achtung: noch 16 % USt.!). Zum Jahresende wird die Verbindlichkeit erfasst ...

Strom, Gas, Wasser Vorsteuer	100,00 EUR 16,00 EUR	
an Sonstige Verbindlichkeiten		116,00 EUR

... und bei Zahlung in 2007 aufgelöst.

Sonstige Verbindlichkeiten	116,00 EUR	
an Bank		116,00 EUR

Das richtige Konto

BGA (GHK)	IKR	SKR03	SKR04	Kontenbezeichnung (SKR04)
432	6933	4240	6325	Gas, Strom, Wasser
3016	605	3090	5190	Energiestoffe (Fertigung)
101	24	1410	1210	Forderungen aus Lieferungen und Leistungen
171	44	1610	3310	Verbindlichkeiten aus Lieferungen und Leistungen
0724	39	0970	3070	Sonstige Rückstellungen

R E C H N U N G

RECHNUNGSNR.BITTE ANGEBEN: 24
Rechnungsdatum: 09.02.
Erstellungsdatum: 09.02.
Mietvertragsnummer: 10

NEUES KUNDENKONTO: 28

Contract: 43

R AUTOVERMIETUNG GMBH

Tel:0 Fax:0
Handelsregister: HRB4
USt.-Id-Nummer: DE81

Kunden-Referenz: -

Fahrer

	Tatsaechlich		Berechnet			
Anmietung	09.02.2	10:41	09.02.20	10:41	24H OPEN	*RY*
Rueckgabe	09.02.20	16:23	09.02.20	16:23	24H OPEN	*RY*
Fahrzeug	: V				Telefoneinheiten:	0
Kennzeichen			CDIKASTEN		Gefahrene Kilometer:	31

Berechnung:	Anzahl	Einheit	Preis/Einh EUR	Betrag EUR
Tarif/Produkt:D -TAG INKL. 100 KM				
Grundpreis	1	Tage à	42.02	42.02
im Grundpreis enthaltene Km	100	Km		
Mehrwertsteuer 19.00 % auf 42.02				7.98
			Rechnungsbetrag:	50.00

Zu zahlen bis : 23.02.20 Faelliger Betrag:EUR 50.00

Reservierungs Nr.: 157

-----------------------------------(Hier abtrennen)-----------------------------------

Rechnungsdatum : 09.02
NEUES KUNDENKONTO :
RECHNUNGSNR.BITTE ANGEBEN:
Mietvertragsnummer :

Zu zahlen bis : 23.02.200
Faelliger Betrag: EUR 50.0

Zahlung mit RECHNUNGSNUMMER an: AUTOVERMIETUNG GMBH

Bank/BLZ/Kontonummer:
BANK AG

Mietwagen

- Bei Nutzung eines Mietwagens sind die Aufwendungen in der nachgewiesenen Höhe abzugsfähig.
- Auch wenn der Wagen vom Arbeitnehmer angemietet wird, muss die Rechnung ebenfalls auf den Arbeitgeber als Leistungsempfänger ausgestellt sein. In Kleinbetragsrechnungen mit einem Gesamtbetrag bis zu höchstens 150 EUR (bis 2006: 100 EUR) muss der Leistungsempfänger nicht benannt werden. Wenn jedoch der Arbeitnehmer als Leistungsempfänger bezeichnet ist, ist der Vorsteuerabzug nicht mehr möglich.
- Im Gegensatz zu dem Taxenverkehr ist der Verkehr mit Mietwagen nicht steuerermäßigt. Der Mietwagenverkehr unterscheidet sich im Wesentlichen vom Taxenverkehr dadurch, dass nur Beförderungsaufträge ausgeführt werden dürfen, die am Betriebssitz oder in der Wohnung des Unternehmers eingegangen sind (§ 49 Abs. 4 PBefG).

Beleg buchen

Beispiel

Die Leihwagenpauschale beträgt brutto 50 EUR und wird vom Unternehmer mit Kreditkarte gezahlt.

Fremdfahrzeuge	42,02 EUR	
Vorsteuer	7,98 EUR	
an Kreditkartenabrechnung		50,00 EUR

Das richtige Konto

BGA (GHK)	IKR	SKR03	SKR04	Kontenbezeichnung (SKR04)
4130	6885	4595	6595	Fremdfahrzeuge
4716	6884	4570	6560	Leasingwagen
174	4890	1730	3610	Kreditkartenabrechnung

Zusatz: Ab Januar 2007 sind 19% Mehrwertsteuer = 330,60 EUR, somit monatlich insgesamt 2.070,60 EUR zu zahlen

§ 3 – Miete und Nebenkosten

	EUR
1. ☒ Die **Netto-Kaltmiete** (ausschließlich Betriebskosten, Heizung und Warmwasser) beträgt ☐ Die **Brutto-Kaltmiete** (einschließlich Betriebskosten, ausschließlich Heizung und Warmwasser) beträgt	1500,–
2. Neben der Miete sind monatlich zu entrichten für:	
Betriebskostenvorschuss gemäß Abs. 3 zzt.	
Heizkostenvorschuss gemäß § 5 zzt.	
	240,–
Zusatz: Ab Januar 2007 sind 19% MWSt = 330,60 EUR somit monatlich insges. 2.070,60 EUR zu zahlen + 16 % Mehrwertsteuer zzt.	278,40
monatlich insgesamt zzt.	2018,40

3. Die **Betriebskosten** gemäß Betriebskostenverordnung in der jeweils geltenden Fassung, ermittelt aufgrund der letzten Berechnung des Vermieters vom ______

☐ sind in der gem. Abs. 1 vereinbarten Brutto-Kaltmiete ausschließlich Heizung und Warmwasser anteilig **enthalten**.

☒ sind in der gem. Abs. 1 vereinbarten Netto-Kaltmiete **nicht enthalten**.

Hierbei handelt es sich insbesondere um:

- die laufenden öffentlichen Lasten des Grundstücks, insbesondere Grundsteuer
- die Kosten der Wasserversorgung
- die Kosten der Entwässerung
- die Kosten des Betriebs des Personen- oder Lastenaufzugs
- die Kosten der Straßenreinigung und Müllbeseitigung
- die Kosten der Gebäudereinigung und Ungezieferbekämpfung
- die Kosten der Gartenpflege
- die Kosten der Beleuchtung
- die Kosten der Schornsteinreinigung
- die Kosten der Sach- und Haftpflichtversicherung
- die Kosten für den Hauswart
- die Kosten des Betriebs der Gemeinschafts-Antennenanlage oder der mit einem Breitbandkabelnetz verbundenen privaten Verteilanlage
- die Kosten des Betriebs der Einrichtungen für die Wäschepflege
- sonstige Betriebskosten
- Umlageausfallwagnis

Der Mieter ist verpflichtet, seinen entsprechenden Anteil an den Betriebskosten zu übernehmen. Erhöhungen bzw. Ermäßigungen dieser Betriebskosten werden vom Vermieter auf die Mieter umgelegt.

4. Auf Verlangen des Vermieters hat der Mieter neben der Miete Mehrwertsteuer zu zahlen. In diesem Fall ist der Vermieter verpflichtet, dem Mieter die erforderlichen Vorsteuerbelege zu erteilen.

5. a) ☐ Der Mieter hat zur Kenntnis genommen, dass der Vermieter zur **Umsatzsteuer** optiert hat und bestätigt, dass er mit seiner Tätigkeit, wie in § 1 Abs. 1 beschrieben, umsatzsteuerpflichtige Umsätze erzielt.

b) ☐ Der Mieter verpflichtet sich, den Vermieter über den etwaigen späteren Wegfall umsatzsteuerpflichtiger Umsätze unverzüglich zu informieren.

c) ☐ In diesem Fall verpflichten sich Vermieter und Mieter, die Miethöhe neu zu verhandeln.

d) ☐ Der Mieter ist dem Vermieter zum Schadensersatz verpflichtet, falls dem Vermieter der Vorsteuerabzug aufgrund des Sachverhaltes gemäß 5. b) versagt wird.

6. Die **Schönheitsreparaturen** und den Ersatz von Glasscheiben übernimmt der ☐ Mieter ☐ Vermieter.

Der Verpflichtete hat die Schönheitsreparaturen regelmäßig und fachgerecht vorzunehmen.

7. **Kleine Instandsetzungen** sind während der Dauer der Mietzeit vom ☐ Mieter ☐ Vermieter auf dessen Kosten auszuführen, soweit die Schäden nicht vom anderen Vertragspartner zu vertreten sind. Die kleinen Instandsetzungen umfassen das Beheben kleinerer Schäden sowie die Wartung an Leitungen und Anlagen für Wasser, Elektrizität, Gas und Heizung, an sanitären Einrichtungen, an Verschlüssen von Fenstern und Türen, an Rollläden, Jalousien und Markisen. – Kleinere Schäden sind Schäden, deren Behebung insgesamt nicht mehr als 5 v. H. der Jahresnettokaltmiete ausmachen.

§ 4 – Zahlung der Miete und der Nebenkosten

1. Die Miete und Nebenkosten sind monatlich im Voraus, spätestens am dritten Werktag des Monats kostenfrei an den Vermieter zu zahlen.

☒ Die Miete und Nebenkosten sind auf das Konto Nr. 2[illegible] bei ______ [illegible]bank Mainz (BLZ 50[illegible]) einzuzahlen. Für die Rechtzeitigkeit der Zahlung kommt es nicht auf die Absendung, sondern auf die Ankunft des Geldes an.

☐ Miete und Nebenkosten werden im Lastschrift-Einzugsverfahren von einem vom Mieter zu benennenden Konto abgebucht. Der Mieter verpflichtet sich, dem Vermieter eine Einzugsermächtigung zu erteilen. Bei Kontenänderung verpflichtet sich der Mieter jeweils eine neue Einzugsermächtigung zu erteilen.

2. Die Heiz- und Betriebskosten gem. § 3 werden in Form monatlicher Abschlagszahlungen erhoben und sind jährlich nach dem Stichtag vom ______ jeden Jahres für die Heizkosten und nach dem Stichtag vom ______ jeden Jahres für die Betriebskosten mit dem Mieter abzurechnen. Der Ausgleich der Nachzahlung bzw. der Gutschrift hat zu dem auf die Abrechnung folgenden Mietzahlungstermin zu erfolgen.

3. Bei verspäteter Zahlung kann der Vermieter Mahnkosten in Höhe von EUR ______ je Mahnung, unbeschadet von Verzugszinsen, erheben. Bei Mahnkosten und Verzugszinsen handelt es sich um pauschalierten Schadensersatz. Der Mieter kann nachweisen, dass ein niedrigerer Schaden entstanden ist.

§ 5 – Sammelheizung und Warmwasserversorgung

1. Der Vermieter ist verpflichtet, die Sammelheizung, soweit es die Außentemperaturen erfordern, mindestens aber in der Zeit vom 1. Oktober bis 30. April, in Betrieb zu halten. Die Warmwasserversorgung hat ständig zu erfolgen.
Ein Anspruch des Mieters auf Versorgung mit Sammelheizung und Warmwasser besteht für Sonnabende – Sonntage – gesetzliche Feiertage – nicht.

2. Der Mieter ist verpflichtet, die anteiligen Betriebs- und Wartungskosten zu bezahlen.

3. Die Betriebs- und Wartungskosten werden vom Vermieter entsprechend den gesetzlichen Abrechnungsmaßstäben umgelegt. Werden Wärmezähler und/oder Warmwasserkostenverteiler verwandt, so wird ein fester Anteil der Kosten nach dem Verbrauch aufgeteilt, nämlich ______ v. H.*)
Auf den Umlegungsbetrag für die Betriebs- und Wartungskosten sind monatlich Vorauszahlungen zu leisten, deren Höhe der Vermieter jeweils angemessen festsetzt und über die nach der Heizperiode abzurechnen sind.

*) mindestens 50 v. H., höchstens 70 v. H. (§ 7 Heizkosten-VO. vom 20.01.1989).

Mietzahlungen

- Werden Gebäude oder Räume aus betrieblichem Anlass angemietet, sind die Aufwendungen für die Miete abziehbar.
- Bei Vermietungen kann im Mietvertrag auf die Umsatzsteuerfreiheit der Vermietung verzichtet werden, sofern es sich nicht um Wohnraum handelt (Option nach § 9 UStG). Dabei gilt der Mietvertrag als Rechnung im Sinne von § 14 UStG.
- Als Rechnung ist auch ein Vertrag anzusehen, der die in § 14 Abs. 4 UStG geforderten Angaben enthält. Im Vertrag fehlende Angaben müssen in anderen Unterlagen enthalten sein, auf die im Vertrag hinzuweisen ist. So muss in Mietverträgen, die ab 01.01.2004 geschlossen werden, die Steuernummer des Vermieters enthalten und mit einer eindeutigen Vertragsnummer versehen sein. Altverträge brauchen jedoch nicht angepasst zu werden.[27]

Beleg buchen

Beispiel

Der monatliche Mietzins beträgt laut Mietvertrag 1.500 EUR und 240 EUR „zzgl. 16 % MwSt. 278,40 EUR“. Wegen der Erhöhung des USt.-Satzes zum 01.01.2007 wird der Vertrag rechtzeitig angepasst.

Miete	1.740,00 EUR	
Vorsteuer	330,60 EUR	
an Bank		2.070,60 EUR

Der Vermieter verbucht die Mieteinnahmen.

Bank	2.070,60 EUR	
an Mieterträge		1.740,00 EUR
an Umsatzsteuer		330,60 EUR

Das richtige Konto

BGA (GHK)	IKR	SKR03	SKR04	Kontenbezeichnung (SKR04)
411	670	4210	6310	Miete
80	510	8200	4200	Mieterlöse

[27] BMF, 29.01.2004, IV B 7 – S 7280 – 19/04 Nr. 40 und 43.

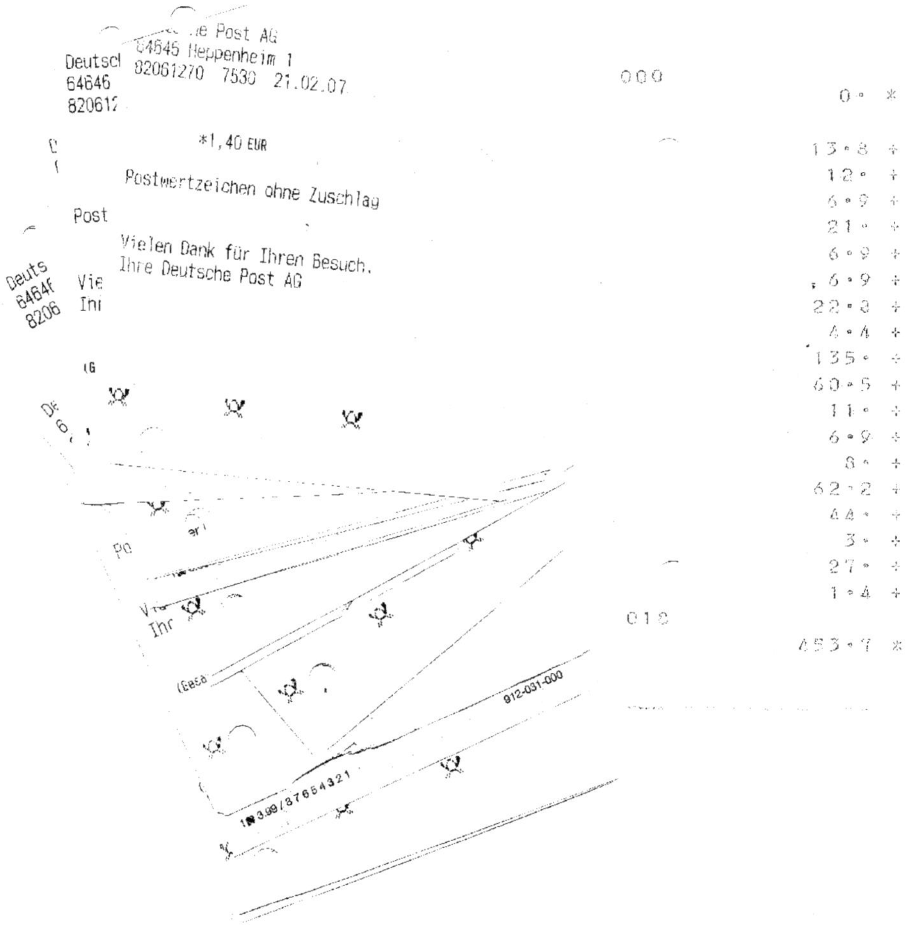

Deutsche Post AG
64645 Heppenheim 1
82061270 7530 21.02.07

*1,40 EUR

Postwertzeichen ohne Zuschlag

Vielen Dank für Ihren Besuch.
Ihre Deutsche Post AG

912-031-000

1 3.99 / 87654321

000
0· *
13·8 +
12· +
6·9 +
21· +
6·9 +
6·9 +
22·8 +
4·4 +
135· +
60·5 +
11· +
6·9 +
8· +
62·2 +
44· +
3· +
27· +
1·4 +
012
453·7 *

Portokosten

Auf Paketsendungen sind Versandhandelsunternehmen als Absender genannt. Folglich liegen unmittelbare Rechtsbeziehungen zwischen ihnen und der Deutschen Post AG vor. Selbst eine „unfreie" Versendung oder eine Versendung „per Nachnahme" führt nicht zu Rechtsbeziehungen zwischen dem Empfänger des Pakets und der Post AG. Die von Versandhandelsunternehmen weiter berechneten Portokosten sind deshalb keine durchlaufenden Posten. Dagegen versenden Werbeagenturen und Lettershops (Agenturen) Briefe, Prospekte u. Ä. für ihre Auftraggeber. Ist der Auftraggeber auf der Sendung als Absender genannt, so handelt es sich bei den Portokosten um durchlaufende Posten, soweit die Agentur die Portokosten ausgelegt hat.[28]

- Auch über das Ende des Briefmonopols zum 31.12.2007 hinaus bleiben die Freimarken der Post umsatzsteuerfrei.
- Bei vielen Einzelbelegen bietet sich eine „Portokasse" an: Zunächst werden Portokosten aus eigener Tasche ausgelegt und monatlich die gesammelten Belege addiert und in einer Summe erstattet.

Beleg buchen

Die gesammelten Einzelbelege Juni addieren sich zu 453,70 EUR. Sie werden bar erstattet. Beispiel

Porto	453,70 EUR	
an Kasse		453,70 EUR

Das richtige Konto

BGA (GHK)	IKR	SKR03	SKR04	Kontenbezeichnung (SKR04)
4820	6821	4910	6800	Porto
1595	2663	1590	1370	Durchlaufende Posten

[28] OFD Hannover, 26.07.2000, S 7200 – 280 – StO 352/S 7200 – 424 – StH 531.

AUTO Becker

VORFUEHR- / GESCHAEFTSFAHRZEUG
RECHNUNG

Firma Elektro Zapp
Inh. Erwin Zapp
Daimlerstr. 3

46464 Neustadt

RECHNUNGS-NR

RECHNUNGSDATUM
17.01.200

DEBITORENKONTO

FAHRZEUG-IDENT-NR
WDB

AUFTRAGSNUMMER

LIEFERDATUM

KENNZ-NL:
KM-STAND:

LAGERNUMMER

BESTELLUNG:
ERSTZULASS:

			EUR
	WIR LIEFERTEN IHNEN EINEN GEBRAUCHTEN		
	INCLUSIVE SONDERAUSSTATTUNG		39.900,00
19,00%	UMSATZSTEUER		7.581,00

	GESAMTBETRAG	EUR	47.481,00 *

GEBUCHT

BLZ :

KONTO :

UST-IDNR.:

STEUERNUMMER

16 00

Pkw-Anschaffung

- Zu den Anschaffungskosten zählen der Netto-Kaufpreis des Pkws und darüber hinaus sämtliche Aufwendungen, um es betriebsüblich nutzen zu können. Nebenkosten, wie Überführungskosten, Nummernschilder usw., gehören ebenso dazu wie Extras (z. B. Partikelfilter) und nachträgliche Anschaffungskosten, sofern sie dem Pkw einzeln zugerechnet werden können und mit Einbau ihre körperliche und wirtschaftliche Eigenart endgültig verloren haben.
- Bei der Inzahlungnahme handelt es sich üblicherweise um einen Tausch mit Wertausgleich in bar. Beim Betriebsvermögen von Kaufleuten unter sich sind beide Teile dieses Geschäfts umsatzsteuerpflichtig (Ausnahme: Differenzbesteuerung nach § 25a UStG). Am sichersten fahren beide Unternehmer bei zwei getrennten Rechnungen über den Verkauf des Neuwagens und den Verkauf des Altfahrzeugs.

Beleg buchen

Beispiel

Mit einem Scheck wurde am 01.06. der neue Kombi (Tageszulassung) zum Preis von brutto 39.900 EUR gekauft.

Pkw	39.900,00 EUR	
Vorsteuer	7.581,00 EUR	
an Bank		47.481,00 EUR

Das richtige Konto

BGA (GHK)	IKR	SKR03	SKR04	Kontenbezeichnung
034	0841	0320	0520	Pkw

GmbH

Firma Elektro Zapp
Inh. Erwin Zapp
Daimlerstr. 3

46464 Neustadt

Abrechnung Nr.

Datum:	12.03.2
Kundennummer:	
VP-Nummer:	
Abrechnungszeitraum:	06.03.2 bis 12.03.2
Zahlungsbedingungen:	Gesamtbetrag sofort fällig
Ihre Steuernummer:	1
Bei Rückfragen:	Fon: 0700 /
	Fax:
	fico@ de

Seite 1/1

Sehr geehrter Vertriebspartner,

in der abgelaufenen Periode wurden auf Ihrem Vertriebskonto folgende abrechnungswirksame Bewegungen registriert:

Pos.	Stück	Bezeichnung	Ust.	Einzelbetrag	Betrag
1	4	D1 Xtra-Cash 15 EUR (EL)	keine	15,0000	60,0000
2	4	D1 Xtra-Cash 15 EUR Provision (EL)	19,00 %	-0,7800	-3,1200
3	7	D2 CallNow 15 EUR	keine	15,0000	105,0000
4	7	D2 CallNow 15 EUR Provision	19,00 %	-0,6600	-4,6200
5	2	O2 Loop Cash 15 EUR	keine	15,0000	30,0000
6	2	O2 Loop Cash 15 EUR Provision	19,00 %	-0,8400	-1,6800
Summe Positionen					**185,58 €**
		Umsatzsteuer	keine	195,00 €	0,00 €
		Umsatzsteuer auf Gutschrift	19,00%	-9,42 €	1,79 €
Endbetrag					183,79 €

Zahlungsart: Abbuchung

Hotline:
Fax
info
www

Geschäftsführer
HRB
USt-IdNr. DE

Bankverbindung:

Z)

Provisionen

- Die vermittelten Umsätze im Namen und auf Rechnung eines anderen Unternehmers sind steuerfrei, die Provisionen für die Agenturtätigkeit (Verkaufskommission) jedoch in der Regel steuerpflichtig.
- Wird ein Händler in die Abgabe einer Telefonkarte eingeschaltet, so erbringt er keine eigene Telekommunikationsleistung an den Kunden. Die Differenz zwischen dem gezahlten und dem erhaltenen Betrag ist eine Vermittlungsprovision.[29]

Beleg buchen

Der Kioskbetreiber verkauft Guthabencodes für Handykarten.

Beispiel

Kasse	195,00 EUR	
an Agenturwarenabrechnung		195,00 EUR

Die Handyvertriebsfirma übermittelt wöchentlich die eingenommenen Gelder und bucht nach Abzug der Provisionen und Umsatzsteuer ab.

Agenturwarenabrechnung	195,00 EUR	
an Bank		183,80 EUR
an Provisionen		9,42 EUR
an USt.		1,78 EUR

Das richtige Konto

BGA (GHK)	IKR	SKR03	SKR04	Kontenbezeichnung (SKR04)
1597	2664	1521	1375	Agenturwarenabrechnung
872	5411	8510	4560	Provisionserlöse

[29] BMF-Schreiben vom 03.12.2001 – IV B 7 – S 7100 – 292/01.

REINIGUNG
NACH HAUSFRAUENART

für Büro - Geschäft - Privat

rasse 25

asse 25

Firma
Horst Starke
Wiesengasse 3
55586 Neustadt

Telefon (0
Fax (0
Email: @t-online.de

Rechnung

Rechnungs.Nr. RE-0
Kunden.Nr : 1
Datum : 01.11.20
Kunde seit : 20

Menge	Erbrachte Leistungen	USt. %	EP	GP
9,75	Sonderstunden a`30,- Euro	19	30,00	292,50
	Teppichreinigung			
1,00	One Step Fleckenentferner 0,5 Liter	19	6,20	6,20
1,00	Entschäumer 1,0 Liter	19	8,74	8,74
8,00	Sapur Teppichshampo	19	7,20	57,60
1,00	Rechnungsdatum gleich Lierferdatum		0,00	0,00

Währung	Summe Netto	Mwst.		Gesamtsumme
EURO	365,04	69,36		434,40
		- Anzahlung	EURO	0,00
		Zahlbetrag	EURO	434,40

Netto innerhalb von 8 Tagen (bis zum 09.11.20): 434,40 EURO

✓ 07.11.

Sparkasse
(BLZ 5 Kto.-Nr.

Bank eG
(BLZ Kto.-Nr.

Steuernummer.
Gerichtsstand:

Reinigungskosten

- Kosten für die Gebäudereinigung können entweder für eigenes Personal oder für eine Reinigungsfirma anfallen.
- Die für Juli 2006 geplante Erweiterung der Steuerschuldnerschaft des Leistungsempfängers auf bestimmte Gebäudereinigungen wurde aufgrund mangelnder Praktikabilität abgelehnt. Gebäudereinigungsfirmen fallen also auch weiterhin nicht unter die Regelung des § 13b UStG.

Beleg buchen

In der Mannheimer Filiale übernimmt eine Reinigungsfirma die Reinigung des Teppichbodens.

Beispiel

Reinigungskosten	365,04 EUR	
Vorsteuer	69,36 EUR	
an Bank		434,40 EUR

Das richtige Konto

BGA (GHK)	IKR	SKR03	SKR04	Kontenbezeichnung (SKR04)
4731	6933	4280	6345	Sonstige Raumkosten
4732	6933	2350	6350	Sonst. Grundstücksaufwendungen
4711	6933	4250	6330	Reinigung
403	624	4190	6030	Aushilfslöhne

Reisekostenabrechnung 2007

Name und Adresse des Abrechnenden: Erwin Lindemann, Wiesenstraße 4 44688 Gelsenkirchen

Kostenstelle:

Beginn der Reise: Oktober 07 um ____ Uhr; **Ende:** ____ um ____ Uhr

Anlass/Zielort der Dienst-/Geschäftsreise: ____

☒ Inlandsreise ☐ Auslandsreise ☐ Zusammenstellung besuchte Länder siehe Auslandsreisekostenabrechnung

Reisemittel: ☐ Dienstwagen ☒ Privat-Pkw ☐ Bahn ☐ Flugzeug

			Brutto-ausgaben	USt-(Vorsteuer)	Netto-aufwand
Fahrtkosten					
Bahnfahrkarten/Fahrausweise lt. Anlage	EUR		0,00		0,00
Flugkarten lt. Anlage	EUR		0,00		0,00
Autokosten (Kraftstoff/Öl usw.) lt. Anlage	EUR		0,00		0,00
Kilometersatz bei Privat-/Arbeitnehmer-Kfz					
Zuschlag für ____ Mitfahrer ____ km X 0,02 EUR/km					
2806 km x 0,30 *lt. Aufstellung*	EUR = EUR	841,80	841,80		841,80
Aufwendungen für Unterbringung					
nach beigefügten Belegen ☐ ohne Frühstück	EUR				
☐ Kürzung Frühstück um 4,50 EUR/Tag bzw. 20 % bei Auslandsübernachtung	./. EUR				
oder Pauschbeträge ____ Tage x ____	EUR = EUR	0,00	0,00		0,00
Pauschbeträge für Verpflegungsmehraufwand					
____ Tage (mindestens 24 Std.) zu 24	EUR = EUR	0,00			
____ Tage (mindestens 14 Std.) zu 12	EUR = EUR	0,00			
____ Tage (mindestens 8 Std.) zu 6	EUR = EUR	0,00			
	Summe EUR	0,00	0,00		0,00
Reisenebenkosten lt. Formular „Reisenebenkostenabrechnung"					
____	EUR	0,00	0,00		0,00
Verrechnung mit geldwertem Vorteil aus Arbeitnehmerbewirtung					
lt. Untenstehender Aufstellung	./. EUR	0,00	0,00		0,00
Abrechnung erstellt:	**Summe**		841,80	0,00	841,80
	./. Vorschüsse			Buchungsvermerke:	
	Restzahlung/Überzahlung		841,80		

11.11.2007 *Erwin Lindemann*

Datum — Unterschrift Reisender

15.11.2007 *Garemed*

Datum — Unterschrift Vorgesetzter

Nachrichtlich: **Geldwerter Vorteil aus Arbeitnehmerbewirtung:**

Ich habe vom Arbeitgeber unentgeltlich erhalten:

____ **x Frühstück à 1,48 EUR** — **insgesamt EUR** 0,00

____ **x Mittagessen** ____ **x Abendessen je 2,64 EUR** — **insgesamt EUR** 0,00 — **EUR** 0,00

☐ Verrechnung mit Reisekosten ☐ Versteuerung als laufender Arbeitslohn

Reisekosten

- Auch Fahrtkosten mit dem Privatwagen können Sie abrechnen.
- Die Fahrtkosten aus beruflichen Dienstreisen (Arbeitnehmer) bzw. Geschäftsreisen (Unternehmer) können Sie mit 0,30 EUR pro Kilometer steuerfrei erstatten.
- Aus diesem Kilometergeld kann keine Vorsteuer abgezogen werden.[30]

Tipp:

Im Gegensatz zu den strengen Anforderungen an ein Fahrtenbuch für den Nachweis der beruflichen und privaten Fahrten können die Fahrtkosten mit dem privaten Pkw auch geschätzt werden.

Beleg buchen

Beispiel

Der Einzelunternehmer rechnet monatlich die geschäftlichen Fahrten mit seinem Privatwagen ab und überweist das Kilometergeld für Oktober auf sein Privatkonto.

Reisekosten Unternehmer	841,80 EUR	
an Bank		841,80 EUR

Das richtige Konto

BGA (GHK)	IKR	SKR03	SKR04	Kontenbezeichnung (SKR04)
4461	6856	4668	6668	Kilometergelderstattung AN
4463	6854	4673	6673	Unternehmer Fahrtkosten

[30] BFH V R 4/03 07.07.2005.

Horst Starke
Wiesengasse 3
55586 Neustadt

FON 05
FAX 05

Rechnung 11

Bearbeiter: G   Kunden-Nr.: 3   Datum: 01.11.

Pos	Artikel	Menge	E-Preis EUR	G-Preis EUR	USt EUR
1	Grundgebühr **Plus**Büro November(=Leistungszeitraum)	1	149,00	149,00	19,00%
2	Sekretariatsarbeiten (Einzelkostennachweis siehe Anlage)	1	158,76	158,76	19,00%
3	externe Gesprächsvermittlung Grundgebühr	1	35,00	35,00	19,00%
	Gesamtbetrag			342,76	
	zuzüglich MwSt **19 %** aus **342,76 = 65,13**			65,13	
	Endbetrag			**407,89**	

Der Betrag wird von Ihrem Konto abgebucht

Büro ist eine eingetragene Marke
Bankverbindung:
Internet: http://www.   .de - eMail: info@
Steuernummer:

Sekretariatsdienst

Man unterscheidet zwischen

- Fremdleistungen als „Aufwand für bezogene Leistungen“ für Erzeugnisse und andere Leistungserstellung (z. B. von Subunternehmern oder externen Dienstleistern) einerseits und
- Fremdarbeiten von freien Mitarbeitern in der Verwaltung oder im Vertrieb andererseits, die für betriebsinterne Zwecke statt eigenem Personal herangezogen werden.

Achtung:
Achten Sie auf die aktuelle Gesetzeslage zum Thema „Scheinselbstständigkeit und arbeitnehmerähnliche Beschäftigungen"! So vermeiden Sie mögliche Nachzahlungen an Sozialversicherungsbeiträgen für den vermeintlich „freien" Mitarbeiter.

Beleg buchen

Beispiel

Der externe Sekretariatsservice *Plusbüro* übernimmt anfallende Büroarbeiten gegen eine monatliche Grundgebühr und Einzelabrechnungen der erbrachten Leistungen.

Fremdleistungen Vorsteuer	342,76 EUR 65,13 EUR	
an Bank		407,89 EUR

Das richtige Konto

BGA (GHK)	IKR	SKR03	SKR04	Kontenbezeichnung (SKR04)
4731	610	4909	6303	Fremdarbeiten (freier Mitarbeiter)
465	610	4780	6780	Fremdarbeiten (Vertrieb)
37	610	3100	5900	Fremdleistungen

EXTRASOFT GmbH

EXtrasoft D

Firma
Horst Starke
Wiesengasse 3
55586 Neustadt

15.02.2007

R E C H N U N G Nummer : 33 /20
Seite : 1

Bezeichnung	Anzahl	Einzelpreis	Gesamt
Hot-Line-Service 1. Quartal 2007			
Service Hotline : +49 (0)6			
bzw. Mobil : 01			
Premium-Service (1. Inst.) für	1	95,70	95,70
Premium-Service (2. Inst.) für	1	39,60	39,60
Premium-Service (3. Inst.) für	1	39,60	39,60
Premium-Service (4. Inst.) für	1	39,60	39,60
Premium-Service (5. Inst.) für	1	39,60	39,60
Premium-Service (6. Inst.) für	1	39,60	39,60
Premium-Service (7. Inst.) für	1	39,60	39,60
Premium-Service (8. Inst.) für	1	39,60	39,60

Zahlungsbedingungen:
Zahlbar ohne Abzug bis 01.03.2007

Netto EUR	372,90
1 9 % Mwst	70,85
Gesamt EUR	443,75

Die Ware bleibt bis zur restlosen Bezahlung Eigentum des Lieferanten. Es gilt der erweiterte Eigentumsvorbehalt.

Anschrift:
N
D
T
T

Internet:
http://www .de
E-Mail:
Info@ de
Ust.ID-Nr.
DE

Registergericht:
Amtsgericht Bad Kreuznach
HRB
Geschäftsführer:

Bankverbindungen:
Postbank Sparkasse

Softwaremiete/Softwareleasing

Wenn Sie Computerprogramme mieten anstatt zu kaufen, schont dies die Liquidität. Gleichzeitig sorgt eine regelmäßige Softwarepflege dafür, dass Ihre Programme aktuell bleiben. Dies ist besonders wichtig bei Steuer- und Rechtssoftware, die sich häufig ändert, und auch bei komplexer, störanfälliger Software.

- Aufwendungen für die Miete und Wartung von Hardware und Software sind sofort abzugsfähige Betriebsausgaben. Dies gilt auch für Software, die auf einem fremden Server läuft, z. B. Datenbankserver, Terminalserver in einem Rechenzentrum.
- Anschaffungskosten entstehen nur dann, wenn über die laufenden Kosten eines Servicevertrags hinaus einmalig die Grundversion erworben wird.
- Aufwendungen für einen Server, auf dem ein Internetauftritt präsentiert und zugänglich gemacht wird, können unter „Mieten für Einrichtungen" erfasst werden.

Beleg buchen

Beispiel

Für Lizenz, Wartung und Hotline-Service in Störfällen sind im ersten Quartal beim Einsatz von 8 Kassensystemen 372,90 EUR zu zahlen.

Wartungskosten Software	372,90 EUR	
Vorsteuer	70,85 EUR	
an Bank		443,75 EUR

Das richtige Konto

BGA (GHK)	IKR	SKR03	SKR04	Kontenbezeichnung (SKR04)
14	23	27	135	Software
4831	6165	4806	6495	Wartungskosten Hard- und Software
4117	6705	4960	6835	Mieten für Einrichtungen

Absender

STAUBSAUGERSERVICE
Gerd Schneider
K34
68563 Mannheim

Rechnung

Nr. 21

Datum 12.3.07

Liefer-datum 12.3.07

Steuer-Nr. [illegible]

Empfänger

Erwin Lindemann
Kellereigasse 3
68342 Mannheim

1 P	Staubbeutel Tiger	10,–
1 P	Staubbeutel [illegible]	8,–
1 P	[illegible] rollen	12,–

Betrag erhalten

[illegible]

Rechnungs-Betrag netto	25,21
+ 19 % MwSt. = MwSt.-Betrag	4,79
= Rechnungs-Endbetrag gesamt	30,– €

Die gelieferte Ware bleibt bis zur vollständigen Bezahlung Eigentum des Lieferanten.

Zweckform Rechnung

Sonstige Raumkosten (Teppichbodenreinigung)

- „Sonstige Raumkosten" bezeichnen den Aufwand, den Sie anderweitig nicht zuordnen können.
- Sämtliche Aufwendungen außerhalb der geschlossenen Räume bucht man auf „Sonstige Grundstückskosten".

Beleg buchen

Für die Teppichbodenreinigung der Mannheimer Filialen werden Staubsaugerbeutel angeschafft und bar bezahlt.

Beispiel

Sonstige Raumkosten oder Reinigung	25,21 EUR	
Vorsteuer	4,79 EUR	
an Kasse		30,00 EUR

Das richtige Konto

BGA (GHK)	IKR	SKR03	SKR04	Kontenbezeichnung (SKR04)
4731	6933	4280	6345	Sonstige Raumkosten
4732	6933	2350	6350	Sonstige Grundstücksaufwendungen
4711	6933	4250	6330	Reinigung

24 Bewachung

Bewachung GmbH

Firma
Horst Starke
Wiesengasse 3
55586 Neustadt

RECHNUNG
Bei Zahlung bitte immer angeben !
Nummer : 000005
Kunde : D 82
Datum : 31.07.2007

Steuer Nr. : 37
Fakturierung : R
Telefon : 0 3
E-Mail : p. online.de

Ihre Bestellnr.:
ID-Nr. :
Objekt : "div. Objekte"

Für die Überwachung Ihrer Alarmanlage berechnen wir Ihnen:

Pos.	Artikelnummer	Menge	Einzelpreis	Gesamtpreis S
	Abrechnungsmonat: Juli 200			
1	DE 100 301 Alarmaufschaltung	1 Mon	20,00	20,00 1
2	308 Bereitschaft Alarmverfolger	1	6,50	6,50 1
3	DE 100 301 Alarmaufschaltung und Bereitschaft Alarmverfolger	1 Mon	25,00	25,00 1
4	DE 100 301 Alarmaufschaltung und Bereitschaft Alarmverfolger	1 Mon	25,00	25,00 1

Gebucht

bank , Kto 0)

Netto USt. 1	USt. 19,00%	Netto USt. 2	USt. %	Netto USt. 0	Endbetrag
76,50					89,21 EUR

14 Tage netto
Zahlung bis 14.08.**07** = 89,21 EUR

Bewachung GmbH Tel.: 0
Fax.: 0
online.de
w nline.de
Handelsregist
HRB
Geschäftsführung
bank
KtoNr
BLZ
Qualitätsmanagement
DQS-zertifiziert nach
DIN EN ISO 9001

Sonstige Raumkosten (Bewachungsservice)

- „Sonstige Raumkosten“ bezeichnen den Aufwand, den Sie anderweitig nicht zuordnen können.
- Sämtliche Aufwendungen außerhalb der geschlossenen Räume bucht man auf „Sonstige Grundstückskosten“.
- Die Kosten für freie Mitarbeiter, z. B. Hausmeisterservice, lassen sich auf dem Konto „Fremdleistungen/Fremdarbeiten“ erfassen.

Beleg buchen

Die Südwestbewachung zieht die monatliche Rechnung für Alarmaufschaltung und Bereitschaft für das gesamte Firmengelände ein.

Beispiel

Sonstige Grundstücksaufwendungen	76,50 EUR	
Vorsteuer	14,54 EUR	
an Bank		89,21 EUR

Das richtige Konto

BGA (GHK)	IKR	SKR03	SKR04	Kontenbezeichnung (SKR04)
4731	6933	4280	6345	Sonstige Raumkosten
4732	6933	2350	6350	Sonst. Grundstücksaufwendungen
453	615	4909	6303	Fremdleistungen/Fremdarbeiten

Dokumentation / Archiv Beitragsnachweise

Arbeitgeber				
Betriebs- / Beitragskonto-Nr. des Arbeitgebers				63
Krankenkasse AOK			Rechtskreis	West
Zeitraum	von	01.02.2007	bis	28.02.2007
Enthält Beiträge aus Wertguthaben, das abgelaufenen Kalenderjahren zuzuordnen ist				nein
Korrektur-Beitragsnachweis für abgelaufene Kalenderjahre				nein
Verarbeitungskennzeichen				

Beiträge zur Krankenversicherung - allgemeiner Beitrag	**1000**	139,06
Beiträge zur Krankenversicherung - erhöhter Beitrag	**2000**	
Beiträge zur Krankenversicherung - ermäßigter Beitrag	**3000**	
Beiträge zur Krankenversicherung für geringfügig Beschäftigte	**6000**	
Beiträge zur Rentenversicherung der Arbeiter - voller Beitrag	**0100**	182,00
Beiträge zur Rentenversicherung der Angestellten - voller Beitrag	**0200**	
Beiträge zur Rentenversicherung der Arbeiter - halber Beitrag	**0300**	
Beiträge zur Rentenversicherung der Angestellten - halber Beitrag	**0400**	
Beiträge zur Rentenversicherung der Arbeiter für geringfügig Beschäftigte	**0500**	
Beiträge zur Rentenversicherung der Angestellten für geringfügig Beschäftigte	**0600**	
Beiträge zur Arbeitsförderung - voller Beitrag	**0010**	60,67
Beiträge zur Arbeitsförderung - halber Beitrag	**0020**	
Beiträge zur sozialen Pflegeversicherung	**0001**	18,20
Umlage nach dem Lohnfortzahlungsgesetz (LFZG) für Krankheitsaufwendungen	**U1**	20,53
Umlage nach dem Lohnfortzahlungsgesetz (LFZG) für Mutterschaftsaufwendungen	**U2**	1,87
Gesamtsumme		**422,33**
Beiträge zur Krankenversicherung für freiwillig Krankenversicherte		
Beiträge zur Pflegeversicherung für freiwillig Krankenversicherte		
abzüglich Erstattung gemäß § 10 LFZG		
zu zahlender Betrag / Guthaben		**422,33**

Sendeangaben

Annahmestelle / Rechenzentrum	AO
Betriebsnummer der Annahmestelle	
Dateifolgenummer	
Sendedatum	17.02.2007 5:06:40

Sozialversicherungsabgaben

Sozialversicherungsabgaben bezeichnen die gesetzlichen Pflichtabgaben, soweit sie der Arbeitgeber trägt, nicht jedoch freiwillige oder tarifliche Zuschüsse. Definition

Beleg buchen

Bei Nettolohnverbuchung sind folgende Buchungen durchzuführen: Beispiel

Gesetzliche Sozialaufwendungen	422,33 EUR	
an Bank		422,33 EUR

In der Bruttolohnliste sind die annähernd hälftigen Arbeitnehmer- und Arbeitgeberbeiträge aufgegliedert. Allerdings trägt der Arbeitgeber die Umlagen von 22,40 EUR alleine und der Arbeitnehmer muss auf seinen Krankenkassenbeitrag einen Aufschlag von 0,9 % (8,40 EUR) zahlen:

Lohn und Gehalt	204,16 EUR	
Gesetzliche Sozialaufwendungen	218,16 EUR	
an Verbindlichkeiten soziale Sicherheit		422,33 EUR

Bei Abbuchung ist zu buchen:

Verbindlichkeiten soziale Sicherheit	422,33 EUR	
an Bank		422,33 EUR

Das richtige Konto

BGA (GHK)	IKR	SKR03	SKR04	Kontenbezeichnung (SKR04)
192	484	1742	3740	Verbindlichkeiten soziale Sicherheit
1921	4841	1759	3759	Voraussichtliche Beitragsschuld gegenüber den Sozialversicherungsträgern
404	640	4130	6110	Gesetzliche Sozialaufwendungen

Rotes Kreuz
Körperschaft des öffentlichen Rechts

Kreisverband

Tel.: 0

Zuwendungsbestätigung

Art der Zuwendung: **Mitgliedsbeitrag**

Mitgl.-Nr.: 0501000

Erwin Neumann, Kellereigasse 3, 65789 Neustadt
Name und Anschrift des Zuwendenden

200,00 EUR	ZWEI NULL NULL	200
Betrag/Wert in Ziffern	Betrag/Wert der Zuwendung in Worten	Jahr der Zuwendung

Es handelt sich nicht um den Verzicht auf Erstattung von Aufwendungen oder Leistungen.

Bestätigung über Zuwendungen im Sinne des § 10 b des Einkommensteuergesetzes an inländische juristische Personen des öffentlichen Rechts oder inländische öffentliche Dienststellen.

Es wird bestätigt, dass die Zuwendung nur zur Förderung der satzungsgemäßen Zwecke des BRK (Förderung der freien Wohlfahrtspflege) im Sinne der Anlage-1 zu § 48 EStDV Abschnitt A Nr. 6 verwendet wird.

Die Zuwendung wird von uns unmittelbar für den angegebenen Zweck verwendet.

Diese Zuwendungsbestätigung berechtigt nicht zum Spendenabzug im Rahmen des erhöhten Vomhundertsatzes nach § 10b Abs. 1 Satz 2 EStG / § 9 Abs. 1 Nr. 2 Satz 2 KStG oder zum Spendenrücktrag bzw. -vortrag nach § 10b Abs. 1 Satz 3 EStG / § 9 Abs. 1 Nr. 2 Satz 3 KStG. Entsprechendes gilt auch für den Spendenabzug bei der Gewerbesteuer (§ 9 Nr. 5 GewStG).

HINWEIS: Wer vorsätzlich oder grob fahrlässig eine unrichtige Zuwendungsbestätigung erstellt oder wer veranlasst, dass Zuwendungen nicht zu den in der Zuwendungsbestätigung angegebenen steuerbegünstigten Zwecken verwendet werden, haftet für die Steuer, die dem Fiskus durch einen etwaigen Abzug der Zuwendungen beim Zuwendenden entgeht (§ 10b Absatz 4 EStG, § 9 Absatz 3 KStG, § 9 Nr. 5 GewStG). Diese Bestätigung wird nicht als Nachweis für die steuerliche Berücksichtigung der Zuwendung anerkannt, wenn das Datum des Freistellungsbescheides länger als fünf Jahre bzw. das Datum der vorläufigen Bescheinigung länger als drei Jahre seit Ausstellung der Bestätigung zurück liegt (BMF v. 15.12.1994 BStBl I S.884).

18.02.20
Ort, Datum

Dieser Beleg wurde maschinell erstellt
und trägt daher keine Unterschrift

Spenden

- Spenden sind freiwillige unentgeltliche Leistungen und in der Regel nicht als Betriebsausgabe abziehbar. Einzelunternehmer und (Personen-)Gesellschafter können sie gleichwohl wie Privatspenden als Sonderausgabe ansetzen.
- Betriebliche Spenden mindern aber zusätzlich den Gewerbeertrag und damit die zu zahlende Gewerbesteuer.
- Davon zu unterscheiden ist das Sponsoring. Aufwendungen eines Sponsors sind Betriebsausgaben, wenn sie zur Erhöhung seines unternehmerischen Ansehens beitragen können.[31]

Achtung:
Sachspenden sind steuerlich unerheblich, da dem Abzug als Sonderausgabe ein umsatzsteuerpflichtiger Erlös durch „Unentgeltliche Wertabgabe" in gleicher Höhe entgegensteht.

Beleg buchen

Beispiel

Die Inhaberin des Kinderladens *Zauberburg* kann ihren Mitgliedsbeitrag von 200 EUR beim Roten Kreuz als Spende abziehen.

Privatspende	200,00 EUR	
an Bank		200,00 EUR

Das richtige Konto

BGA (GHK)	IKR	SKR03	SKR04	Kontenbezeichnung (SKR04)
165	3026	1840	2250	Privatspenden
1651	3027	1940	2250	Privatspenden Teilhafter
2073	6869	2381	6391	Spenden für wissenschaftliche/kulturelle Zwecke
2074	6869	2382	6392	Spenden für mildtätige Zwecke
2075	6869	2383	6393	Spenden für kirchliche/religiöse/gemeinnützige Zwecke
2076	6869	2384	6394	Spenden an politische Parteien

[31] BFH, Urteil vom 03.02.1993, I R 37/91, BStBl 1993 II S. 441, 445.

Dipl.-Kfm. Heinz Wilhelm

Steuerberater/vereidigter Buchprüfer

Dipl.-Kfm. Heinz Wilhelm, Benzstr. 25, 54347 Klewe

Firma
Horst Starke
Wiesengasse 3

55586 Neustadt

Rechnung Nr.: 6 Datum: 11.05.2007

Das Leistungsdatum entspricht dem Rechnungsdatum, sofern nicht anders angegeben.
Für folgende in Ihrem Auftrag ausgeführte Leistungen erlaube ich mir gemäß Steuerberatergebührenverordnung (StBGebV) zu berechnen:

Angelegenheit	Zeitraum	StBGebV §(Abs.)Nr.	Gegenstandswert	Satz	Tab.	Betra
Erkl. zur gesonderten Feststellung der Einkünfte	2006	24(I)Nr.2	7.820,--	2/10	A	82,40 EU
Gewerbesteuererklärung	2006	24(1)Nr.5a	8.539,--	1,75/10	A	78,58 EU
Umsatzsteuererklärung	2006	24(1)Nr.8	86.749,--	1/10	A	127,70 EU

Summe Nettobeträge	288,68 EUR
Umsatzsteuerbetrag 19 %	54,85 EUR
Rechnungsbetrag	343,53 EUR

Bitte begleichen Sie den Rechnungsbetrag durch Überweisung auf das unten angegebene Konto
Nach § 7 der StBGebV ist die Vergütung zur Zahlung fällig.

Mit freundlichen Grüßen

Wilhelm, StB/vBP

Steuerberatungskosten

- Steuerberatungskosten in Höhe von bis zu 520 EUR pro Jahr wurden in der Vergangenheit ohne Prüfung als Betriebsausgabe anerkannt. Da aber der Abzug der Beratung als Sonderausgabe ab 2006 nicht mehr zulässig ist, könnte die genaue Zuordnung zu den Betriebsausgaben und Werbungskosten erforderlich werden.

Tipp:

Für Jahresabschlussarbeiten sind in der Bilanz Rückstellungen zu bilden, bis eine Rechnung vorliegt. Aus einer ordnungsgemäßen Rechnung können Sie Vorsteuer abziehen.

Beleg buchen

Beispiel

Für die Kosten der Jahressteuererklärungen sind zum Jahresabschluss 31.12.2006 350 EUR zurückgestellt. Bei Zahlung der vorliegenden Rechnung kann Vorsteuer abgezogen werden.

Sonstige Rückstellungen Vorsteuer	350,00 EUR 54,85 EUR	
an Bank an Erträge aus der Auflösung von Sonstigen Rückstellungen		343,53 EUR 61,32 EUR

In der Bilanz zum 31.12.2007 werden für Abschlusskosten 400 EUR eingestellt.

Abschluss- und Prüfungskosten 2007	400,00 EUR	
an Sonstige Rückstellungen		400,00 EUR

Das richtige Konto

BGA (GHK)	IKR	SKR03	SKR04	Kontenbezeichnung (SKR04)
484	677	4950	6825	Rechts- und Beratungskosten
4845	6771	4957	6827	Abschluss- und Prüfungskosten
4846	6176	4955	6830	Buchführungskosten
276	5481	2735	4930	Erträge aus der Auflösung von Rückstellungen

SB-Tankcenter Peter Schmitt

Kraftstoffe ✰ Waschstation ✰Service ✰Reparaturen ✰Reifen

Firma
Elektro Zapp
60234 Frankfurt

Monatsabrechnung : Juni 30.06.2007

Kartennummer: 2361 **Kennzeichen:** F - YZ 888

Datum	Kraftstoff	Abgabe / Liter	€ / Liter	Gesamt €
02.06.	Super bleifrei	56,82	1,075	61,08 €
05.06.	Super bleifrei	51,14	1,075	54,98 €
09.06.	Super bleifrei	50,93	1,075	54,75 €
14.06.	Super bleifrei	57,70	1,089	62,84 €
20.06.	Super bleifrei	55,01	1,089	59,91 €
23.06.	Super bleifrei	54,68	1,089	59,55 €
29.06.	Super bleifrei	55,54	1,089	60,48 €
	Zwischensumme	381,82		413,58 €

Kartennummer: 2374 **Kennzeichen:** F - XZ 888

Datum	Kraftstoff	Abgabe / Liter	€ / Liter	Gesamt €
01.06.	Diesel	58,36	1,039	60,64 €
03.06.	Diesel	64,41	1,039	66,92 €
08.06.	Diesel	59,82	1,039	62,15 €
12.06.	Diesel	62,87	1,039	65,32 €
16.06.	Diesel	69,08	1,048	72,40 €
19.06.	Diesel	59,51	1,048	62,37 €
21.06.	Diesel	64,70	1,048	67,81 €
25.06.	Diesel	63,12	1,048	66,15 €
28.06.	Diesel	68,58	1,048	71,87 €
30.06.	Diesel	61,33	1,048	64,27 €
	Zwischensumme	631,78		659,90 €

Summe Abrechnung	netto	1.073,47 €
19 % Mehrwertsteuer		203,96 €
	brutto	1.277,43 €

Bankeinzug:
A-Bank Frankfurt, Bankleitzahl 540 360 00, Konto-Nummer 10 057 890

SB-Tankcenter Peter Schmitt 60234 Frankfurt

Tankquittung

- Unter den laufenden Kfz-Kosten sind u. a. Benzin, Diesel oder Öl zu erfassen.
- Insbesondere wegen dem Handel mit Tankquittungen bei Ebay und anderen Online-Marktplätzen wurde zum 01.01.2006 nach § 379 Abs. 1 Satz 1 Nr. 2 AO auch der Verkauf von Belegen unter Strafe gestellt (Geldstrafe bis zu 5.000 EUR).

Achtung:
Wenn in der Buchführung des Steuerpflichtigen Tankquittungen von Tagen erfasst sind, an denen der Pkw gemäß den Angaben im Fahrtenbuch nicht bewegt worden ist, entspricht das Fahrtenbuch wegen Nichtaufzeichnung aller Fahrten nicht den formellen Voraussetzungen.[32]

Beleg buchen

Beispiel

Der SB-Tankcenter Peter Schmitt stellt seine Monatsrechnung Juni 2007 und zieht sie vom Bankkonto ein.

Laufende Kfz-Kosten	1.073,47 EUR	
Vorsteuer	203,96 EUR	
an Bank		1.277,43 EUR

Das richtige Konto

BGA (GHK)	IKR	SKR03	SKR04	Kontenbezeichnung (SKR04)
434	6881	4530	6530	Laufende Kfz-Betriebskosten

[32] FG Münster, Urteil vom 18.02.2005, Az. 11 K 5218/03 E,U.

Einfach gut! Taxi Schmitz

☐ Fahrauftrag

☒ Quittung über EUR 18

(in diesem Betrag sind 7 % MwSt. enthalten)

für eine ☐ Stadt- ☐ Kranken- ☐ Besorgungsfahrt

Firma Hr. Fr. Frl.

von: Erlach

nach. Balingen

Betrag dankend erhalten

Taxi - Nr.	Datum	Unterschrift
5	5.7.2007	Elbonaj

Taxiquittung

- Bahnfahrkarten gelten auch dann als Rechnungen, wenn sie keine Steuernummer, Rechnungsnummer, Nettoerlöse und den Leistungsempfänger enthalten. Anstelle des Steuersatzes kann die Tarifentfernung angegeben sein (§ 34 UStDV).
- Denn bei einer Fahrtstrecke unter 50 km beträgt der Vorsteuerabzug ermäßigt 7 %, darüber 19 %.
- Im Gegensatz zu dem Taxenverkehr ist der Verkehr mit Mietwagen nicht steuerermäßigt.[33] Der Mietwagenverkehr unterscheidet sich im Wesentlichen vom Taxenverkehr dadurch, dass nur Beförderungsaufträge ausgeführt werden dürfen, die am Betriebssitz oder in der Wohnung des Unternehmers eingegangen sind (§ 49 Abs. 4 PBefG).

Beleg buchen

Die Taxifahrt zu einem Geschäftstermin kostet 18 EUR und wird nach Vorlage dieses Belegs bar erstattet. Beispiel

Reisekosten	15,13 EUR	
Vorsteuer	2,87 EUR	
an Kasse		18,00 EUR

Das richtige Konto

BGA (GHK)	IKR	SKR03	SKR04	Kontenbezeichnung (SKR04)
4450	6850	4663	6663	Reisekosten Arbeitnehmer Fahrtkosten
4460	6851	4673	6673	Reisekosten Unternehmer Fahrtkosten

[33] BFH vom 30.10.1969, V R 99/69, BStBl II 1970, 78, BVerfG vom 11.2.1992, 1 BvL 29/87, BVerfGE 85, 238 und Abschn. 173 Abs. 9 UStR.

TELCOM
Ihre Rechnung

Postfach

01. 0,55 EUR

Firma Elektro Zapp
Inh. Erwin Zapp
Daimlerstr. 3

46464 Neustadt

Datum 11.01.07
Seite 1 von 4

Kundennummer 127
Rechnungsnummer 931
Buchungskonto 472

Haben Sie noch Fragen zu Ihrer Rechnung? Sie erreichen Ihren Kundenservice kostenfrei unter:

Telefon freecall 080
Telefax freecall 0800

Ihre Rechnung für Januar 2007

Die Leistungen im Überblick (Summen)		Beträge (Euro)
Monatliche Beträge		34,98
Verbindungen		4,45
Beträge anderer Anbieter		2,46
Sonstige Leistungen des Konzerns		5,98
Summe der oben angeführten Beträge		**47,87**
Umsatzsteuer 19 % auf ...	47,87 Euro	9,10
Rechnungsbetrag		**56,97**

Der Rechnungsbetrag wird nicht vor dem 7. Tag nach Zugang der Rechnung von Ihrem Konto abgebucht.

Ihre Rechnung im Detail und weitere Hinweise finden Sie auf der Rückseite und den folgenden Seiten.

Vielen Dank!

AG Postfach
Kto.Nr.
IBAN DE SWIFT
8 USt-IdNr.: DE Inkasso

Fortsetzung auf der Rückseite

014723

Telefon- und Telefaxkosten

- Von den Finanzbehörden wird grundsätzlich angenommen, dass das Telefon, wenn kein extra privater Anschluss zur Verfügung steht, vom Unternehmer auch zu privaten Telefonaten genutzt wird. Bei Einzelaufzeichnungen der Gespräche können Sie den privaten Anteil an den Gesamtkosten aus Telefonanlage, Grundgebühr und Gesprächsgebühren ermitteln. Alternativ lässt sich der Privatanteil auch mit 240 EUR (zzgl. 19 % USt.) pro Jahr (20 EUR pro Monat) ansetzen.
- Mit dem Ansatz des Privatanteils für Telefonkosten wird der Einzelunternehmer schlechter gestellt als der GmbH-Gesellschafter-Geschäftsführer bzw. der Arbeitnehmer, die ihre privaten Internet-, Mobilfunk- und Telefoneinrichtungen ohne Ansatz eines Sachbezugs steuerfrei nutzen können (§ 3 Nr. 45 EStG).

Beleg buchen

Beispiel

Im Heimbüro fallen für Januar 2007 Telefonkosten von brutto 56,97 EUR an. Der Unternehmer setzt eine private Nutzung von netto 20 EUR an.

Telefonkosten Vorsteuer Privatentnahmen	47,87 EUR 9,10 EUR 23,80 EUR	
an Bank an Verwendung von Gegenständen an USt.		56,97 EUR 20,00 EUR 3,80 EUR

Das richtige Konto

BGA (GHK)	IKR	SKR03	SKR04	Kontenbezeichnung
4822	6822	4925	6810	Internet- und Faxkosten
4821	6821	4920	6805	Telefon
2782	5424	8921	4645	Verwendung von Gegenständen 19 % USt. (Telefonnutzung)

Guten Tag Quickbookseller,

dies ist Ihre elektronische Umsatzsteuer-Abrechnung fuer 1/2007 ueber Ihre bei Aragon.de Tradingplace, Auktionen und YShops gezahlten Verkaeufergebuehren.

Ihre elektronische Umsatzsteuer-Abrechnung:

Abrechnungsdatum: 31.01.2007
Abrechnungsnr.: 123456789
Name des Anbieters: Aragon Services Europe S.à.r.l.
Adresse des Anbieters: 62, Boulevard Fatal , L-2449 , Luxembourg
USt.-IDNr. des Anbieters: LU1123456
Name des Verkaeufers: Quickbookseller
Adresse des Verkaeufers: Irgendwo in Deutschland
Telefonnr. des Verkaeufers: 01234-56789
USt.-IDNr. des Verkaeufers: DE123456

Datum	Dienst-leistung	Preis (ohne USt.) in EUR	USt. in %	USt. in EUR	Gesamt in EUR	Begruendung
03.01.07	Verkaeufer-gebuehren	13,47	0 %	0,00	13,47	Angebot fuer elektronisch zur Verfuegung gestellte Dienstleistungen ausserhalb der in Luxemburg geltenden Umsatzsteuer nach Artikel 17.2.e des luxemburgischen Umsatzsteuer-Gesetzes.
17.01.07	Verkaeufer gebuehren	14,22	0 %	0,00	14,22	Angebot fuer elektronisch zur Verfuegung gestellte Dienstleistungen ausserhalb der in Luxemburg geltenden Umsatzsteuer nach Artikel 17.2.e des luxemburgischen Umsatzsteuer-Gesetzes.
31.01.07	Verkaeufer gebuehren	14,22	0 %	0,00	14,22	Angebot fuer elektronisch zur Verfuegung gestellte Dienstleistungen ausserhalb der in Luxemburg geltenden Umsatzsteuer nach Artikel 17.2.e des luxemburgischen Umsatzsteuer-Gesetzes.
Gesamt		**41,91**		**0,00**	**41,91**	

Für die Abführung der Umsatzsteuer aus den aufgefuehrten Lieferungen ist der Kunde verantwortlich (Bezugnahme auf: Artikel 21 (1) b, Sixth Council Directive 77/388/EEC vom 17.05.1977).

Bitte beachten Sie, dass diese Abrechnung keine Zahlungsaufforderung ist. Eine fortgeschrittene digitale Signatur wurde dieser elektronischen Umsatzsteuer-Abrechnung beigefuegt.

Umsatzsteuer (von ausländischen Unternehmern nach § 13b UStG)

- Nach § 13b Abs. 2 UStG schulden Unternehmer als Leistungsempfänger für bestimmte im Inland ausgeführte steuerpflichtige Umsätze ausländischer Unternehmer die Steuer. Die Steuer wird sowohl von im Inland ansässigen als auch von im Ausland ansässigen Leistungsempfängern geschuldet. Ist der Empfänger einer elektronisch erbrachten Leistung ein Unternehmer, wird die Leistung dort ausgeführt, wo der Empfänger sein Unternehmen betreibt (§ 3a Abs. 3 Satz 1 UStG).
- Der ausländische Unternehmer darf in seiner Rechnung die Steuer nicht gesondert ausweisen, muss jedoch auf die Steuerschuldnerschaft des Leistungsempfängers hinweisen (§ 14a Abs. 4 Satz 2 und Satz 3 UStG). Der abzugsberechtigte Leistungsempfänger kann die von ihm nach § 13b Abs. 2 UStG geschuldete Umsatzsteuer als Vorsteuer abziehen, wenn er die Lieferung oder sonstige Leistung für sein Unternehmen bezieht.
- Auch ohne ordnungsgemäße Rechnung kann der Leistungsempfänger als Steuerschuldner sein Vorsteuerabzugsrecht ausüben.[34]
- Auf der Rückseite der Umsatzsteuervoranmeldung (Zeile 48 in Kennziffer 52 und 53) wird der „fiktive Umsatz" und die Umsatzsteuer ausgewiesen. In der Zeile 58 kann der Unternehmer Vorsteuer in gleicher Höhe abziehen.

Achtung:

Als Voraussetzung für den Vorsteuerabzug gilt: Die Rechnung des Providers entspricht deutschem Recht (§ 14 UStG). Achten Sie darauf, dass sämtliche Rechnungsbestandteile vorliegen. Lediglich anstelle des Umsatzsteuerausweises muss sinngemäß folgender Hinweis erfolgen: „Die Umsatzsteuer ist von Ihnen als Leistungsempfänger anzumelden und abzuführen (§ 13b UStG)."

[34] EuGH, Urteil vom 01.04.2004 C-90/02.

Offline- und Online-Umsätze

Auch bei Softwarebezug aus dem Ausland über das Internet droht Gefahr. Bei der Lieferung von Software wird zwischen Offline-Umsätzen und Online-Umsätzen unterschieden.
Sofern keine Standard-Software auf einem Datenträger, wie CD-ROM, DVD oder Disketten, physisch verschickt wird (Offline-Umsätze), handelt es sich bei den elektronischen Dienstleistungen allesamt umsatzsteuerlich um sonstige Leistungen nach § 3a Abs. 4 UStG.

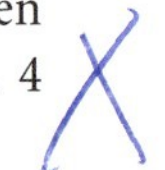

Beispiel:

Die deutsche Werbefirma *E-Point* bezieht ihre neuesten Grafikprogramm-Updates direkt nach Erscheinen über Download aus den USA. Die amerikanische Firma weigert sich unter Berufung auf den „Internet Tax Freedom Act", in der Rechnung von umgerechnet 10.000 EUR auf die deutsche Umsatzsteuer und die Steuerschuldnerschaft hinzuweisen.

Beleg buchen

Beispiel

Der in Deutschland ansässige Versandbuchhändler *Quickbookseller* hat über die Internetplattform von *Aragon.de* Bücher verkauft. *Aragon.de* überweist den Verkaufserlös zuzüglich einer Versandkostenerstattung, jedoch abzüglich der Vermittlungskosten. Da *Aragon.de* die Vermittlungsleistungen für *Quickbookseller* von Luxemburg aus erbringt, schuldet der in Deutschland ansässige Leistungsempfänger die Umsatzsteuer nach § 13b UStG. Während die Buchverkäufe zum ermäßigten Steuersatz von 7 % besteuert werden, unterliegen die Vermittlungsleistungen 19 % USt. Der Leistungsempfänger kann jedoch ebenfalls 19 % Vorsteuer abziehen.

Leistungen ausländischer Unternehmer 19 %Vorsteuer und Umsatzsteuer	41,91 EUR	
Vorsteuer § 13b 19 % aus Leistungen ausländischer Unternehmer	7,96 EUR	
an Umsatzerlöse zu 7 % USt.		39,17 EUR
an Umsatzsteuer 7 %		2,74 EUR
an USt. § 13b 19 % aus Leistungen ausländischer Unternehmer		7,96 EUR

Das richtige Konto

BGA (GHK)	IKR	SKR03	SKR04	Kontenbezeichnung
3711	6101	3115	5915	Leistungen ausländischer Unternehmer 7 % Vorsteuer und 7 % USt.
3715	6105	3125	5925	Leistungen ausländischer Unternehmer 19 % Vorsteuer und 19 % USt.
146	2608	1579	1409	Abziehbare Vorsteuer § 13b 19 %
1811	4822	1758	3833	USt. § 13b 19 % aus Leistungen ausländischer Unternehmer

Zeile 1–43

Steuernummer

11

2007

30 Eingangsstempel oder -datum

Finanzamt

Postfach

Antrag auf Dauerfristverlängerung

Anmeldung der Sondervorauszahlung

(§§ 46 bis 48 UStDV)

Unternehmer - ggf. abweichende Firmenbezeichnung - Anschrift - Telefon - E-Mail-Adresse

Firma Elektro Zapp
Inh. Erwin Zapp
Daimlerstr. 3

46464 Neustadt

Zur Beachtung
für Unternehmer, die ihre Voranmeldungen **vierteljährlich** abzugeben haben:
Der Antrag auf Dauerfristverlängerung ist nicht zu stellen, wenn Dauerfristverlängerung bereits gewährt worden ist. Er ist nicht jährlich zu wiederholen. Eine Sondervorauszahlung ist nicht zu berechnen und anzumelden.

I. Antrag auf Dauerfristverlängerung

(Dieser Abschnitt ist gegenstandslos, wenn Dauerfristverlängerung bereits gewährt worden ist.)

Ich beantrage, die Fristen für die Abgabe der Umsatzsteuer-Voranmeldungen und für die Entrichtung der Umsatzsteuer-Vorauszahlungen um einen Monat zu verlängern.

II. Berechnung und Anmeldung der Sondervorauszahlung auf die Steuer für das Kalenderjahr 2007 von Unternehmern, die ihre Voranmeldungen monatlich abzugeben haben

Berichtigte Anmeldung (falls ja, bitte eine "1" eintragen) — 10

	Kz	volle EUR	Ct
1. Summe der verbleibenden Umsatzsteuer-Vorauszahlungen **zuzüglich** der angerechneten Sondervorauszahlung für das Kalenderjahr 200**6**		6.482	
2. Davon 1 / 11 = **Sondervorauszahlung 2007**	38	589	

Verrechnung des Erstattungsbetrages erwünscht / Erstattungsbetrag ist abgetreten (falls ja, bitte eine "1" eintragen) — 29

Geben Sie bitte die Verrechnungswünsche auf einem besonderen Blatt an oder auf dem beim Finanzamt erhältlichen Vordruck "Verrechnungsantrag".

Die **Einzugsermächtigung** wird ausnahmsweise (z. B. wegen Verrechnungswünschen) für die Sondervorauszahlung dieses Jahres **widerrufen** (falls ja, bitte eine "1" eintragen) — 26

Ein ggf. verbleibender Restbetrag ist gesondert zu entrichten.

Hinweis nach den Vorschriften der Datenschutzgesetze:
Die mit der Steueranmeldung angeforderten Daten werden auf Grund der §§ 149 ff. der Abgabenordnung und des § 18 des Umsatzsteuergesetzes erhoben.
Die Angabe der Telefonnummern und der E-Mail-Adressen ist freiwillig.

Bei der Anfertigung dieser Steueranmeldung hat mitgewirkt:
(Name, Anschrift, Telefon, E-Mail-Adresse)

Erwin Zapp

Datum, Unterschrift

- nur vom Finanzamt auszufüllen -

11 — 19

Bearbeitungshinweis
1. Die aufgeführten Daten sind mit Hilfe des geprüften und genehmigten Programms sowie ggf. unter Berücksichtigung der gespeicherten Daten maschinell zu verarbeiten.
2. Die weitere Bearbeitung richtet sich nach den Ergebnissen der maschinellen Verarbeitung.

Datum, Namenszeichen

Kontrollzahl und/oder Datenerfassungsvermerk

USt 1 H - Antrag auf Dauerfristverlängerung/Anmeldung der Sondervorauszahlung 200 -

Umsatzsteuersonderzahlungen

- Für eine Dauerfristverlängerung zur Abgabe von Voranmeldungen um jeweils einen Monat ist eine Umsatzsteuersonderzahlung (1/11 der Vorjahresumsatzsteuerschuld) zu leisten. Diese Zahlung stellt eine unverzinsliche Steuerkaution dar, weil das Finanzamt auf die sofort nach Monatsablauf fällige Umsatzsteuer warten muss.
- Wer Voranmeldungen im Quartal abgeben muss, braucht für die Dauerfristverlängerung keine Sonderzahlung zu leisten.

Achtung:
Die Sonderzahlung ist spätestens mit Abgabe der Voranmeldung Dezember des Vorjahres fällig, also zum 10. Januar bzw. bei schon bestehender Dauerfristverlängerung zum 10. Februar.

- In der Einnahmenüberschussrechnung wirken sich Vorauszahlungen als Ausgaben und Erstattungen als Einnahmen aus.
- In der Gewinnermittlung durch Betriebsvermögensvergleich stellen in der Bilanz Vorauszahlungen Forderungen und Erstattungen Verbindlichkeiten gegenüber dem Finanzamt dar.

Beleg buchen

Beispiel

Die gesamten Umsatzsteuervoranmeldungen 2006 betrugen 6.482 EUR. Davon sind für die Dauerfristverlängerung 1/11, also 589 EUR als Sondervorauszahlung 2007 fällig.

Umsatzsteuersonderzahlung	589,00 EUR	
an Bank		589,00 EUR

Das richtige Konto

BGA (GHK)	IKR	SKR03	SKR04	Kontenbezeichnung (SKR04)
182	4821	1781	3830	Umsatzsteuervorauszahlung 1/11

Consulting Steuernummer: 0

Übertragungsprotokoll

G899IHPCTZVSXTX6QZASHYL1J89VBPY5

Empfangsdatum: 20.04.2007/12:43:30 Uhr

Umsatzsteuer-Voranmeldung

Voranmeldungszeitraum

März 2007

Übermittelt von:
Firma Elektro Zapp
Inh. Erwin Zapp
Daimlerstr. 3

46464 Neustadt

Anmeldung der Umsatzsteuer-Vorauszahlung

Lieferungen und sonstige Leistungen (einschl. unentgeltlicher Wertabgaben)

Steuerpflichtige Umsätze

	Kz	Bemessungsgrundlage	Kz	Steuer
zum Steuersatz von 19 %	51	12.064		
zum Steuersatz von 7 %	86	2.785		

Abziehbare Vorsteuerbeträge

	Kz	Steuer
Vorsteuerbeträge aus Rechnungen von anderen Unternehmern (§ 15 Abs. 1 Satz 1 Nr. 1 UStG), aus Leistungen im Sinne des § 13a Abs. 1 Nr. 6 UStG (§ 15 Abs. 1 Satz 1 Nr. 5 UStG) und aus innergemeinschaftlichen Dreiecksgeschäften (§ 25b Abs. 5 UStG)	66	
Vorsteuerbeträge, die nach allgemeinen Durchschnittssätzen berechnet sind (§§ 23 und 23a UStG)	63	75,41
Verbleibende Umsatzsteuer-Vorauszahlung bzw. verbleibender Überschuss	83	1.969,91

Hinweis zu Säumniszuschlägen

Wird die angemeldete Steuer durch Hingabe eines Schecks beglichen, fallen Säumniszuschläge an, wenn dieser nicht am Fälligkeitstag bei der Finanzkasse vorliegt (§ 240 Abs. 3 Abgabenordnung). Um Säumniszuschläge zu vermeiden wird empfohlen, am Lastschriftverfahren teilzunehmen.
Die Teilnahme am Lastschriftverfahren ist jederzeit widerruflich und völlig risikolos. Sollte einmal ein Betrag zu Unrecht abgebucht werden, können Sie diese Abbuchung bei Ihrer Bank innerhalb von 6 Wochen stornieren lassen. Zur Teilnahme am Lastschriftverfahren setzen Sie sich bitte mit Ihrem Finanzamt in Verbindung.

Dieser Protokollausdruck ist nicht zur Übersendung an das Finanzamt bestimmt. Die Angaben sind auf ihre Richtigkeit hin zu prüfen. Sofern eine Unrichtigkeit festgestellt wird, ist eine berichtigte Steueranmeldung abzugeben.

Seite 1 von 1

Umsatzsteuervoranmeldungen

- Unterjährige Umsatzsteuervoranmeldungen führen zu Umsatzsteuer-Vorauszahlungen oder -erstattungen.
- Auch Erstattungen sind ebenfalls auf dem Konto „Umsatzsteuer-Vorauszahlungen" im Haben zu erfassen.

Achtung:
Die Voranmeldungen und Zahlungen sind spätestens 10 Tage nach Ablauf eines Monats bzw. Quartals fällig. Bei Dauerfristverlängerung verlängert sich die Abgabefrist um einen ganzen Monat, also zum 10. des Folgemonats.

- In der Einnahmenüberschussrechnung wirken sich Vorauszahlungen als Ausgaben und Erstattungen als Einnahmen aus.
- In der Gewinnermittlung durch Betriebsvermögensvergleich stellen in der Bilanz Vorauszahlungen Forderungen und Erstattungen Verbindlichkeiten gegenüber dem Finanzamt dar.

Tipp:
Um sämtliche Voranmeldungen abzustimmen (Vorauszahlungssoll), wird die zum Jahresende noch nicht vorausgezahlte Umsatzsteuer aus Dezember und ggf. November als „Umsatzsteuer laufendes Jahr" eingebucht.

Beleg buchen

Beispiel

Das Vorauszahlungssoll für März 2007 beträgt 1.969,91 EUR.

Umsatzsteuer-Vorauszahlung	1.969,91 EUR	
an Bank		1.969,91 EUR

Das richtige Konto

BGA (GHK)	IKR	SKR03	SKR04	Kontenbezeichnung (SKR04)
182	482	1780	3820	Umsatzsteuer-Vorauszahlungen
182	4821	1781	3830	Umsatzsteuer-Vorauszahlung 1/11
1821	4824	1789	3840	Umsatzsteuer laufendes Jahr

Finanzamt 6 27. 2.2007

Steuernummer: 4
(Bitte bei Rückfragen angeben)

Telefon (06
Telefax (06

Finanzamt

Firma Elektro Zapp
Inh. Erwin Zapp
Daimlerstr. 3

46464 Neustadt

Bescheid

über die Festsetzung der

Umsatzsteuer-Vorauszahlung

für den Monat Dezember 2007

Festsetzung
Die am 7. 2.2007 eingegangene Steueranmeldung steht einer Steuerfestsetzung unter dem Vorbehalt der Nachprüfung gleich. Die Steuerfestsetzung ist nach § 164 Abs. 2 AO geändert. Der Vorbehalt der Nachprüfung bleibt bestehen.

	Umsatzsteuer €
Festgesetzt werden Anrechnung (Abzug) der fest- gesetzten Sondervorauszahlung Verbleiben	2.884,38 1.192,00 1.692,38
Abrechnung **(Stichtag: 13.02.07)** Abzurechnen sind Bereits getilgt	 1.692,38 0,00
Unterschiedsbetrag Ausgleich durch Verrechnung	1.692,38 0,00
Noch zu zahlen	1.692,38
B i t t e z a h l e n S i e sofort (soweit noch nicht getilgt) die am 10.02.07 in Höhe von fällig gewesenen Beträge spätestens am 09.03.07	 1.579,56* 112,82*

Die mit * gekennzeichneten Forderungen werden vom Konto Nr bei
(BL) abgebucht.

****** Fortsetzung siehe Seite 2 ******

Konten der Finanzkasse
Institut : Sparkasse
Kontonummer :
Bankleitzahl :

*

ABS-Nr.: 0000.0000 *RT*130206*

EDV-Form BW4061 04.95 AnmSt-Bescheid (Original)

0000137

Umsatzsteuerzahlungen

- Umsatzsteuer-Vorauszahlungen, -Nachzahlungen und -Erstattungen aus Vorjahren werden gesondert von den Zahlungen für das laufende Jahr gebucht.
- In der Dezembervoranmeldung wird von der Umsatzsteuerschuld die Sondervorauszahlung vom Jahresbeginn abgezogen.
- Umsatzsteuernachzahlungen aus der Umsatzsteuer(jahres)erklärung sind unaufgefordert innerhalb eines Monats nach Abgabe der Erklärung fällig.
- In der Einnahmenüberschussrechnung wirken sich Nachzahlungen als Ausgaben und Erstattungen als Einnahmen aus.
- In der Gewinnermittlung durch Betriebsvermögensvergleich stellen Nachzahlungen Forderungen und Erstattungen Verbindlichkeiten gegenüber dem Finanzamt dar.

Beleg buchen

Beispiel

Die Umsatzsteuerschuld für den Monat Dezember 2006 betrug 2.884,38 EUR, von denen eine Sondervorauszahlung 2006 in vermeintlicher Höhe von 1.304,86 EUR abgezogen wurde. Nach diesem Bescheid betrug die tatsächlich geleistete Sondervorauszahlung 2006 lediglich 1.192,00 EUR. Neben der erklärten Vorauszahlung 1.579,56 EUR sind weitere 112,82 EUR zu zahlen.

Umsatzsteuer Vorjahr	1.692,38 EUR	
an Bank		1.692,38 EUR

Das richtige Konto

BGA (GHK)	IKR	SKR03	SKR04	Kontenbezeichnung (SKR04)
1822	4825	1790	3841	Umsatzsteuer Vorjahr
1822	4826	1791	3845	Umsatzsteuer frühere Jahre

7

Rechnungsdatum
02.März 2007
Kundennr.:
Rechnungsnr.:
Seite: 1 von 2
Kunden USt-ID-Nr.:
USt-ID-Nr.:
Steuernummer

Rechnung

…el Service Deutschland In
0000007

Firma
Horst Starke
Wiesengasse 3
55586 Neustadt

Diese Seite enthält eine Übersicht über Ihre Versandaktivitäten bis einschließlich 28.Februar 2007

Bei Fragen zu dieser Rechnung wenden Sie sich an
0800 *Montag bis Freitag von 8:00 - 18:00*
Ihr
Service

Übersicht

Frachtbriefe - Innerdeutsch		13,36
Servicepauschale		3,20
MwSt.-pflichtig		16,56
19 % MwSt.		3,15
Fälliger Gesamtbetrag	**EUR**	**19,71**

Vielen Dank für Ihr Vertrauen.

Erhalten Sie einfache Kontrolle über die Versandausgaben …echnungsdaten, ein System mit elektronischen Rechnungsdaten, hilft Ihnen, Kosten zuzuordnen und zu sparen. Mehr unter ww… om.

Diese Rechnung ist sofort und ohne Abzug zahlbar. Bei verspäteten Zahlungen kann … b dem 7. Tag nach Rechnungseingang Verzugszinsen in Höhe von 6,5% p.a. und eine Säumnisgebühr in Höhe von bis zu 15 EUR. erheben. Es gelten die aktuellen Beförderungsbedingungen Stand 01/06.

- -

rvice

IHRE ZAHLUNG ERFOLGT DURCH BANKEINZUG

BLZ: Kontonummer

Rechnungsnummer
28

Fälliger Gesamtbetrag
EUR **19,71**

Versandkosten

- Versandkosten können sowohl beim Warenbezug als auch beim Warenverkauf anfallen. Sie werden entweder jeweils als Nebenleistung zusammen mit der Eingangsrechnung gebucht oder als gesonderte Rechnung des Paketdienstes auf separaten Versandkonten. Liegen Verwaltungskosten vor, können Sie das Konto „Porto" verwenden.
- Im Gegensatz zu den Versanddiensten der Deutschen Post sind die Leistungen der privaten Paketdienste umsatzsteuerpflichtig.

Beleg buchen

Beispiel

Die wöchentliche Abrechnung des Paketdienstes enthält zwei Versendungen an Kunden.

Ausgangsfrachten	16,56 EUR	
Vorsteuer	3,15 EUR	
an Bank		19,71 EUR

Das richtige Konto

BGA (GHK)	IKR	SKR03	SKR04	Kontenbezeichnung (SKR04)
302	614	3800	5800	Anschaffungsnebenkosten
462	6145	4730	6730	Ausgangsfrachten
4820	6821	4910	6800	Porto

Zweite Allgemeine Versicherung AG

Telefon + 49(0)
Telefax + 49(0)
e-mail: E

ersicherung AG - D-

Betreuung dieses Vertrages erfolgt durch:

Vertretung:

Gerd Schneider
K34
68563 Mannheim

S
4
Tel.: 0
Fax: 0

Beitragsrechung zur
Multiline-Versicherung

Versicherungsschein-Nr.
229

Datum 16.12.2007

Sehr geehrte Damen und Herren,

der Beitrag zu o.g. Versicherung für den Zeitraum 01.01.2007 bis 01.01.2007 ist fällig.

Versicherungsumfang IVD-Versicherungskonzept	Nettobeitrag in Euro	Vers.-Steuer in Euro	Bruttobeitrag in Euro
Gesamtbetrag	**375,38**	**71,32**	446,7

Dieser Betrag wird per 01.01.2007 von Ihrem Konto abgebucht : **Euro** **446,70**
Kto: 000 **BLZ: 50**

Bitte beachten Sie auch die weiteren wichtigen Hinweise auf der Rückseite.

Mit freundlichen Grüßen

Allgemeine Versicherung AG

Allgemeine Versicherung AG
Aufsichtsratsvorsitzender:
Vorstand:

Rechtsform: Aktiengesellschaft, Sitz: Registergericht Steuernummer
Bankverbindung: Dresdner Bank, Bankle Konto

Versicherungsbeiträge

- Als Betriebsausgaben sind nur Beiträge zu solchen Versicherungen abziehbar, die den betrieblichen Bereich betreffen (betriebliche Haftpflichtversicherung, betriebliche Gebäudeversicherung usw.).
- Für Kfz-Versicherungen und Gebäudeversicherungen sind jeweils eigene Konten unter den Fahrzeugkosten bzw. Gebäudekosten vorgesehen.
- Versicherungsentschädigungen für Unfallschäden sind auf einem gesonderten Konto zu erfassen.
- Eine Erstattung von Versicherungsbeiträgen sollte nicht als zusätzlicher Ertrag, sondern als Teilstorno der ursprünglichen Aufwandszahlung verstanden werden.
- Die Versicherungssteuer ist keine Vorsteuer und darf nicht auf dem Vorsteuerkonto gebucht werden.

Achtung:
Beachten Sie, dass Sie Versicherungszahlungen, die auch für das Folgejahr gezahlt werden, zum Jahresende aktiv abgrenzen müssen.

Beleg buchen

Beispiel

Die Betriebshaftpflichtversicherung in Höhe von 446,70 EUR ist regelmäßig zum 01.01. eines Jahres fällig und muss deshalb nicht abgegrenzt werden.

Versicherungen	446,70 EUR	
an Bank		446,70 EUR

Das richtige Konto

BGA (GHK)	IKR	SKR03	SKR04	Kontenbezeichnung (SKR04)
426	690	4360	6400	Versicherungen
4261	6869	4366	6405	Gebäudeversicherungen
4261	691	4520	6520	Kfz-Versicherungen
267	5431	2742	4970	Versicherungsentschädigungen
91	29	980	1900	Aktive Rechnungsabgrenzung

UBIGROS

RECHNUNG 00 0 SEITE 1

0002 GMBH LIEFER- UND RECHNUNGSDATUM 27.05.2007

0003 8:41

0004 TELEFON 018 TELEFAX

0005 USt-IdNr.: DE

0006 Steuernr. Finanzamt:

Kiosk Endstation
Bahnhofsplatz 1
34567 Neustadt

0007

0008 KUNDE: 0 L.R.:

0009

0010 M 6

0011

0012 --

0013 ZAHLBETRAG FUER LIEFERSCHEIN 157,93

0014 --

Zeile	EAN	ART.-NR.	ARTIKEL BEZEICHNUNG	EINZEL-PR.	INH.KOL	KOLLI-PR.	MENGE	W	GESAMTPREIS	MR
0016										
0017	0058 1 023 822 9		LEERGUT-BON			6,00	1		6,00-	A
0018	8713800252556	006928.6	FRUCHTGUMMI- SMILE 100ST	3,550	1	3,55	2		7,10	B
0019	4017100740800	008783.3	ERDNUSS-LOCKEN CLASSIC 250G	1,350	1	1,35	4		5,40	B
0020	5410601508259	055995.5	RED BAND STCK.ART.10 FRUCHT Z	3,550	1	3,55	3		10,65	B
00[illegible]	[illegible]001686390542	112895.8	PHANTASIA 1KG	3,490	1	3,49	1		3,49	B
00[illegible]	[illegible]037000440192	136141.9	PRINGLES TEXAS BARBECUE 200G	1,190	1	1,19	4	W	4,76	B
0023	5410076002894	140829.3	PRINGLES HOT&SPICY 200G	1,190	1	1,19	4	W	4,76	B
0024	4001686309025	148345.2	HARIBO FRUCHT 150 ST HAPPY CH	4,350	1	4,35	1		4,35	B
0025	4001686315613	148349.4	HARIBO FRUCHT 150 ST HAPPY-CO	4,350	1	4,35	1		4,35	B
0026	4001686333044	148358.5	HARIBO FRUCHT 150 ST SCHLUEMP	4,350	1	4,35	1		4,35	B
0027	4001686334027	148359.3	HARIBO FRUCHT 150 ST RIESEN-E	4,350	1	4,35	1		4,35	B
0028	4001686378519	148531.7	HARIBO FRUCHT 150 ST COLA-SCH	4,350	1	4,35	1		4,35	B
0029	4001686576021	148956.6	MAOAM KRACHER 300 ST COLA	4,190	1	4,19	1		4,19	B
0030	4037[illegible]00502144	149508.4	BRAUNE RATTEN- SCHWAENZE 200S	6,450	1	6,45	1		6,45	B
0031	4009900365673	158289.9	**WRIGLEY'S EXTRA WHITE 7 MIN	0,370	36	13,32	1		13,32	B
0032	4001686395028	192479.4	HARIBO FRUCHT 150 ST KIRSCH-C	4,350	1	4,35	1		4,35	B
0033	4001686329214	235198.9	HARIBO FRUCHT 150 ST FISCH BE	4,350	1	4,35	1		4,35	B
0034	4018077670015	317715.1	CRUNCHIPS 200G PAPRIKA	1,450	1	1,45	4		5,80	B
0035	4018077685910	317716.9	CRUNCHIPS 200G CHEESE&ON	1,450	1	1,45	4		5,80	B
0036	4018077685019	317717.7	CRUNCHIPS 200G RED CHILI	1,450	1	1,45	4		5,80	B
0037	4018077695216	317718.5	CRUNCHIPS 200G LIMITED E	1,450	1	1,45	4		5,80	B
0038	4018077688515	318565.9	CRUNCH.CRUST THAI S.CHILI 175	1,450	1	1,45	4		5,80	B
0039		057007.7	0,25 DPG DS RED BULL 24ER	1,050	24	25,20	1		25,20	A
0040+		031210.8	DPG-PFAND 24X0,25 EUR	6,000	1	6,00	1		6,00	A

00[illegible] --

00[illegible] NETTO 144,77

0043

0044 A 19,00 % MWST 25,20 4,79

0045 B 07,00 % MWST 119,57 8,37

0046

0047 KOLLI GES.: 49 KOLLI GEW.: 0 SUMME EUR 157,93

0048 BAR EUR 160,00

0049 RUECKGELD EUR 2,07-

0050 -

0051

0052

0053	00041 135,25	00000 0,00	00000 0,00	00000 0,00	00048 119,57	00000 0,00
0054	NETTOWERT O WERB.	NONFOOD	KONSERVEN	NAEHRMITTEL	SUESSWAREN KAFFEE	FEINKOST MILCH
0055						
0056	00001 25,20	00000 0,00	00000 0,00	00000 0,00	00000 0,00	
0057	SPIRITUOSEN WEIN	WASCHMITTEL	FLEISCH WURST	OBST GEMUESE	TABAK	

0058

0059 W = WERBEARTIKEL

0060

Wareneinkauf

- Die Wareneinkäufe müssen Sie nach Steuersätzen getrennt erfassen.
- Der unterjährige Wareneinkauf wird als Wareneinsatz behandelt. Hierbei unterstellen die Buchhalter für die Monatserfolgsrechnung, dass die gleiche Menge zugekauft wie abverkauft wird.
- Sie können geringe Pfandkosten als Warenbeschaffungskosten bzw. als Kostenersatz behandeln. Nur erhebliche Beschaffungskosten erfassen Sie auf separatem Konto.
- Im Lebensmitteleinzelhandel ebenso wie in Bäckereien, Gaststätten usw. werden die Privatentnahmen auf der Grundlage der amtlichen Richtsätze und der Anzahl der Personen im Haushalt ermittelt.

Beleg buchen

Beispiel

Im Großmarkt *Ubigros* kauft der Kioskinhaber Waren zu 7 % und 19 % ein und zahlt bar. Lebensmittel für den persönlichen Bedarf entnimmt er sofort.

Wareneinkauf 7 %	119,57 EUR	
Wareneinkauf 19 %	25,20 EUR	
Vorsteuer	13,16 EUR	
Privatentnahme	21,40 EUR	
an Kasse		157,93 EUR
an Unentgeltliche Zuwendung von Waren 7 % USt.		20,00 EUR
USt. 7 %		1,40 EUR

Das richtige Konto

BGA (GHK)	IKR	SKR03	SKR04	Kontenbezeichnung (SKR04)
301	608	3200	5200	Wareneingang
3011	6081	3300	5300	Wareneingang 7 % VSt.
3012	6085	3400	5400	Wareneingang 19 % VSt.
2782	5428	8940	4680	Unentgeltliche Zuwendung Waren 19 % USt.
2781	5427	8945	4670	Unentgeltliche Zuwendung Waren 7 % USt.

Telefonbuch24Direct

stfach

Erwin Scholz
Generalvertretung
Mittelstr. 10

56728 Brohl

Sparkasse
Konto
BLZ

Rechnung

Kunden Nr.
Rechnung Nr.
vom

Bei Zahlung bitte unbedingt angeben!

Gemäß Ihrer Bestellung vom 15.08.2006 berechnen wir Ihren Werbeeintrag.
Telefonbuch **Ausgabe 2007/2008**

Artikel	Region	Menge Stück/mm	Stückpreis EUR	Summe EUR
010 Zeilen-Print/Online-Paket		4		
020 Zeilen-Print/Online-Paket		4		
030 Zeilen-Print/Online-Paket		4		

Nettobetrag	EUR	733,04
MwSt 19%	EUR	139,28
Bruttobetrag	**EUR**	**872,32**

Zahlbar zum 24.04.2007 ohne Abzug.
Erscheinungs-/Liefertermin: April 2007

Gemeinsame Herausgeber und Verleger
Beauftragte
Telefon Telefax www .de
Vorstand Aufsichtsratsvorsitzender
Sitz Amtsgericht HRB Erfüllungsort und Gerichtsstand ist, soweit gesetzlich zulässig, USt-IdNr.: DE
Es können sich Entgeltminderungen aufgrund von Rabattvereinbarungen ergeben.

überw.
19.04.07
Sc

Überweisung/Zahlschein

Name und Sitz des überweisenden Kreditinstituts | Bankleitzahl

Den Vordruck bitte nicht beschädigen, knicken, bestempeln oder beschmutzen.

Begünstigter: Name, Vorname/Firma (max. 27 Stellen)
Postfach
Konto-Nr. des Begünstigten | Bankleitzahl
Kreditinstitut des Begünstigten
EUR | Betrag: Euro, Cent 872,32
Kunden-Referenznummer - Verwendungszweck, ggf. Name und Anschrift des Überweisenden - (nur für Begünstigten)
noch Verwendungszweck (insgesamt max. 2 Zeilen à 27 Stellen)
Kontoinhaber/Einzahler: Name, Vorname/Firma, Ort (max. 27 Stellen, keine Straßen- oder Postfachangaben)
Konto-Nr. des Kontoinhabers | 18

Werbekosten

Definition

Werbekosten bezeichnet Aufwendungen, um Produkte und Dienstleistungen einer Öffentlichkeit bekannt zu machen. Sie dienen somit der allgemeinen Vermarktung und nicht der Pflege einer speziellen Geschäftsbeziehung.

- Einzelnen Produkten oder Aufträgen direkt zurechenbare Vertriebskosten sind stattdessen auf dem Konto „Kosten der Warenabgabe" zu erfassen.
- Ausgaben für die Werbung, z. B. Plakatwerbung oder Anzeigenwerbung in Tageszeitungen, Fachzeitschriften u. Ä., Rundfunk- und Fernsehwerbung gehören zum sofort abzugsfähigen Aufwand und mindern im Jahr der Ausgabe in voller Höhe den Gewinn. Auch Kosten für einen Messeauftritt gehören zu den Werbekosten (z. B. Standmiete, Reisekosten für Standpersonal).
- Wegen der besonderen Aufzeichnungspflicht für Geschenke und Bewirtungen sollten Sie hier Fehlbuchungen unbedingt vermeiden. Geschenke und Bewirtungen dürfen nicht auf anderen als auf den vorgesehenen Konten verbucht werden. Sie haben also unter „Werbekosten" nichts verloren.

Achtung:
Für Werbemaßnahmen können Sie keinen aktiven Rechnungsabgrenzungsposten bilden. Hier zählt auch nicht die Begründung, dass sich der Erfolg ebenfalls erst im kommenden Jahr einstellen wird.

Beispiel

Beleg buchen

Werbekosten	733,04 EUR	
Vosteuer	139,28 EUR	
an Bank		872,32 EUR

Das richtige Konto

BGA (GHK)	IKR	SKR03	SKR04	Kontenbezeichnung (SKR04)
441	687	4610	6600	Werbekosten
46	6145	4700	6700	Kosten der Warenabgabe

WERBEPROFIS

Rechnung

bitte abtrennen

Lieferanschrift (falls von Rechng.-Anschrift abweichend)

Firma Elektro Zapp
Inh. Erwin Zapp
Daimlerstr. 3

46464 Neustadt

Zapp

HERR Zapp 96 45

▲ *Name des Bestellers* ▲

Bei Bezahlung und Rückfragen bitte unbedingt angeben

Rechnungs-Datum	*Rechnungs-Nummer*	Lieferungs-*Datum*	*Kunden-Nummer*
6. 11.07	929	6. 11.07	230.

Bestell-Nummer	*Stück*	*Artikel-Bezeichnung*	*Einzelpreis*	*Gesamtpreis*
399998	100	Schlüsselanh. "Tool-Box"	2,49	249,00
399998	100	Werbedruck	0,40	40,00
399998	1	Grundkosten	34,00	34,00
		Versand- und Verpackungskosten für gesamt 2,000 KG		11,00

Vielen Dank für Ihren Auftrag

Bitte benutzen Sie die vorbereiteten Bankbelege:
Bank , Kto.-Nr. BLZ

	Nettobetrag	*MwSt.*	*Rechnungsbetrag*
ohne Abzüge zahlbar bis 6.12.07	334,00	63,46	397,46

Die Ware bleibt bis zur vollständigen Zahlung des Kaufpreises unser Eigentum. Ergänzend gelten unsere Verkaufs-, Liefer- und Zahlungsbedingungen aus dem jeweiligen Katalog in seiner neuesten Fassung.

· Telefon: 0 · Telefax: 0 · USt-IdNr.: DE

Werbematerial

- Zugaben – Gegenstände von geringem Wert – werden zu Hunderten oder Tausenden bei der Warenabgabe kostenlos beigegeben. Sie sind deshalb Kosten der Warenabgabe.
- Im Gegensatz dazu sind Streuartikel Geschenke von geringem Wert, bei denen kein unmittelbarer Zusammenhang mit dem Verkauf von Waren besteht.

Beleg buchen

Beispiel

Die Schlüsselanhänger sind als Zugaben bei jeder Weihnachtsbestellung vorgesehen.

Streuartikel und Zugaben	334,00 EUR	
Vorsteuer	63,46 EUR	
an Bank		397,46 EUR

Das richtige Konto

BGA (GHK)	IKR	SKR03	SKR04	Kontenbezeichnung (SKR04)
2081	6873	4632	6612	Zugaben
441	687	4610	6600	Werbekosten
46	6145	4700	6700	Kosten der Warenabgabe

Konto-/Wertpapierinformationen

Postfach

SEITE 1

Horst Starke
Wiesengasse 3
55586 Neustadt

Konto-Nummer : 07
07.
Ertragsart : KONTOKORRENT-KONTO

Konto-Inhaber:

VERMERK DER BANK: 1000
00

Jahressteuerbescheinigung für 2006 in EUR

NUERNBERG, 30.12.2006

ZAHLUNGSTAG	ZEITRAUM	HÖHE DER KAPITALERTRÄGE	ANRECHENBARER ZINSABSCHLAG	ANRECHENBARER SOLIDARITÄTSZUSCHLAG
31.12 2006	01.01.2006-31.12.2006	863,27 EUR	258,98 EUR	14,24 EUR

*Finanzamt, an das der Zinsabschlag und der Solidaritätszuschlag abgeführt worden sind:
RAL, Steuernummer 2
Wir versichern, dass für oben genannte Erträge keine Einzelsteuerbescheinigungen ausgestellt wurden.
Für Ihre Steuererklärung bitten wir vorstehende Steuerbescheinigung sorgfältig aufzubewahren.

ZWEIGNIEDERLASSUNG DEUTSCHLAND

Diese Bescheinigung ist maschinell erstellt und wird nicht unterschrieben
*** Kapitalerträge sind einkommensteuerpflichtig ***

Zweigniederlassung Deutschland · Ust-IdNr.
DE. Fon info@ de · www de

Zinserträge

- Zu den Zinserträgen gehören ebenfalls die Zinsabschläge und der anrechenbare Solidaritätszuschlag.

Beleg buchen

Während des Jahres wurden lediglich die Nettozinserträge erfasst. Auf dem Bankkonto sind 590,05 EUR gutgeschrieben worden.

Beispiel

Bank	590,05 EUR	
an Zinserträge		590,05 EUR

Laut Jahressteuerbescheinigung zu den Zinserträgen wurden 258,98 EUR Zinsabschlag und 14,24 EUR anrechenbarer Solidaritätszuschlag einbehalten.

Zinsabschläge	258,98 EUR	
anrechenbarer Solidaritätszuschlag	14,24 EUR	
an Zinserträge		273,22 EUR

Das richtige Konto

Die nachfolgenden vier Konten sind ausschließlich Kapitalgesellschaften vorbehalten, da der Einkommensteuerbereich (inkl. Solidaritätszuschlag, Zinsabschlag u. Ä.) bei den Privatkonten des Unternehmers bzw. Personengesellschafters erfasst wird.

BGA (GHK)	IKR	SKR03	SKR04	Kontenbezeichnung (SKR04)
2216	776	2215	7635	Zinsabschlagsteuer
2217	775	2210	7607	Solidaritätszuschlag für Vorjahre Erstattungen
2215	774	2208	7608	Solidaritätszuschlag
2217	775	2209	7609	Solidaritätszuschlag für Vorjahre Nachzahlungen
163	3022	1810	2150	Privatsteuern

GEBÜHRENRECHNUNG Saisonkennzeichen/Gültigkeit

Der Landrat
– Straßenverkehrswesen –

Zahlungspflichtiger: Bemerkungen:

geboren am: geboren in: Geborene:

TÜV **AU**

Zulassungsantrag einschließlich Steuererklärung nach § 3 KraftStDV. Datenschutzrechtliche Belehrung / Zulassungsbescheinigung Teil I / Zulassungsbescheinigung Teil II erhalten.

Sachbearbeiter Unterschrift

Transaktion:

Gebührenschlüssel:

RECO ® (0 63 59) 93 40 - 0

Quittung der Zahlstelle
(Maschinendruck gilt als Quittung)

Quittung
==============
Belegnr. : 00
Datum :
10250 UMAS m.Hw.+ Teil II E 33,60EU
33,60 EURO

Zahlung in BAR Kassierer:

JU PP 13
Nummern-
SCHILDER
Hinweis- Verkehrs- Warn- und Firmenschilder

Zentrale:

Firma:

Kfz-Schilder

Steuer-Nr.

Betrag dankend erhalten € 29.–

Im Endbetrag sind 19% MWSt (€ ....) enthalten.

Zulassungskosten

Zu den Anschaffungskosten zählen der Netto-Kaufpreis des Pkws und darüber hinaus sämtliche Aufwendungen, um es betriebsüblich nutzen zu können. Nebenkosten wie Überführungskosten, Nummernschilder usw. gehören ebenso dazu wie Extras (z. B. Partikelfilter) und nachträgliche Anschaffungskosten, sofern sie dem Pkw einzeln zugerechnet werden können und mit Einbau ihre körperliche und wirtschaftliche Eigenart endgültig verloren haben.

Achtung:
Gebühren sind umsatzsteuerfrei und berechtigen nicht zum Vorsteuerabzug.

Beleg buchen

Die Zulassungskosten für den neuen Kombi – Gebühren 33,60 EUR und Nummernschilder 29,00 EUR – werden bar bezahlt. Beispiel

Pkw	57,97 EUR	
Vorsteuer	4,63 EUR	
an Kasse		62,60 EUR

Das richtige Konto

BGA (GHK)	IKR	SKR03	SKR04	Kontenbezeichnung
034	0841	0320	0520	Pkw

Anhang

So schreiben Sie korrekte Rechnungen

Richtiges Rechnungsschreiben ist für viele Unternehmen von existentieller Bedeutung. Hier verschaffen Sie sich die nötige Liquidität für Ihre Finanzierungen und legen den Grundstein dafür, bei schleppender Zahlung rechtlich abgesichert zu sein. Nach Leistungsabschluss bzw. einer möglichst kurzfristig eingeleiteten Abnahme der Arbeiten sollten Sie die Abschlussrechnung möglichst binnen eines Tages ausstellen. Es ist nur eine Frage der Organisation, dass Lieferung und Rechnung am gleichen Tag die Firma verlassen. Eine zügige Rechnungsstellung signalisiert übrigens keine Liquiditätsschwäche, sondern zeigt, dass Ihr Rechnungswesen gut funktioniert.

Inhalte der Rechnung

Siehe CD-ROM

Eine richtige Rechnung enthält steuerliche und handelsrechtliche Pflichtangaben:

- Firmenbriefbogen mit Sitz, Handelsregister, Geschäftsführer
  Sollte es zu einem Rechtsstreit kommen, ist bei diesen Angaben (Pflichten nach § 37a HGB) Ihre Firma formell nicht angreifbar.
- Anschrift des Kunden – Firmenname und Besteller/Geschäftspartner
  Der korrekte Firmenname ist steuerlich und rechtlich von Bedeutung, da zunächst nur der genannte Rechnungsempfänger aus dem Geschäft verpflichtet wird. Bei einer falschen Schreibweise kommt Ihre Lieferung an, nur für die Rechnung wird sich möglicherweise niemand verantwortlich fühlen. Der Besteller haftet in Fällen, in denen er ohne Vertretungsmacht handelt.
- Bei steuerfreien innergemeinschaftlichen Lieferungen nach § 6a Abs. 1 Satz 1 Nr. 3 UStG sind sowohl die USt.-IdNr. des Unternehmers als auch des Kunden anzugeben. Außerdem benötigen Sie einen Versandnachweis oder die Zusicherung, dass der Empfänger die Ware selbst außer Landes geschafft hat.
- Rechnungsdatum und Lieferdatum sowie ggf. der Kalendermonat der Leistung

- Fortlaufende Rechnungsnummer, bei Bedarf mehrere Nummernkreise, z. B. AG2051, Fd65, Fd66, AG2052, Fd67, AG2053, AG2054 usw.
- Die präzise Aufschlüsselung und Bezeichnung der Ware oder Leistung mit Einzelpreis
- Gesamte Nettoentgelte getrennt nach Steuersatz ausweisen sowie die jeweils darauf entfallende Umsatzsteuer. Bei einer steuerfreien Lieferung/Leistung ist die Befreiungsvorschrift anzugeben, z. B. „steuerfreie innergemeinschaftlichen Lieferung § 6a Abs. 1 Satz 1 Nr. 3 UStG“
- Gesamtpreis netto und Bruttopreis
- Steuernummer oder USt.-IdNr.

Bereits aus einer Missachtung der steuerlichen Vorschriften lässt sich böswillig ableiten, dass keine rechtsgültige Rechnung vorliegt, also auch nicht gezahlt werden muss.

Nicht pflichtig, aber notwendig sind folgende Angaben:

- Kontonummer mit Bank und BLZ
  Achten Sie auf Übereinstimmung Ihrer Geschäftsbezeichnung mit denen Ihrer Bankverbindung. So lässt z. B. die Deutsche Bank selbst bei geringen Abweichungen unter Berufung auf das Geldwäschegesetz Gutschriften über 5.000 EUR zurückgehen.
- Kundennummer, Auftragsnummer und Bestellnummer des Kunden
  Damit erleichtern Sie Ihrer Buchhaltung die Zuordnung bei Zahlung oder Rückfragen des Kunden.
- Ansprechpartner für Rückfragen
  Dadurch ersparen Sie Ihrem Kunden telefonische Odysseen und können auftretende Reklamationen und sonstige Kontakte zu Kundenpflege, Zusatzaufträgen u. a. nutzen.
- Eigentumsvorbehalt auf gelieferte Ware
  Dadurch können Sie bis zur vollständigen Zahlung des Kaufpreises auch noch im Insolvenzfall die Herausgabe der Ware verlangen.

Ein erweiterter Eigentumsvorbehalt könnte lauten: »Der Eigentumsvorbehalt erstreckt sich auch auf die durch Verarbeitung der Vorbehaltsware entstehenden neuen Erzeugnisse zu deren vollem Wert.« Diese Klausel sollten Sie verwenden, wenn Ihre Ware in andere Sachen eingebaut wird oder einfließt, wie z. B. Deckenpaneelen, DVD-Laufwerke, Bodenfliesen.

Erweiterter Eigentumsvorbehalt

Beim „verlängerten Eigentumsvorbehalt" erstreckt sich die Sicherung auch auf die im Voraus abgetretenen offenen Forderungen aus dem Wiederverkauf.

Verlängerter Eigentumsvorbehalt

- Zahlungs- und ggf. Lieferkonditionen, Zahlungs- bzw. Fälligkeitsdatum
  Machen Sie Angaben, bis wann gezahlt werden muss und ob der Kunde bei beschleunigter Zahlung Skonto abziehen darf. Hier sollte der Hinweis für den privaten Verbraucher nicht fehlen, dass stets 30 Tage nach Fälligkeit und Zugang einer Rechnung der Verzug eintritt und gesetzliche Verzugszinsen verlangt werden. Unter Kaufleuten muss keine Einzelvereinbarung getroffen werden. Hier ist der Hinweis auf die beigefügten Allgemeinen Geschäftsbedingungen beim Vertragsabschluss ausreichend.
- Verzugszinsen
  Wenn Sie Angaben zu Verzugszinsen in Ihre Rechnungen aufnehmen wollen, sollten Sie keinen festen Zinssatz angeben. Da die Zinssituation schwankt, bietet sich eine variable Regelung an. Beispielsweise könnte diese lauten: „Wir berechnen bei Überschreiten der vereinbarten Zahlungsziele Verzugszinsen gemäß § 288 Abs. 1 BGB in Höhe von 5 Prozentpunkten über dem jeweiligen Basiszinssatz." (Dies bedeutet beispielsweise bei einem Basissatz von 1,95 % Verzugszinsen in Höhe von 6,95 %.) Falls Ihr tatsächlicher Schaden diesen Zinssatz überschreitet, z. B. bei Kontokorrentzinsen von 12,5 %, können Sie bei entsprechendem Nachweis auch Verzugszinsen in der tatsächlichen Höhe verlangen. Bei Geschäften unter Kaufleuten beträgt der Zinsaufschlag anstatt 5 % sogar 8 % (§ 288 Abs. 2 HGB).

Muster: Rechnung

Name:	Firma Schaltkreise GmbH ①	Datum:	18.05.07
Adresse:	Industriestr. 12	Auftragsnr.:	
PLZ Ort	55548 Holzhausen	Verkäufer:	
Land:		Lieferdatum:	
		Lieferart:	UPS

Vielen Dank für Ihren Auftrag RECHNUNG Nr. 8099675

②

Anzahl	Beschreibung ③	Einzelpreis	USt.	Gesamt
45	Schaltmuffen	234,00 EUR	19 %	10.530,00 EUR
23	Fressbackenverstärker	12,20 EUR	19 %	280,60 EUR
20	Blumensträuße	19,80 EUR	7 %	396,00 EUR
12	Dopplerzwingen	14,90 EUR	19 %	178,80 EUR
		Zwischensumme		11.385,40 EUR
		Versand	19 %	20,00 EUR
	Entgelte zu 19 % USt.	11.009,40 EUR	19 %	2.091,78 EUR
	Entgelte zu 7 % USt.	396,00 EUR	7 %	27,72 EUR
		Summe		13.524,90 EUR

Zahlungsbedingungen: 30 Tage rein netto

Bei Zahlung bis	④ 28.05.07	Skonto 2 %		Skonto	228,11 EUR
		Skonto zu 19 % USt.	220,19 EUR	19 %	41,83 EUR
		Skonto zu 7 % USt.	7,92 EUR	7 %	0,55 EUR
				Skontobetrag	270,49 EUR

① Achten Sie im Interesse Ihres Kunden auf die richtige Bezeichnung des Empfängers. Nur dann ist für ihn der Betriebsausgabenabzug gewährleistet oder er könnte anderenfalls sogar die Zahlung verweigern.

② Tragen Sie hier den gültigen Steuersatz ein.

③ Achten Sie auf eine hinreichend genaue Beschreibung. „Diverse Ware" z. B. gefährdet den Abzug als Betriebsausgabe.

④ Voreingestellt sind 10 Tage nach Rechnungsdatum. Überschreiben Sie ggf. das Skontodatum.

Datum:
Auftragsnr.:
Verkäufer:
Lieferdatum:
Lieferart:

Vielen Dank für Ihren Auftrag RECHNUNG Nr.

Anzahl	Beschreibung	Einzelpreis	USt.	Gesamt
		Zwischensumme		
	Entgelte zu 19 % USt.		19 %	
	Entgelte zu 7 % USt.		7 %	
		Summe		

Zahlungsbedingungen: 30 Tage rein netto

Bei Zahlung bis		Skonto		Skonto	
		Skonto zu 19 % USt.		19 %	
		Skonto zu 7 % USt.		7 %	
				Skontobetrag	

Eigenbelege

Siehe CD-ROM

Die nachfolgenden Belege für den eigenen Gebrauch finden Sie als ausgefüllte, erklärte Beispiele und als Blanko-Kopiervorlage hier im Buch abgedruckt und auf der CD-ROM.

Geschenke an Geschäftsfreunde

Hier hat es Einschränkungen gegeben, aber Sie können die Aufwendungen nach wie vor steuerlich geltend machen, wenn Sie diese Punkte beachten:

- Sie brauchen die Empfänger von Geschenken nicht aufzulisten, wenn durch Art und geringer Wert des Geschenks (z. B. Taschenkalender, Kugelschreiber und dgl.) die Vermutung besteht, dass die Freigrenze von 35 EUR bei dem einzelnen Empfänger im Wirtschaftsjahr nicht überschritten wird.
- Die beschenkte Person darf nicht Arbeitnehmer des Steuerpflichtigen sein. Handelsvertreter oder andere Personen in ständiger Geschäftsbeziehung (z. B. durch Werkverträge als Subunternehmer) gelten zumindest nach dieser Vorschrift nicht als Arbeitnehmer.
- Der Wert sämtlicher Geschenke an einen Empfänger darf 35 EUR nicht übersteigen – nach Abzug von Rabatten und ggf. dem Vorsteuerabzug, aber zuzüglich z. B. der Kosten für Werbeaufschriften. Diese Obergrenze von 35 EUR ist kein Freibetrag, sondern eine Freigrenze: Übersteigt die Summe der Geschenkaufwendungen je Empfänger den Betrag von 35 EUR im Wirtschaftsjahr, entfällt jeglicher Abzug.
- Juristische Personen, wie GmbHs, und Behörden können als solche nicht beschenkt werden. Die Benennung der Firma dient bei vielen Empfängern und hohen Einzelkosten jedoch als Gedächtnisstütze, um bei der genügenden Anzahl der beschäftigten Arbeitnehmer unter der 35-Euro-Grenze zu bleiben.
- Aufwendungen für Geschenke gleicher Art können in einer Buchung zusammengefasst werden, wenn die Namen der Empfänger der Geschenke aufgelistet werden.

Formular: Geschenke-Liste

Geschenke

Empfängerliste gemäß Abschn. 22 Abs. 2 EStR

	Empfänger	Geschenk	Wert EUR	Überreicht am:
1.		Geschenke		
2.				
3.				
4.				
5.				
6.				

Sammelbuchung bei gleichartigen Gegenständen

Empfängerliste

1.	
2.	
3.	
4.	
5.	
6.	
7.	
8.	
9.	
10.	
11.	
12.	
13.	
14.	
15.	

Unternehmen	
Geschenk	
Gesamtwert EUR	
Gesamtzahl der Empfänger	
Wert pro Empfänger	
Überreicht am:	

Formular: Quittung/Quittungskopie

Quittung

EUR

Netto

19% MwSt

Brutto

EUR, Cent

von:

für:

dankend erhalten

Ort: Datum:

Buchungsvermerke

Unterschrift Zahlungsempfänger

Quittungskopie

EUR

Netto

19% MwSt

Brutto

EUR, Cent

von:

für:

dankend erhalten

Ort: Datum:

Buchungsvermerke

Unterschrift Zahlungsempfänger

Fahrtenbuch

Ermittlung des Privatanteils

Kann ein Unternehmer für seinen Firmenwagen kein vorschriftsmäßiges Fahrtenbuch vorlegen, unterstellt das Finanzamt stets, dass dieses auch privat genutzt wurde. Ohne Aufzeichnungen des Unternehmers schätzt das Finanzamt eine monatliche Privatnutzung mit 1 % des Neulistenpreises (auch bei Gebrauchtwagen). Nur wenn Sie oft privat unterwegs sind und einen preiswerten Wagen fahren, sollten Sie sich ggf. schätzen lassen, aber in folgenden Fällen lohnt sich die Mühe, ein Fahrtenbuch zu führen:

- Die laufenden Pkw-Kosten sind sehr niedrig und der Listenpreis des privat genutzten Fahrzeugs ist bei der Erstzulassung sehr hoch gewesen.
- Sie nutzen Ihren betrieblichen Pkw so gut wie nie zu Privatfahrten.
- Verwenden Sie Ihren betrieblichen Pkw zu weniger als 5 % privat, können Sie 100 % der Vorsteuern abziehen.

Lückenlose Aufzeichnung

Der Ermittlung des Privatanteils nach tatsächlichen Kosten wird der Prüfer des Finanzamts nur zustimmen, wenn das Fahrtenbuch bestimmte Mindestvoraussetzungen erfüllt. Die Fahrten mit dem betrieblichen Pkw müssen vom ersten bis zum letzten Kilometer eines Wirtschaftsjahres nachvollziehbar sein (lückenlose Aufzeichnungen). Hierzu sind folgende Mindestangaben notwendig:

- Datum
- Kilometerstand zu Beginn und zum Ende jeder Fahrt
- Reisezweck, Reiseziel und aufgesuchte Kunden bzw. Geschäftspartner
- Reiseroute
  - bei Privatfahrten genügt die Kilometerangabe
  - bei Fahrten zwischen Wohnung und Betrieb genügt die Kilometerangabe und ein Vermerk, dass Fahrten zwischen Wohnung und Betrieb vorliegen

Zeitnahe Aufzeichnung

Neben diesen Mindestangaben legt die Finanzverwaltung großen Wert darauf, dass die Aufzeichnungen zeitnah geführt werden. Angreifbar sind somit Fahrtenbücher aus „einem Guss“ mit demselben Stift und einheitlicher Schriftform. Wenn jedoch aus den Aufzeichnungen eines Notizbuchs nachträglich ein Fahrtenbuch erstellt wurde, darf das Finanzamt das Fahrtenbuch nur dann verwerfen, wenn es zusätzlich auch inhaltliche Fehler aufweist (ganze Tage vergessen, Urlaubsfahrt nicht berücksichtigt etc.).

Achtung:

Vorsicht auch bei mehreren Anfahrtszielen, die nicht in das Formular passen. Wenn die dadurch verkürzte Gesamtstrecke in drei Stichproben nicht mit den aufgezeichneten Kilometern übereinstimmt, folgt das Aus für das Fahrtenbuch: Dann wird die Privatnutzung nach der 1 %-Methode geschätzt.

Für ein und dasselbe Fahrzeug darf ein Unternehmer in einem Wirtschaftsjahr entweder die Fahrtenbuch-Methode oder die 1 %-Regelung anwenden. In jedem neuen Jahr können Sie anders entscheiden.

Überprüfung des Fahrtenbuchs

Tankquittungen

Gehört nur ein Pkw zum Betriebsvermögen, dienen zur Überprüfung des Fahrtenbuchs Tankquittungen. Schnell ist entlarvt, wer in Hamburg getankt hat, obwohl er sich laut Fahrtenbuch in München aufgehalten haben soll. Sind in der Buchführung des Steuerpflichtigen Tankquittungen von Tagen erfasst, an denen der PKW gemäß den Angaben im Fahrtenbuch nicht bewegt worden ist, entspricht das Fahrtenbuch wegen Nichtaufzeichnung aller Fahrten nicht den formellen Voraussetzungen.[35]

Bewirtungsbelege

Anhand der Reisekosten und der aufgezeichneten Bewirtungsbelege lassen sich ebenfalls Rückschlüsse ziehen, ob die Aufzeichnungen des Fahrtenbuchs korrekt sind oder nicht. Anhand von Werkstattrechnungen kann der Prüfer des Finanzamts überprüfen, ob der angegebene Kilometerstand dem des Fahrtenbuchs entspricht.

[35] FG Münster, Urteil vom 18.02.2005, Az. 11 K 5218/03 E,U.

Formular: Fahrtenbuch

Route		km-Stand		gefahrene km		Datum/Zeit		Reisezweck
Abfahrtsort	Zielort	Start	Ziel	geschäftl.	privat	Abfahrt	Ankunft	Anlass der Reise und besuchten Personen/ Firmen/ Behörden

Achtung:
Diese Tabelle dient nur zur Berechnung der gefahrenen Kilometer. Sie ist nicht als ordnungsgemäßes Fahrtenbuch zugelassen.

Die Erfassung der Privatfahrten von Arbeitnehmern mit firmeneigenem Kfz in einer Excel-Tabellenkalkulation erfüllt nicht die Anforderungen an ein ordnungsgemäßes Fahrtenbuch, da durch dieses Programm nachträgliche Änderungen weder verhindert noch hinreichend dokumentiert werden.[36]

Reisekostenabrechnung (Inland)

Bei den Reisekosten von Unternehmern und Arbeitnehmern liegen zwar grundsätzlich Betriebsausgaben vor. Nicht korrekte Buchungen und Belege bieten dem Finanzamt jedoch den Vorwand, den Abzug zu verweigern oder den Vorsteuerabzug nicht zuzulassen. Ob die Reisekostenabrechnung eines Arbeitnehmers formell in Ordnung ist oder nicht, entscheidet außerdem darüber, ob ihm die Spesen lohnsteuerfrei oder pauschalversteuert ersetzen werden können.

[36] BFH, Urteil vom 16.11.2005 – VI R 64/04, FG Düsseldorf Urteil vom 21.09.2004 – 9 K 1073/04 H.

<table>
<tr><th>Fahrtkosten</th><th>Verpflegungs-mehraufwendungen pauschal</th><th colspan="2">Übernachtungskosten</th></tr>
<tr><td colspan="4">Einsatzwechseltätigkeit</td></tr>
<tr><td>tatsächliche Aufwendungen, mit eigenem Pkw
bei Entfernung Wohnung-Einsatzstelle von mehr als 30 km
0,30 EUR je km
bei Entfernung von 30 km oder weniger,
ebenso nach Ablauf von 3 Monaten und
Fahrten zu einer Abholstelle
0 EUR</td><td>bei einer Abwesenheit von mindestens
24 Stunden 24 EUR
14 Stunden 12 EUR
8 Stunden 6 EUR
unter 8 Stunden 0 EUR</td><td colspan="2">im Fall der Übernachtung liegt eine doppelte Haushaltsführung vor</td></tr>
<tr><td colspan="4">Fahrtätigkeiten</td></tr>
<tr><td>0 EUR</td><td>siehe Einsatzwechseltätigkeit</td><td>In der nachgewiesenen Höhe</td><td>bei Inlandsübernachtung 20 EUR</td></tr>
<tr><td rowspan="2">Ausnahme:
Fahrten zur Fahrzeugübernahme (Bus, Lkw), falls diese an ständig wechselnden Orten erfolgt, wie bei Einsatzwechseltätigkeit</td><td rowspan="2"></td><td rowspan="2"></td><td>Ausnahme:
bei Übernachtung im Fahrzeug keine Pauschalbeträge zulässig</td></tr>
<tr><td>20 EUR</td></tr>
<tr><td colspan="4">Dienstreise (Inland) vorübergehende Auswärtstätigkeit außerhalb der regelmäßigen Arbeitsstätte und der Wohnung</td></tr>
<tr><td>Tatsächliche Aufwendungen, die bei Benutzung eines eigenen Pkw auf 0,30 EUR je km geschätzt werden. Zusätzlich werden Unfallkosten, u.U. anteilige Aufwendungen für einen Austauschmotor, berücksichtigt.</td><td>Eintägige Dienstreisen:
ab 14 Stunden 12 EUR
ab 8 Stunden 6 EUR
unter 8 Stunden 0 EUR
Mehrtägige Dienstreisen:
ab 24 Stunden 24 EUR
An- und Abreisetag wie eintägige Dienstreisen</td><td colspan="2">In der nachgewiesenen Höhe</td></tr>
</table>

Name und Adresse des Abrechnenden

____

Beginn der Reise: __________ ___ __________ Uhr
Ende der Reise: __________ ___ __________ Uhr
Anlass/Zielort der Dienst-/Geschäftsreise:

____

Reisemittel: [ ] Dienstwagen [ ] Privat-Pkw [ ] Bahn [ ] Flugzeug

		Brutto-ausgaben	Vorsteuer	Nettoaufwand
Fahrtkosten				
Bahnfahrkarten/Fahrausweise lt. Anlage	EUR ______	______	______	______
Flugkarten lt. Anlage	EUR ______	______	______	______
Autokosten (Kraftstoff/Öl usw.) lt. Anlage	EUR ______	______	______	______
Kilometersatz bei Privat-/Arbeitnehmner-Kfz				
Zuschlag für ___ Mitfahrer ___ x 0,02 EUR/km				
___ km x ___ EUR =	EUR ______	______	______	______
Aufwendungen für Unterbringung				
nach beigefügten Belegen [ ] ohne Frühstück	EUR ______			
[ ] Kürzung Frühstück um 4,50 EUR/Tag	./. EUR ______	______	______	______
oder Pauschbeträge _____ x ______ EUR =	EUR ______			
Pauschbeträge für Verpflegungsmehraufwand				
___ Tage (mindestens 24 Std.) zu ___ EUR =	EUR ______			
___ Tage (mindestens 14 Std.) zu ___ EUR =	EUR ______			
___ Tage (mindestens 8 Std.) zu ____ EUR =	EUR ______			
Summe	EUR ______	______	______	______
Reisenebenkosten	______	______	______	______
Verrechnung mit geldwertem Vorteil aus Arbeitnehmerbewirtung		______	______	______
lt. untenstehender Aufstellung	./. EUR ______	______	______	______
Abrechnung erstellt:	**Summe**	______	______	______
	./. Vorschüsse	______	______	______
	Rest-/Überzahl.	______		
______________________			Buchungsvermerke:	
(Datum, Unterschrift)			______________	

Nachrichtlich: **Geldwerter Vorteil aus Arbeitnehmerbewirtung**
Ich habe vom Arbeitgeber unentgeltlich erhalten:

_____ x Frühstück à 1,48 EUR (2006) insges. EUR _______
_____ x Mittagsessen
_____ x Abendessen à 2,64 EUR (2006) insges. EUR _______ EUR _______
[ ] Verrechnung mit Reisekosten [ ] Versteuerung als lauf. Arbeitslohn

Inventarkarte

Die Inventarkarte ist ein Überbleibsel aus der handschriftlichen Anlagenverwaltung. Für jedes Anlagegut wurde eine Karteikarte angelegt und neben Beschreibungen und Identifikationsmerkmalen auch ein Abschreibungsplan erfasst. Damit war das „Leben" des Anlageguts von der Anschaffung bis zur Verschrottung aufgezeichnet. Auch Sie können das Muster als Karteikarte ausdrucken, aber leichter geht es mit der Vorlage auf der beigefügten CD-ROM.

Die Beschreibung des Anlageguts, Angaben zum Hersteller, die Anlagennummer und Bestimmung des Standorts dienen zur schnellen Identifizierung auch vieler gleichartiger Gegenstände. Das Sachkonto aus der Buchhaltung führt zur richtigen Zuordnung bei Abschreibungen und Bilanzpositionen.

Zur Berechnung machen Sie auf den Inventarkarten zusätzlich folgende Angaben:

Anschaffungsdatum	Tag, Monat, Jahr
Anschaffungskosten in EUR	
Nutzungsdauer	1 bis 25 Jahre
Abschreibungsart	1 für linear, 2 für degressiv mit 20 % vom jeweiligen Buchwert, jedoch auf das Zweifache der linearen AfA begrenzt. Bei Anschaffung ab 2006 liegen die Werte automatisch bei 30 % und dem Dreifachen der linearen AfA. Der Übergang von der degressiven zur linearen AfA findet automatisch statt.
Sonderabschreibung nach § 7g EStG	1 für die Schlüsselung, bewirkt eine Sonder-Abschreibung von 20 % im ersten Jahr
Abschreibung im ersten Jahr	Hier setzt das Programm automatisch den Schlüssel 2 für eine Abschreibung pro rata temporis, d. h. für jeden Monat. Sie können diese Werte aber überschreiben, z. B. 0 bei Sofortabschreibung von GWGs, die im zweiten Halbjahr angeschafft wurden (Nutzungsdauer 1 Jahr). Die Halbjahresvereinfachung (bei Anschaffung im ersten Halbjahr Schlüssel 0 für die volle Jahres-AfA und ansonsten 1 für die Halbjahres-AfA) ist seit 2004 abgeschafft.

Beispiel:

Im folgenden Beispiel wurde eine Maschine mit Nutzungsdauer von 10 Jahren im Juli 2006 angeschafft.

Die vorgegebene Abschreibung pro rata temporis wird akzeptiert. Bei der Sonderabschreibung nach § 7g EStG wählen Sie anstelle der vorgegebenen maximalen Abschreibung von 20 % der Anschaffungskosten (2.000 EUR) im ersten Jahr eine Verteilung auf die Jahre 2006 (1.000 EUR), 2007 (250 EUR) und 2009 (750 EUR). Sobald Sie abweichende Beträge eingeben, trägt das Programm in die Folgejahre jeweils das restliche Volumen an Sonderabschreibung vor.

Gegenstand:	Masak Drehmaschine	**Anlagen-Nr.:**		97PR07156
Beschreibung	Modell ASA-PX3	**Sachkonto:**		440
steht wo?	PR7/Halle A3	**Normal AFA:**		1.000,00
Hersteller:	Masak GmbH, Hamburg	**Gesamtkosten:**		10.000,00
angeschafft:	02.07.2006	volle Jahres-AfA = 0 1/2 Jahr-AfA = 1 pro rata temporis = 2		2
Nutzungsdauer:	10	**Anschaffungsjahr:**	2006	
AFA lin. = 1 degr. 2	1	§ 7g Abschreib. = 1	1	

Nach Ablauf des Begünstigungszeitraums von fünf Jahren errechnet das Programm eine neue AfA auf Basis der verbleibenden Nutzungsdauer (5 Jahre) und des Restwertes (3.500 EUR).

Datum	Betrag	AfA	§ 7g Absetzung	Restwert
2006	10.000,00	500,00	1.000,00	8.500,00
2007	8.500,00	1.000,00	250,00	7.250,00
2008	7.250,00	1.000,00		6.250,00
2009	6.250,00	1.000,00	750,00	4.500,00
2010	4.500,00	1.000,00		3.500,00
2011	3.500,00	700,00		2.800,00
2012	2.800,00	700,00		2.100,00
2013	2.100,00	700,00		1.400,00
2014	1.400,00	700,00		700,00
2015	700,00	700,00		

Formular: Abschreibungstabelle

Gegenstand:			Anlagen-Nr.:	
Beschreibung			Sachkonto:	
steht wo?			Normal AFA:	
Hersteller:			Gesamtkosten:	
angeschafft:		pro rata temporis Anzahl der Monate		
Nutzungsdauer:		Anschaffungsjahr:		
AFA linear = 1 degressiv = 2		§ 7g Abschreibung		

Datum	Buchungstext	Betrag	Abschreibung	§ 7g Abschreibung	Restwert
	Anschaffung				

Kassenbuch

Bevor Geschäftsvorfälle gebucht werden, sind sie zunächst aufzuzeichnen. Diese so genannten Grundaufzeichnungen sind auch bei einer EDV-Buchhaltung gesetzlich vorgeschrieben.
Regelmäßige Bareinnahmen sind in einem Kassenbuch aufzuzeichnen, wobei der Begriff „Buch" nicht unbedingt wörtlich zu nehmen ist. Zulässig sind auch einzelne Formulare mit täglichen Kassenberichten oder eine Tabelle mit Ein- und Ausgängen eines Monats.
Die Aufzeichnungen über die Kasseneinnahmen und Kassenausgaben sollen

- täglich bzw. zeitgerecht festgehalten,
- vollständig, richtig und geordnet verbucht werden sowie
- die Entstehung und Abwicklung der Kassengeschäfte nachvollziehbar machen.

Der rechnerische Bestand auf Papier muss mit dem tatsächlichen, abgezählten Kassenbestand übereinstimmen. Spezielle Kassenbuch-Programme drucken die entsprechenden Listen aus, warnen vor drohenden Kassenfehlbeträgen und geben die Daten weiter an das Buchhaltungsprogramm. Während die Aufzeichnungen täglich zu machen sind, kann die spätere Eingabe in der Regel einmal pro Woche oder Monat erfolgen. Tägliche Buchungsarbeit ist also nicht nötig.

Müssen Sie ein Kassenbuch führen?

Bevor Sie mit dem Kassenbuch bzw. den Kassenberichten auf Papier starten, ist noch zu klären, ob Sie überhaupt zur Kassenführung gesetzlich verpflichtet sind. Schließlich wollen Sie sich keine unnötige Arbeit machen. **Zur Kassenführung ist nur der Unternehmer mit regelmäßigen Bareinnahmen verpflichtet.** Dies betrifft hauptsächlich Geschäfte des Einzelhandels, einige Handwerksbetriebe, Gastwirte u. a., deren Kunden sofort und bar zahlen. Viele Großhändler, Dienstleister und Freiberufler sind dagegen nicht verpflichtet, ein Kassenbuch zu führen, weil die meisten ihrer Umsätze unbar laufen.

Tipp:

Im Gegensatz zu Bareinnahmen sind gelegentliche Barausgaben in jedem Betrieb üblich und werden in der Buchführung erfasst. Wenn Sie jedoch nicht ohnehin zur Kassenführung verpflichtet sind, so braucht es hierfür keine Grundaufzeichnung, kein Kassenbuch. Die Zahlungen aus der „Portokasse" oder das „Verauslagen" aus der Brieftasche des Unternehmers oder Geschäftsführers können direkt verbucht werden. Eine vollständige Sammlung der Belege ist ausreichend.

Was sind die Vorteile der Führung eines Kassenbuchs?

Selbstkontrolle

Ein ordentlich geführtes Kassenbuch ermöglicht eine lückenlose Kontrolle über alle baren Einnahmen und Ausgaben. Von der Selbstkontrolle abgesehen, die bei einer unüberschaubaren Anzahl von Einzahlungen und Auszahlungen tatsächlich die Mühe lohnt, sind es in der Hauptsache Geldgeber und Außenstehende, die einen Nutzen aus Kassenberichten ziehen.

Ein Kassenbuch empfiehlt sich in solchen Fällen, in denen Sie Ihre Barumsätze mithilfe einer Registrierkasse, Verkaufsstrichlisten oder sonstigen Aufzeichnungen festhalten. In einem Kassenbuch werden in getrennten Spalten sämtliche Bareinnahmen und -ausgaben lückenlos aufgezeichnet. Beginnen Sie mit dem Vortrag des Anfangsbestandes eines Monats, dann ergibt sich als Endsaldo der tatsächliche Kassenstand am Ende dieses Monats. Daneben wird in einer separaten Spalte der tägliche Kassenstand festgehalten, um nicht rechnerisch zu einem Fehlbetrag zu kommen. Wenn es wiederholt zu Kassenminusbeständen kommt, sind die Steuerprüfer zur Schätzung von Umsatz und Gewinn berechtigt.

Beispiel:

Bäckerei Schröder schreibt aus Zeitmangel die täglichen Ein- und Ausgaben jeweils einige Tage später nach. Dabei übersieht Schröder eine Einzahlung der Bank in Höhe von 1.000 EUR. Durch die vergessene Einzahlung rutscht der Kassenbestand ins Minus.

Muster: Kassenbuch

Kassenbuch							
						Erfassungszeitraum:	Dezember 06
Einnahmen	Ausgaben	Datum		Belegnummer		Text	
1.340,40		1	12			Tageseinnahmen	
	300,00	1				Privatentnahme	
980,00		2				Tageseinnahmen	
	23,20	2				Bürobedarf	
...	...					usw. ...	
	3.000,00	30	12			Einzahlung Bank	
10.320,40	10.323,20	**Seitensumme**					
400,00		**Anfangsbestand**					
	397,20	**Endbestand**					
10.720,40	10.720,40	**Kontrollsumme**					

Formular: Kassenbuch

Kassenbuch						Erfassungszeitraum:	
Einnahmen	Ausgaben	Datum		Belegnummer		Text	
		Seitensumme					
		Anfangsbestand					
		Endbestand					
		Kontrollsumme					

Kassenberichte

In täglichen Kassenberichten werden die Tageseinnahmen nach einem Kassensturz ausgerechnet. Hier gilt folgende Rechnung:

	Kassenbestand bei Geschäftsschluss
+	Kassenausgaben im Laufe des Tages
–	Kassenendbestand des Vortages
–	sonstige Kasseneinnahmen
=	Tageseinnahmen

Tipp:

Geben Sie grundsätzlich nur Geld gegen Quittung heraus, sonst laufen Sie beim Buchen den Belegen hinterher. Vorschusszahlungen sind Sonstige Ausgaben, die noch zur späteren Abrechnung offenstehen.

Die Bareinnahmen sind in der Regel umsatzsteuerpflichtig. Ziehen Sie deshalb vom Kasseneingang sämtliche steuerfreien Einnahmen ab wie:

1. Privateinlagen aus der Brieftasche des Unternehmers, weil nicht genug Geld in der Kasse liegt.
2. Bar gezahlte Kundenrechnung, die bereits als steuerpflichtige Einnahme verbucht wurde (Kundenforderung).
3. Zurückgezahlte Vorschüsse. Wenn Sie den kompletten Vorschuss formell einlegen und den Auslagenbeleg abrechnen, stimmt die Kasse wieder.

Beispiel:

Für den Einkauf im Baumarkt wurden am Vorabend 200 EUR entnommen und am nächsten Tag ein Beleg über 156 EUR vorgelegt. Der sonstigen Ausgabe von 200 EUR stehen einen Tag später sonstige Einnahmen in gleicher Höhe gegenüber. Die sonstige Ausgabe über 156 EUR ist erfasst und das Wechselgeld von 44 EUR wieder eingelegt.

Muster: Kassenbericht

Kassenbericht	Datum:	01.07.2007	Nr. 1
Kassenbestand bei Geschäftsschluss		924,45	① Vermerke
Betriebsausgaben im Laufe des Tages	**Betrag**		
Wareneinkauf Fa. Müller, Hagen	575,00		5400,00
Baumarkt, Material	156,00		
		731,00	
Privatentnahmen			
Privatentnahme	300,00		2100,00
		300,00	
Sonstige Ausgaben			
Nachttresor	7.000,00		
		7.000,00	
	Summe	8.955,45	
Abzüglich Kassenendbestand des Vortages		799,45	
Kasseneingang		8.156,00	
Abzüglich sonstiger Einnahmen			
② Kundenrechnung Müller Rg 1428	560,00		11255,00
③ Vorschuss Vortag	200,00		1460,00
		760,00	
④ **Bareinnahmen (Tageslosung) 3**		7.396,00	
Kundenzahl	**Unterschrift** *Arnold Schmitt*		

① In der Spalte „Buchvermerke" könnten Sie schon am selben Tag die richtige Kontenzuordnung vornehmen.

② Bar gezahlte Kundenrechnung (z. B. Kunde Müller Rg 1428 über 560,00 EUR), die bereits als steuerpflichtige Einnahme verbucht wurde.

③ Zurückgezahlte Vorschüsse. Wenn Sie den kompletten Vorschuss formell einlegen und den Auslagenbeleg abrechnen, stimmt die Kasse wieder.

④ Die Bareinnahmen sind in der Regel umsatzsteuerpflichtig. Ziehen Sie deshalb vom Kasseneingang sämtliche steuerfreien Einnahmen ab wie: Privateinlagen aus der Brieftasche des Unternehmers, weil nicht genug Geld in der Kasse liegt.

Tipp:

Geben Sie grundsätzlich nur Geld gegen Quittung heraus, sonst laufen Sie beim Buchen den Belegen hinterher.

Formular: Kassenbericht

Kassenbericht	Datum:		Nr.
Kassenbestand bei Geschäftsschluss			Vermerke
Betriebsausgaben im Laufe des Tages	Betrag		
Privatentnahmen			
Sonstige Ausgaben			
	Summe		
Abzüglich Kassenendbestand des Vortages			
Kasseneingang			
Abzüglich sonstiger Einnahmen			
Bareinnahmen (Tageslosung)			
Kundenzahl	Unterschrift		

DATEV-Kontenrahmen nach dem Bilanzrichtlinien-Gesetz
Standardkontenrahmen (SKR) 03
Gültig ab 2006

Bilanz-Posten[2]	Programmverbindung[4]	0 Anlage- und Kapitalkonten
Aufwendungen für die Ingangsetzung und Erweiterung des Geschäftsbetriebs		**0001 Aufwendungen für die Ingangsetzung und Erweiterung des Geschäftsbetriebs**
Aufwendungen für die Währungsumstellung auf den Euro		**0002 Aufwendungen für die Währungsumstellung auf den Euro**
		Immaterielle Vermögensgegenstände
Konzessionen, gewerbliche Schutzrechte und ähnliche Rechte und Werte sowie Lizenzen an solchen Rechten und Werten		**0010 Konzessionen, gewerbliche Schutzrechte und ähnliche Rechte und Werte sowie Lizenzen an solchen Rechten und Werten** 0015 Konzessionen 0020 Gewerbliche Schutzrechte 0025 Ähnliche Rechte und Werte 0027 EDV-Software 0030 Lizenzen an gewerblichen Schutzrechten und ähnlichen Rechten und Werten
Geschäfts- oder Firmenwert		**0035 Geschäfts- oder Firmenwert**
Geleistete Anzahlungen		**0038 Anzahlungen auf Geschäfts- oder Firmenwert** **0039 Anzahlungen auf immaterielle Vermögensgegenstände**
Verschmelzungsmehrwert		**0040 Verschmelzungsmehrwert**
		Sachanlagen
Grundstücke, grundstücksgleiche Rechte und Bauten einschließlich der Bauten auf fremden Grundstücken		**0050 Grundstücke, grundstücksgleiche Rechte und Bauten einschließlich der Bauten auf fremden Grundstücken** 0059 Grundstücksanteil des häuslichen Arbeitszimmers[1)13)] **0060 Grundstücke und grundstücksgleiche Rechte ohne Bauten** 0065 Unbebaute Grundstücke 0070 Grundstücksgleiche Rechte (Erbbaurecht, Dauerwohnrecht) 0075 Grundstücke mit Substanzverzehr
Geleistete Anzahlungen und Anlagen im Bau		0079 Anzahlungen auf Grundstücke und grundstücksgleiche Rechte ohne Bauten
Grundstücke, grundstücksgleiche Rechte und Bauten einschließlich der Bauten auf fremden Grundstücken		**0080 Bauten auf eigenen Grundstücken und grundstücksgleichen Rechten** 0085 Grundstückswerte eigener bebauter Grundstücke 0090 Geschäftsbauten 0100 Fabrikbauten 0110 Garagen 0111 Außenanlagen 0112 Hof- und Wegebefestigungen 0113 Einrichtungen für Geschäfts- und Fabrikbauten 0115 Andere Bauten
Geleistete Anzahlungen und Anlagen im Bau		0120 Geschäfts-, Fabrik- und andere Bauten im Bau 0129 Anzahlungen auf Geschäfts-, Fabrik- und andere Bauten auf eigenen Grundstücken und grundstücksgleichen Rechten

Bilanz-Posten[2]	Programmverbindung[4]	0 Anlage- und Kapitalkonten
Grundstücke, grundstücksgleiche Rechte und Bauten einschließlich der Bauten auf fremden Grundstücken		0140 Wohnbauten 0145 Garagen 0146 Außenanlagen 0147 Hof- und Wegebefestigungen 0148 Einrichtungen für Wohnbauten 0149 Gebäudeteil des häuslichen Arbeitszimmers[1)13)]
Geleistete Anzahlungen und Anlagen im Bau		0150 Wohnbauten im Bau 0159 Anzahlungen auf Wohnbauten auf eigenen Grundstücken und grundstücksgleichen Rechten
Grundstücke, grundstücksgleiche Rechte und Bauten einschließlich der Bauten auf fremden Grundstücken		**0160 Bauten auf fremden Grundstücken** 0165 Geschäftsbauten 0170 Fabrikbauten 0175 Garagen 0176 Außenanlagen 0177 Hof- und Wegebefestigungen 0178 Einrichtungen für Geschäfts- und Fabrikbauten 0179 Andere Bauten
Geleistete Anzahlungen und Anlagen im Bau		0180 Geschäfts-, Fabrik- und andere Bauten im Bau 0189 Anzahlungen auf Geschäfts-, Fabrik- und andere Bauten auf fremden Grundstücken
Grundstücke, grundstücksgleiche Rechte und Bauten einschließlich der Bauten auf fremden Grundstücken		0190 Wohnbauten 0191 Garagen 0192 Außenanlagen 0193 Hof- und Wegebefestigungen 0194 Einrichtungen für Wohnbauten
Geleistete Anzahlungen und Anlagen im Bau		0195 Wohnbauten im Bau 0199 Anzahlungen auf Wohnbauten auf fremden Grundstücken
Technische Anlagen und Maschinen		**0200 Technische Anlagen und Maschinen** 0210 Maschinen 0220 Maschinengebundene Werkzeuge 0240 Maschinelle Anlagen 0260 Transportanlagen und Ähnliches 0280 Betriebsvorrichtungen
Geleistete Anzahlungen und Anlagen im Bau		0290 Technische Anlagen und Maschinen im Bau 0299 Anzahlungen auf technische Anlagen und Maschinen
Andere Anlagen, Betriebs- und Geschäftsausstattung		**0300 Andere Anlagen, Betriebs- und Geschäftsausstattung** 0310 Andere Anlagen 0320 Pkw 0350 Lkw 0380 Sonstige Transportmittel 0400 Betriebsausstattung 0410 Geschäftsausstattung 0420 Büroeinrichtung 0430 Ladeneinrichtung 0440 Werkzeuge 0450 Einbauten 0460 Gerüst- und Schalungsmaterial 0480 Geringwertige Wirtschaftsgüter bis 410 Euro 0490 Sonstige Betriebs- und Geschäftsausstattung
Geleistete Anzahlungen und Anlagen im Bau		0498 Andere Anlagen, Betriebs- und Geschäftsausstattung im Bau 0499 Anzahlungen auf andere Anlagen, Betriebs- und Geschäftsausstattung

Bilanz-Posten[2)]	Programmverbindung[4)]	0 Anlage- und Kapitalkonten
		Finanzanlagen
Anteile an verbundenen Unternehmen		**0500 Anteile an verbundenen Unternehmen (Anlagevermögen)** **0504 Anteile an herrschender oder mit Mehrheit beteiligter Gesellschaft**
Ausleihungen an verbundene Unternehmen		**0505 Ausleihungen an verbundene Unternehmen**
Beteiligungen		**0510 Beteiligungen** 0513 Typisch stille Beteiligungen 0516 Atypisch stille Beteiligungen 0517 Andere Beteiligungen an Kapitalgesellschaften 0518 Andere Beteiligungen an Personengesellschaften 0519 Beteiligung einer GmbH & Co.KG an einer Komplementär GmbH
Ausleihungen an Unternehmen, mit denen ein Beteiligungsverhältnis besteht		**0520 Ausleihungen an Unternehmen, mit denen ein Beteiligungsverhältnis besteht**
Wertpapiere des Anlagevermögens		**0525 Wertpapiere des Anlagevermögens** 0530 Wertpapiere mit Gewinnbeteiligungsansprüchen 0535 Festverzinsliche Wertpapiere
Sonstige Ausleihungen		**0540 Sonstige Ausleihungen** 0550 Darlehen
Genossenschaftsanteile		**0570 Genossenschaftsanteile zum langfristigen Verbleib**
Sonstige Ausleihungen		0580 Ausleihungen an Gesellschafter 0590 Ausleihungen an nahe stehende Personen
Rückdeckungsansprüche aus Lebensversicherungen		**0595 Rückdeckungsansprüche aus Lebensversicherungen zum langfristigen Verbleib**
		Verbindlichkeiten
Anleihen		**0600 Anleihen** nicht konvertibel 0601 – Restlaufzeit bis 1 Jahr 0605 – Restlaufzeit 1 bis 5 Jahre 0610 – Restlaufzeit größer 5 Jahre 0615 Anleihen konvertibel 0616 – Restlaufzeit bis 1 Jahr 0620 – Restlaufzeit 1 bis 5 Jahre 0625 – Restlaufzeit größer 5 Jahre
Verbindlichkeiten gegenüber Kreditinstituten oder *Schecks, Kassenbestand, Bundesbank- und Postbankguthaben, Guthaben bei Kreditinstituten*		**0630 Verbindlichkeiten gegenüber Kreditinstituten** 0631 – Restlaufzeit bis 1 Jahr 0640 – Restlaufzeit 1 bis 5 Jahre 0650 – Restlaufzeit größer 5 Jahre 0660 Verbindlichkeiten gegenüber Kreditinstituten aus Teilzahlungsverträgen 0661 – Restlaufzeit bis 1 Jahr 0670 – Restlaufzeit 1 bis 5 Jahre 0680 – Restlaufzeit größer 5 Jahre 0690 -98 (frei, in Bilanz kein Restlaufzeitvermerk)
Verbindlichkeiten gegenüber Kreditinstituten		0699 Gegenkonto 0630-0689 bei Aufteilung der Konten 0690-0698

Bilanz-Posten[2)]	Programmverbindung[4)]	0 Anlage- und Kapitalkonten
Verbindlichkeiten gegenüber verbundenen Unternehmen oder *Forderungen gegen verbundene Unternehmen*		**0700 Verbindlichkeiten gegenüber verbundenen Unternehmen** 0701 – Restlaufzeit bis 1 Jahr 0705 – Restlaufzeit 1 bis 5 Jahre 0710 – Restlaufzeit größer 5 Jahre
Verbindlichkeiten gegenüber Unternehmen, mit denen ein Beteiligungsverhältnis besteht oder *Forderungen gegen Unternehmen, mit denen ein Beteiligungsverhältnis besteht*		**0715 Verbindlichkeiten gegenüber Unternehmen, mit denen ein Beteiligungsverhältnis besteht** 0716 – Restlaufzeit bis 1 Jahr 0720 – Restlaufzeit 1 bis 5 Jahre 0725 – Restlaufzeit größer 5 Jahre
Sonstige Verbindlichkeiten		**0730 Verbindlichkeiten gegenüber Gesellschaftern** 0731 – Restlaufzeit bis 1 Jahr 0740 – Restlaufzeit 1 bis 5 Jahre 0750 – Restlaufzeit größer 5 Jahre 0755 Verbindlichkeiten gegenüber Gesellschaftern für offene Ausschüttungen 0760 Darlehen typisch stiller Gesellschafter 0761 – Restlaufzeit bis 1 Jahr 0764 – Restlaufzeit 1 bis 5 Jahre 0767 – Restlaufzeit größer 5 Jahre 0770 Darlehen atypisch stiller Gesellschafter 0771 – Restlaufzeit bis 1 Jahr 0774 – Restlaufzeit 1 bis 5 Jahre 0777 – Restlaufzeit größer 5 Jahre 0780 Partiarische Darlehen 0781 – Restlaufzeit bis 1 Jahr 0784 – Restlaufzeit 1 bis 5 Jahre 0787 – Restlaufzeit größer 5 Jahre 0790 -98 (frei, in Bilanz kein Restlaufzeitvermerk) 0799 Gegenkonto 0730-0789 bei Aufteilung der Konten 0790-0798
		Kapital Kapitalgesellschaft
Gezeichnetes Kapital	K	**0800 Gezeichnetes Kapital[17)]**
Ausstehende Einlagen auf das gezeichnete Kapital		**0801 -09 Ausstehende Einlagen auf das gezeichnete Kapital,** nicht eingefordert (Aktivausweis) 0810 -19 Ausstehende Einlagen auf das gezeichnete Kapital, eingefordert (Aktivausweis)
Nicht eingeforderte ausstehende Einlagen		0820 -29 Ausstehende Einlagen auf das gezeichnete Kapital, nicht eingefordert (Passivausweis, von gezeichnetem Kapital offen abgesetzt; eingeforderte ausstehende Einlagen s. Konten 0830-0838), Ausstehende Einlagen auf das Kommanditkapital
Eingeforderte, noch ausstehende Kapitaleinlagen		0830 -38 Ausstehende Einlagen auf das gezeichnete Kapital, eingefordert (Forderungen, nicht eingeforderte ausstehende Einlagen s. Konten 0820-0829)
Eingeforderte Nachschüsse		0839 Eingeforderte Nachschüsse (Forderungen, Gegenkonto 0845)

Bilanz-Posten[2]	Programm-verbindung[4]	0 Anlage- und Kapitalkonten
		Kapitalrücklage
Kapitalrücklage	K	**0840 Kapitalrücklage[17]**
	K	0841 Kapitalrücklage durch Ausgabe von Anteilen über Nennbetrag[17]
	K	0842 Kapitalrücklage durch Ausgabe von Schuldverschreibungen für Wandlungsrechte und Optionsrechte zum Erwerb von Anteilen[17]
	K	0843 Kapitalrücklage durch Zuzahlungen gegen Gewährung eines Vorzugs für Anteile[17]
	K	0844 Kapitalrücklage durch andere Zuzahlungen in das Eigenkapital[17]
	K	0845 Eingefordertes Nachschusskapital (Gegenkonto 0839)[17]
		Gewinnrücklagen
Gesetzliche Rücklage	K	**0846 Gesetzliche Rücklage[17]**
Rücklage für eigene Anteile	K	**0850 Rücklage für eigene Anteile[17]**
Satzungsmäßige Rücklagen	K	**0851 Satzungsmäßige Rücklagen[17]**
Andere Gewinnrücklagen	K	**0855 Andere Gewinnrücklagen[17]**
	K	0856 Eigenkapitalanteil von Wertaufholungen[17]
Gewinnvortrag oder *Verlustvortrag*	K	**0860 Gewinnvortrag vor Verwendung[17]**
	K	**0868 Verlustvortrag vor Verwendung[17]**
Vortrag auf neue Rechnung	K	**0869 Vortrag auf neue Rechnung (Bilanz)[17]**
		Kapital Personenhandelsgesellschaft Vollhafter/Einzelunternehmer
		0870 Festkapital
		-79
		0880 Variables Kapital
		-89
		0890 Gesellschafter-Darlehen[12]
		-99
		Teilhafter
		0900 Kommandit-Kapital
		-09
		0910 Verlustausgleichskonto
		-19
		0920 Gesellschafter-Darlehen[12]
		-29
		Sonderposten mit Rücklageanteil
Sonderposten mit Rücklageanteil		0930 Sonderposten mit Rücklageanteil, steuerfreie Rücklagen[6]
		0931 Sonderposten mit Rücklageanteil nach § 6b EStG
		0932 Sonderposten mit Rücklageanteil nach Abschnitt 35 EStR
		0933 Sonderposten mit Rücklageanteil nach § 6d EStG
		0934 Sonderposten mit Rücklageanteil nach § 1 EntwLStG
Sonderposten aus der Währungsumstellung auf den Euro		0935 Sonderposten aus der Währungsumstellung auf den Euro[11]

Bilanz-Posten[2]	Programm-verbindung[4]	0 Anlage- und Kapitalkonten
Sonderposten mit Rücklageanteil		0936 Sonderposten mit Rücklageanteil nach § 7d EStG
		0937 Sonderposten mit Rücklageanteil nach § 79 EStDV
		0938 Sonderposten mit Rücklageanteil nach § 80 EStDV
		0939 Sonderposten mit Rücklageanteil nach § 52 Abs. 16 EStG
		0940 Sonderposten mit Rücklageanteil, Sonderabschreibungen[6]
		0941 Sonderposten mit Rücklageanteil nach § 82a EStDV
		0942 Sonderposten mit Rücklageanteil nach § 82d EStDV
		0943 Sonderposten mit Rücklageanteil nach § 82e EStDV
		0944 Sonderposten mit Rücklageanteil nach § 14 BerlinFG
		0945 Sonderposten mit Rücklageanteil für Förderung nach § 3 Zonen-RFG/§ 4-6 FördergebietsG
		0946 Sonderposten mit Rücklageanteil nach § 4d EStG
		0947 Sonderposten mit Rücklageanteil nach § 7g Abs. 1 EStG
		0948 Sonderposten mit Rücklageanteil nach § 7g Abs. 3 u. 7 EStG
Sonderposten für Zuschüsse und Zulagen		0949 Sonderposten für Zuschüsse und Zulagen
		Rückstellungen
Rückstellungen für Pensionen und ähnliche Verpflichtungen		**0950 Rückstellungen für Pensionen und ähnliche Verpflichtungen**
Steuerrückstellungen		**0955 Steuerrückstellungen**
		0957 Gewerbesteuerrückstellung
		0963 Körperschaftsteuerrückstellung
		0969 Rückstellung für latente Steuern
Sonstige Rückstellungen		**0970 Sonstige Rückstellungen**
		0971 Rückstellungen für unterlassene Aufwendungen für Instandhaltung, Nachholung in den ersten drei Monaten
		0972 Rückstellungen für unterlassene Aufwendungen für Instandhaltung, Nachholung innerhalb des 4. bis 12. Monats
		0973 Rückstellungen für Abraum- und Abfallbeseitigung
		0974 Rückstellungen für Gewährleistungen (Gegenkonto 4790)
		0976 Rückstellungen für drohende Verluste aus schwebenden Geschäften
		0977 Rückstellungen für Abschluss- und Prüfungskosten
		0978 Aufwandsrückstellungen gemäß § 249 Abs. 2 HGB
		0979 Rückstellungen für Umweltschutz

Bilanz-Posten[2]	Programmverbindung[4]	0 Anlage- und Kapitalkonten
		Abgrenzungsposten
Rechnungsabgrenzungsposten (Aktiva)		**0980 Aktive Rechnungsabgrenzung**
Abgrenzung latenter Steuern		0983 Abgrenzung aktive latente Steuern
Rechnungsabgrenzungsposten (Aktiva)		0984 Als Aufwand berücksichtigte Zölle und Verbrauchsteuern auf Vorräte 0985 Als Aufwand berücksichtigte Umsatzsteuer auf Anzahlungen 0986 Damnum/Disagio
Rechnungsabgrenzungsposten (Passiva)		**0990 Passive Rechnungsabgrenzung**
Sonstige Aktiva oder *sonstige Passiva*		**0992 Abgrenzungen zur unterjährigen Kostenverrechnung für BWA**
Forderungen aus Lieferungen und Leistungen H-Saldo		0996 Pauschalwertberichtigung auf Forderungen mit einer Restlaufzeit bis zu 1 Jahr 0997 Pauschalwertberichtigung auf Forderungen mit einer Restlaufzeit von mehr als 1 Jahr 0998 Einzelwertberichtigungen auf Forderungen mit einer Restlaufzeit bis zu 1 Jahr 0999 Einzelwertberichtigungen auf Forderungen mit einer Restlaufzeit von mehr als 1 Jahr

Bilanz-Posten[2]	Programmverbindung[4]	1 Finanz- und Privatkonten
		KU 1000-1509 V 1510-1520 KU 1521-1709 M 1710-1729 KU 1730-1868 V 1869[10] KU 1870-1878 M 1879[10] KU 1880-1999
		Schecks, Kassenbestand, Bundesbank- und Postbankguthaben, Guthaben bei Kreditinstituten
Kassenbestand, Bundesbankguthaben, Guthaben bei Kreditinstituten und Schecks		**F 1000 Kasse** F 1010 Nebenkasse 1 F 1020 Nebenkasse 2
Kassenbestand, Bundesbankguthaben, Guthaben bei Kreditinstituten und Schecks oder *Verbindlichkeiten gegenüber Kreditinstituten*		**F 1100 Postbank** F 1110 Postbank 1 F 1120 Postbank 2 F 1130 Postbank 3 F 1190 LZB-Guthaben F 1195 Bundesbankguthaben **F 1200 Bank** F 1210 Bank 1 F 1220 Bank 2 F 1230 Bank 3 F 1240 Bank 4 F 1250 Bank 5 1290 Finanzmittelanlagen im Rahmen der kurzfristigen Finanzdisposition
Forderungen aus Lieferungen und Leistungen oder *sonstige Verbindlichkeiten*		F 1300 Wechsel aus Lieferungen und Leistungen F 1301 – Restlaufzeit bis 1 Jahr F 1302 – Restlaufzeit größer 1 Jahr F 1305 Wechsel aus Lieferungen und Leistungen, bundesbankfähig
Forderungen gegen verbundene Unternehmen oder *Verbindlichkeiten gegenüber verbundenen Unternehmen*		1310 Besitzwechsel gegen verbundene Unternehmen 1311 – Restlaufzeit bis 1 Jahr 1312 – Restlaufzeit größer 1 Jahr 1315 Besitzwechsel gegen verbundene Unternehmen, bundesbankfähig
Forderungen gegenüber Unternehmen, mit denen ein Beteiligungsverhältnis besteht oder *Verbindlichkeiten gegenüber Unternehmen, mit denen ein Beteiligungsverhältnis besteht*		1320 Besitzwechsel gegen Unternehmen, mit denen ein Beteiligungsverhältnis besteht 1321 – Restlaufzeit bis 1 Jahr 1322 – Restlaufzeit größer 1 Jahr 1325 Besitzwechsel gegen Unternehmen, mit denen ein Beteiligungsverhältnis besteht, bundesbankfähig
Sonstige Wertpapiere		1327 Finanzwechsel 1329 Andere Wertpapiere mit unwesentlichen Wertschwankungen im Sinne Textziffer 18 DRS 2
Kassenbestand, Bundesbankguthaben, Guthaben bei Kreditinstituten und Schecks		**F 1330 Schecks**

Bilanz-Posten[2]	Programm-verbindung[4]	1 Finanz- und Privatkonten
		Wertpapiere
Anteile an verbundenen Unternehmen		**1340 Anteile an verbundenen Unternehmen (Umlaufvermögen)** **1344 Anteile an herrschender oder mit Mehrheit beteiligter Gesellschaft**
Eigene Anteile		**1345 Eigene Anteile**
Sonstige Wertpapiere		**1348 Sonstige Wertpapiere** 1349 Wertpapieranlagen im Rahmen der kurzfristigen Finanzdisposition
		Forderungen und sonstige Vermögensgegenstände
Sonstige Vermögensgegenstände		1350 GmbH-Anteile zum kurzfristigen Verbleib 1352 Genossenschaftsanteile zum kurzfristigen Verbleib 1355 Ansprüche aus Rückdeckungsversicherungen
Sonstige Vermögensgegenstände oder *sonstige Verbindlichkeiten*		F 1358 -59 F 1360 Geldtransit F 1370 Verrechnungskonto für Gewinnermittlung § 4/3 EStG, ergebniswirksam F 1371 Verrechnungskonto für Gewinnermittlung § 4/3 EStG, nicht ergebniswirksam F 1380 Überleitungskonto Kostenstelle F 1390 Verrechnungskonto Ist-Versteuerung
Forderungen aus Lieferungen und Leistungen oder *sonstige Verbindlichkeiten*		**S 1400 Forderungen aus Lieferungen und Leistungen** R 1401 -06 Forderungen aus Lieferungen und Leistungen F 1410 -44 Forderungen aus Lieferungen und Leistungen ohne Kontokorrent F 1445 Forderungen aus Lieferungen und Leistungen zum allgemeinen Umsatzsteuersatz oder eines Kleinunternehmers (EÜR)[13] F 1446 Forderungen aus Lieferungen und Leistungen zum ermäßigten Umsatzsteuersatz (EÜR)[13] F 1447 Forderungen aus steuerfreien oder nicht steuerbaren Lieferungen und Leistungen (EÜR)[13] F 1448 Forderungen aus Lieferungen und Leistungen nach Durchschnittssätzen gemäß § 24 UStG (EÜR)[13] F 1449 Gegenkonto 1445-1448 bei Aufteilung der Forderungen nach Steuersätzen (EÜR)[13] F 1450 Forderungen nach § 11 Abs. 1 Satz 2 EStG für § 4/3 EStG F 1451 Forderungen aus Lieferungen und Leistungen ohne Kontokorrent – Restlaufzeit bis 1 Jahr F 1455 – Restlaufzeit größer 1 Jahr F 1460 Zweifelhafte Forderungen F 1461 – Restlaufzeit bis 1 Jahr F 1465 – Restlaufzeit größer 1 Jahr
Forderungen gegen verbundene Unternehmen oder *Verbindlichkeiten gegenüber verbundenen Unternehmen*		F 1470 Forderungen aus Lieferungen und Leistungen gegen verbundene Unternehmen F 1471 – Restlaufzeit bis 1 Jahr F 1475 – Restlaufzeit größer 1 Jahr

Bilanz-Posten[2]	Programm-verbindung[4]	1 Finanz- und Privatkonten
Forderungen gegen verbundene Unternehmen H-Saldo		1478 Wertberichtigungen auf Forderungen mit einer Restlaufzeit bis zu 1 Jahr gegen verbundene Unternehmen 1479 Wertberichtigungen auf Forderungen mit einer Restlaufzeit von mehr als 1 Jahr gegen verbundene Unternehmen
Forderungen gegen Unternehmen, mit denen ein Beteiligungsverhältnis besteht oder *Verbindlichkeiten gegenüber Unternehmen, mit denen ein Beteiligungsverhältnis besteht*		F 1480 Forderungen aus Lieferungen und Leistungen gegen Unternehmen, mit denen ein Beteiligungsverhältnis besteht F 1481 – Restlaufzeit bis 1 Jahr F 1485 – Restlaufzeit größer 1 Jahr
Forderungen gegen Unternehmen, mit denen ein Beteiligungsverhältnis besteht H-Saldo		1488 Wertberichtigungen auf Forderungen mit einer Restlaufzeit bis zu 1 Jahr gegen Unternehmen, mit denen ein Beteiligungsverhältnis besteht 1489 Wertberichtigungen auf Forderungen mit einer Restlaufzeit von mehr als 1 Jahr gegen Unternehmen, mit denen ein Beteiligungsverhältnis besteht
Forderungen aus Lieferungen und Leistungen oder *sonstige Verbindlichkeiten*		F 1490 Forderungen aus Lieferungen und Leistungen gegen Gesellschafter F 1491 – Restlaufzeit bis 1 Jahr F 1495 – Restlaufzeit größer 1 Jahr
Forderungen aus Lieferungen und Leistungen H-Saldo		1498 Gegenkonto zu sonstigen Vermögensgegenständen bei Buchungen über Debitorenkonto
Forderungen aus Lieferungen und Leistungen H-Saldo oder *sonstige Verbindlichkeiten S-Saldo*		1499 Gegenkonto 1451-1497 bei Aufteilung Debitorenkonto
Sonstige Vermögensgegenstände		**1500 Sonstige Vermögensgegenstände** 1501 – Restlaufzeit bis 1 Jahr 1502 – Restlaufzeit größer 1 Jahr 1503 Forderungen gegen Vorstandsmitglieder und Geschäftsführer – Restlaufzeit bis 1 Jahr 1504 Forderungen gegen Vorstandsmitglieder und Geschäftsführer – Restlaufzeit größer 1 Jahr 1505 Forderungen gegen Aufsichtsrats- und Beiratsmitglieder – Restlaufzeit bis 1 Jahr 1506 Forderungen gegen Aufsichtsrats- und Beiratsmitglieder – Restlaufzeit größer 1 Jahr 1507 Forderungen gegen Gesellschafter – Restlaufzeit bis 1 Jahr 1508 Forderungen gegen Gesellschafter – Restlaufzeit größer 1 Jahr

Bilanz-Posten[2)]	Programmverbindung[4)]	1 Finanz- und Privatkonten
Geleistete Anzahlungen		1510 **Geleistete Anzahlungen auf Vorräte**
		AV 1511 Geleistete Anzahlungen, 7 % Vorsteuer
		R 1512 -15
		AV 1516 Geleistete Anzahlungen, 15 % Vorsteuer
		AV 1517 Geleistete Anzahlungen, 16 % Vorsteuer
		R 1518
Sonstige Vermögensgegenstände		1521 Agenturwarenabrechnung
		1525 Kautionen
		1526 – Restlaufzeit bis 1 Jahr
		1527 – Restlaufzeit größer 1 Jahr
Sonstige Vermögensgegenstände oder *sonstige Verbindlichkeiten*	U	F 1528 Nachträglich abziehbare Vorsteuer, § 15a Abs. 2 UStG[1)]
	U	F 1529 Zurückzuzahlende Vorsteuer, § 15a Abs. 2 UStG[1)]
Sonstige Vermögensgegenstände		1530 Forderungen gegen Personal aus Lohn- und Gehaltsabrechnung
		1531 – Restlaufzeit bis 1 Jahr
		1537 – Restlaufzeit größer 1 Jahr
		1540 Steuerüberzahlungen
		1542 Steuererstattungsansprüche gegenüber anderen EG-Ländern
		F 1543 Forderungen an das Finanzamt aus abgeführtem Bauabzugsbetrag
		1545 Umsatzsteuerforderungen
		1547 Forderungen aus entrichteten Verbrauchsteuern
Sonstige Vermögensgegenstände oder *sonstige Verbindlichkeiten*		1548 Vorsteuer im Folgejahr abziehbar
Sonstige Vermögensgegenstände		1549 Körperschaftsteuerrückforderung
		1550 Darlehen
		1551 – Restlaufzeit bis 1 Jahr
		1555 – Restlaufzeit größer 1 Jahr
Sonstige Vermögensgegenstände oder *sonstige Verbindlichkeiten*	U	F 1556 Nachträglich abziehbare Vorsteuer, § 15a Abs. 1 UStG, bewegliche Wirtschaftsgüter
	U	F 1557 Zurückzuzahlende Vorsteuer, § 15a Abs. 1 UStG, bewegliche Wirtschaftsgüter
	U	F 1558 Nachträglich abziehbare Vorsteuer, § 15a Abs. 1 UStG, unbewegliche Wirtschaftsgüter
	U	F 1559 Zurückzuzahlende Vorsteuer, § 15a Abs. 1 UStG, unbewegliche Wirtschaftsgüter
		S 1560 Aufzuteilende Vorsteuer
		S 1561 Aufzuteilende Vorsteuer 7 %
		S 1562 Aufzuteilende Vorsteuer aus innergemeinschaftlichem Erwerb
		R 1563 -64
		S 1565 Aufzuteilende Vorsteuer 16 %
		R 1566
		S 1567 Aufzuteilende Vorsteuer nach §§ 13a/13b UStG
		S 1568 Aufzuteilende Vorsteuer nach §§ 13a/13b UStG 16 %
		R 1569
	U	S 1570 Abziehbare Vorsteuer
	U	S 1571 Abziehbare Vorsteuer 7 %
	U	S 1572 Abziehbare Vorsteuer aus innergemeinschaftlichem Erwerb
	U	S 1573 Abziehbare Vorsteuer aus innergemeinschaftlichem Erwerb 16 %
		R 1574
	U	S 1575 Abziehbare Vorsteuer 16 %
		R 1576 -77
	U	S 1578 Abziehbare Vorsteuer nach § 13b UStG
	U	S 1579 Abziehbare Vorsteuer nach § 13b UStG 16 %
Sonstige Vermögensgegenstände oder *sonstige Verbindlichkeiten*		1580 Gegenkonto Vorsteuer § 4/3 EStG
		1581 Auflösung Vorsteuer aus Vorjahr § 4/3 EStG
		1582 Vorsteuer aus Investitionen § 4/3 EStG
		1583 Gegenkonto für Vorsteuer nach Durchschnittssätzen für § 4 Abs. 3 EStG[13)]
	U	S 1584 Abziehbare Vorsteuer aus innergemeinschaftlichem Erwerb von Neufahrzeugen von Lieferanten ohne Umsatzsteuer-Identifikationsnummer
	U	S 1585 Abziehbare Vorsteuer aus der Auslagerung von Gegenständen aus einem Umsatzsteuerlager
		R 1586
	U	F 1587 Vorsteuer nach allgemeinen Durchschnittssätzen UStVA Kz. 63
	U	F 1588 Bezahlte Einfuhrumsatzsteuer
		R 1589
		1590 Durchlaufende Posten
		1592 Fremdgeld
Sonstige Verbindlichkeiten S-Saldo		F 1593 Verrechnungskonto erhaltene Anzahlungen bei Buchung über Debitorenkonto
Forderungen gegen verbundene Unternehmen oder *Verbindlichkeiten gegenüber verbundenen Unternehmen*		1594 **Forderungen gegen verbundene Unternehmen**
		1595 – Restlaufzeit bis 1Jahr
		1596 – Restlaufzeit größer 1 Jahr
Forderungen gegen Unternehmen, mit denen ein Beteiligungsverhältnis besteht oder *Verbindlichkeiten gegenüber Unternehmen, mit denen ein Beteiligungsverhältnis besteht*		1597 Forderungen gegen Unternehmen, mit denen ein Beteiligungsverhältnis besteht
		1598 – Restlaufzeit bis 1 Jahr
		1599 – Restlaufzeit größer 1 Jahr
		Verbindlichkeiten
Verbindlichkeiten aus Lieferungen und Leistungen oder *sonstige Vermögensgegenstände*		S 1600 **Verbindlichkeiten aus Lieferungen und Leistungen**
		R 1601 -03 Verbindlichkeiten aus Lieferungen und Leistungen
		F 1605 Verbindlichkeiten aus Lieferungen und Leistungen zum allgemeinen Umsatzsteuersatz (EÜR)[13)]
		F 1606 Verbindlichkeiten aus Lieferungen und Leistungen zum ermäßigten Umsatzsteuersatz (EÜR)[13)]
		F 1607 Verbindlichkeiten aus Lieferungen und Leistungen ohne Vorsteuer (EÜR)
		F 1609 Gegenkonto 1605-1607 bei Aufteilung der Verbindlichkeiten nach Steuersätzen (EÜR)[13)]
		F 1610 -23 Verbindlichkeiten aus Lieferungen und Leistungen ohne Kontokorrent
		F 1624 Verbindlichkeiten aus Lieferungen und Leistungen für Investitionen für § 4/3 EStG
		F 1625 Verbindlichkeiten aus Lieferungen und Leistungen ohne Kontokorrent – Restlaufzeit bis 1 Jahr
		F 1626 – Restlaufzeit 1 bis 5 Jahre
		F 1628 – Restlaufzeit größer 5 Jahre

Bilanz-Posten[2)]	Programmverbindung[4)]	1 Finanz- und Privatkonten
Verbindlichkeiten gegenüber verbundenen Unternehmen oder *Forderungen gegen verbundene Unternehmen*		F 1630 Verbindlichkeiten aus Lieferungen und Leistungen gegenüber verbundenen Unternehmen F 1631 – Restlaufzeit bis 1 Jahr F 1635 – Restlaufzeit 1 bis 5 Jahre F 1638 – Restlaufzeit größer 5 Jahre
Verbindlichkeiten gegenüber Unternehmen, mit denen ein Beteiligungsverhältnis besteht oder *Forderungen gegen Unternehmen, mit denen ein Beteiligungsverhältnis besteht*		F 1640 Verbindlichkeiten aus Lieferungen und Leistungen gegenüber Unternehmen, mit denen ein Beteiligungsverhältnis besteht F 1641 – Restlaufzeit bis 1 Jahr F 1645 – Restlaufzeit 1 bis 5 Jahre F 1648 – Restlaufzeit größer 5 Jahre
Verbindlichkeiten aus Lieferungen und Leistungen oder *sonstige Vermögensgegenstände*		F 1650 Verbindlichkeiten aus Lieferungen und Leistungen gegenüber Gesellschaftern F 1651 – Restlaufzeit bis 1 Jahr F 1655 – Restlaufzeit 1 bis 5 Jahre F 1658 – Restlaufzeit größer 5 Jahre
Verbindlichkeiten aus Lieferungen und Leistungen S-Saldo oder *sonstige Vermögensgegenstände H-Saldo*		1659 Gegenkonto 1625-1658 bei Aufteilung Kreditorenkonto
Verbindlichkeiten aus der Annahme gezogener Wechsel und aus der Ausstellung eigener Wechsel		**F 1660 Schuldwechsel** F 1661 – Restlaufzeit bis 1 Jahr F 1680 – Restlaufzeit 1 bis 5 Jahre F 1690 – Restlaufzeit größer 5 Jahre
Sonstige Verbindlichkeiten		**1700 Sonstige Verbindlichkeiten** 1701 – Restlaufzeit bis 1 Jahr 1702 – Restlaufzeit 1 bis 5 Jahre 1703 – Restlaufzeit größer 5 Jahre 1704 Sonstige Verbindlichkeiten z. B. nach § 11 Abs. 2 Satz 2 EStG für § 4/3 EStG 1705 Darlehen 1706 – Restlaufzeit bis 1 Jahr 1707 – Restlaufzeit 1 bis 5 Jahre 1708 – Restlaufzeit größer 5 Jahre
Sonstige Verbindlichkeiten oder *sonstige Vermögensgegenstände*		1709 Gewinnverfügungskonto stiller Gesellschafter
Erhaltene Anzahlungen auf Bestellungen (Passiva)	 U U U	**1710 Erhaltene Anzahlungen (Verbindlichkeiten)** AM 1711 Erhaltene, versteuerte Anzahlungen 7 % USt (Verbindlichkeiten) R 1712 -15 AM 1716 Erhaltene, versteuerte Anzahlungen 15 % USt (Verbindlichkeiten) AM 1717 Erhaltene, versteuerte Anzahlungen 16 % USt (Verbindlichkeiten) R 1718 1719 Erhaltene Anzahlungen – Restlaufzeit bis 1 Jahr 1720 – Restlaufzeit 1 bis 5 Jahre 1721 – Restlaufzeit größer 5 Jahre
Erhaltene Anzahlungen auf Bestellungen (Aktiva)		1722 Erhaltene Anzahlungen (von Vorräten offen abgesetzt)
Sonstige Verbindlichkeiten		1730 Kreditkartenabrechnung 1731 Agenturwarenabrechnung 1732 Erhaltene Kautionen 1733 – Restlaufzeit bis 1 Jahr 1734 – Restlaufzeit 1 bis 5 Jahre 1735 – Restlaufzeit größer 5 Jahre 1736 Verbindlichkeiten aus Betriebssteuern und -abgaben 1737 – Restlaufzeit bis 1 Jahr 1738 – Restlaufzeit 1 bis 5 Jahre 1739 – Restlaufzeit größer 5 Jahre 1740 Verbindlichkeiten aus Lohn und Gehalt
Sonstige Verbindlichkeiten oder *sonstige Vermögensgegenstände*		1741 Verbindlichkeiten aus Lohn- und Kirchensteuer
Sonstige Verbindlichkeiten		1742 Verbindlichkeiten im Rahmen der sozialen Sicherheit 1743 – Restlaufzeit bis 1 Jahr 1744 – Restlaufzeit 1 bis 5 Jahre 1745 – Restlaufzeit größer 5 Jahre 1746 Verbindlichkeiten aus Einbehaltungen (KapESt und Solz auf KapESt) 1747 Verbindlichkeiten für Verbrauchsteuern 1748 Verbindlichkeiten für Einbehaltungen von Arbeitnehmern 1749 Verbindlichkeiten an das Finanzamt aus abzuführendem Bauabzugsbetrag 1750 Verbindlichkeiten aus Vermögensbildung 1751 – Restlaufzeit bis 1 Jahr 1752 – Restlaufzeit 1 bis 5 Jahre 1753 – Restlaufzeit größer 5 Jahre 1754 Steuerzahlungen an andere EG-Länder
Sonstige Verbindlichkeiten oder *sonstige Vermögensgegenstände*		**1755 Lohn- und Gehaltsverrechnung** 1756 Lohn- und Gehaltsverrechnung § 11 Abs. 2 EStG für § 4/3 EStG[1)] R 1758 1759 Voraussichtliche Beitragsschuld gegenüber den Sozialversicherungsträgern[1)]
Steuerrückstellungen oder *sonstige Vermögensgegenstände*		S 1760 Umsatzsteuer nicht fällig S 1761 Umsatzsteuer nicht fällig 7 % S 1762 Umsatzsteuer nicht fällig aus im Inland steuerpflichtigen EG-Lieferungen S 1763 Umsatzsteuer nicht fällig aus im Inland steuerpflichtigen EG-Lieferungen 16 % R 1764 S 1765 Umsatzsteuer nicht fällig 16 % R 1766
Sonstige Verbindlichkeiten		S 1767 Umsatzsteuer aus im anderen EG-Land steuerpflichtigen Lieferungen S 1768 Umsatzsteuer aus im anderen EG-Land steuerpflichtigen sonstigen Leistungen/Werklieferungen

Bilanz-Posten[2]	Programm-verbindung[4]	1 Finanz- und Privatkonten
Sonstige Verbindlichkeiten oder *sonstige Vermögensgegenstände*	U	S 1769 Umsatzsteuer aus der Auslagerung von Gegenständen aus einem Umsatzsteuerlager
		S 1770 Umsatzsteuer
		S 1771 Umsatzsteuer 7 %
		S 1772 Umsatzsteuer aus innergemeinschaftlichem Erwerb
		S 1773 Umsatzsteuer aus innergemeinschaftlichem Erwerb 16 %
		R 1774
		S 1775 Umsatzsteuer 16 %
		R 1776
		S 1777 Umsatzsteuer aus im Inland steuerpflichtigen EG-Lieferungen
		R 1778
		S 1779 Umsatzsteuer aus innergemeinschaftlichem Erwerb ohne Vorsteuerabzug
	U	F 1780 Umsatzsteuer-Vorauszahlungen
	U	F 1781 Umsatzsteuer-Vorauszahlung 1/11
	U	F 1782 Nachsteuer, UStVA Kz. 65
	U	F 1783 In Rechnung unrichtig oder unberechtigt ausgewiesene Steuerbeträge, UStVA Kz. 69
	U	S 1784 Umsatzsteuer aus innergemeinschaftlichem Erwerb von Neufahrzeugen von Lieferanten ohne Umsatzsteuer-Identifikationsnummer
	U	S 1785 Umsatzsteuer nach § 13b UStG
	U	S 1786 Umsatzsteuer nach § 13b UStG 16 %
		R 1787
		1788 Einfuhrumsatzsteuer aufgeschoben bis
		1789 Umsatzsteuer laufendes Jahr
		1790 Umsatzsteuer Vorjahr
		1791 Umsatzsteuer frühere Jahre
Sonstige Vermögensgegenstände oder *sonstige Verbindlichkeiten*		1792 Sonstige Verrechnungskonten (Interimskonten)
Sonstige Vermögensgegenstände H-Saldo		1793 Verrechnungskonto geleistete Anzahlungen bei Buchung über Kreditorenkonto
		1795 Verbindlichkeiten im Rahmen der sozialen Sicherheit (für § 4/3 EStG)
Sonstige Vermögensgegenstände oder *sonstige Verbindlichkeiten*		F 1799
		Privat Vollhafter/Einzelunternehmer
		1800 -09 Privatentnahmen allgemein
		1810 -19 Privatsteuern
		1820 -29 Sonderausgaben beschränkt abzugsfähig
		1830 -39 Sonderausgaben unbeschränkt abzugsfähig
		1840 -49 Zuwendungen, Spenden
		1850 -59 Außergewöhnliche Belastungen
		1860 -68 Grundstücksaufwand
		1869 Grundstücksaufwand (Umsatzsteuerschlüssel möglich)[10]
		1870 -78 Grundstücksertrag
		1879 Grundstücksertrag (Umsatzsteuerschlüssel möglich)[10]
		1880 -89 Unentgeltliche Wertabgaben
		1890 -99 Privateinlagen

Bilanz-Posten[2]	Programm-verbindung[4]	1 Finanz- und Privatkonten
		Privat Teilhafter
		1900 -09 Privatentnahmen allgemein
		1910 -19 Privatsteuern
		1920 -29 Sonderausgaben beschränkt abzugsfähig
		1930 -39 Sonderausgaben unbeschränkt abzugsfähig
		1940 -49 Zuwendungen, Spenden
		1950 -59 Außergewöhnliche Belastungen
		1960 -69 Grundstücksaufwand
		1970 -79 Grundstücksertrag
		1980 -89 Unentgeltliche Wertabgaben
		1990 -99 Privateinlagen

GuV-Posten[2]	Programmverbindung[4]	2 Abgrenzungskonten
		M 2400-2449
		Außerordentliche Aufwendungen i.S.d. BiRiLiG
Außerordentliche Aufwendungen		2000 Außerordentliche Aufwendungen
		2001 Außerordentliche Aufwendungen finanzwirksam
		2005 Außerordentliche Aufwendungen nicht finanzwirksam
		Betriebsfremde und periodenfremde Aufwendungen
Sonstige betriebliche Aufwendungen		2010 Betriebsfremde Aufwendungen (soweit nicht außerordentlich)
		2020 Periodenfremde Aufwendungen (soweit nicht außerordentlich)
		Zinsen und ähnliche Aufwendungen
Zinsen und ähnliche Aufwendungen		**2100 Zinsen und ähnliche Aufwendungen**
		2103 Steuerlich abzugsfähige, andere Nebenleistungen zu Steuern
	G K	2104 Steuerlich nicht abzugsfähige, andere Nebenleistungen zu Steuern
		2107 Zinsaufwendungen § 233a AO betriebliche Steuern
	G K	2108 Zinsaufwendungen §§ 233a bis 237 AO Personensteuern
		2109 Zinsaufwendungen an verbundene Unternehmen
		2110 Zinsaufwendungen für kurzfristige Verbindlichkeiten
	G	2113 Nicht abzugsfähige Schuldzinsen gemäß § 4 Abs. 4a EStG (Hinzurechnungsbetrag)[13]
	G K	2115 Zinsen und ähnliche Aufwendungen 100 % / 50 % nicht abzugsfähig (inländische Kap.Ges.)[9]
	G K	2116 Zinsen und ähnliche Aufwendungen an verbundene Unternehmen 100 % / 50 % nicht abzugsfähig (inländische Kap.Ges.)[9]
	G K	2118 In Dauerschuldzinsen umqualifizierte Zinsen auf kurzfristige Verbindlichkeiten
		2119 Zinsaufwendungen für kurzfristige Verbindlichkeiten an verbundene Unternehmen
	G K	2120 Zinsaufwendungen für langfristige Verbindlichkeiten
	G K	2125 Zinsaufwendungen für Gebäude, die zum Betriebsvermögen gehören[13]
	G K	2126 Zinsen zur Finanzierung des Anlagevermögens
	G K	2127 Renten und dauernde Lasten aus Gründung/Erwerb § 8 GewStG
	G	2128 Zinsaufwendungen an Mitunternehmer für die Hingabe von Kapital § 15 EStG
	G K	2129 Zinsaufwendungen für langfristige Verbindlichkeiten an verbundene Unternehmen
		2130 Diskontaufwendungen
		2139 Diskontaufwendungen an verbundene Unternehmen
		2140 Zinsähnliche Aufwendungen
		2149 Zinsähnliche Aufwendungen an verbundene Unternehmen
Sonstige betriebliche Aufwendungen		2150 Aufwendungen aus Kursdifferenzen
		2166 Aufwendungen aus Bewertung Finanzmittelfonds
		2170 Nicht abziehbare Vorsteuer
		2171 Nicht abziehbare Vorsteuer 7 %
		2175 Nicht abziehbare Vorsteuer 16 %
		R 2176

GuV-Posten[2]	Programmverbindung[4]	2 Abgrenzungskonten
		Steueraufwendungen
Steuern vom Einkommen und Ertrag	K	2200 Körperschaftsteuer
	K	2203 Körperschaftsteuer für Vorjahre
	K	2204 Körperschaftsteuererstattungen für Vorjahre
	K	2208 Solidaritätszuschlag
	K	2209 Solidaritätszuschlag für Vorjahre
	K	2210 Solidaritätszuschlagerstattungen für Vorjahre
	G K	2212 Kapitalertragsteuer 20 %
	G K	2213 Kapitalertragsteuer 25 %[1]
	G K	2214 Anrechenbarer Solidaritätszuschlag auf Kapitalertragsteuer 20 %
	G K	2215 Zinsabschlagsteuer
	G K	2216 Anrechenbarer Solidaritätszuschlag auf Kapitalertragsteuer 25 %[1]
	G K	2218 Anrechenbarer Solidaritätszuschlag auf Zinsabschlagsteuer
		2280 Steuernachzahlungen Vorjahre für Steuern vom Einkommen und Ertrag
		2282 Steuererstattungen Vorjahre für Steuern vom Einkommen und Ertrag
		2284 Erträge aus der Auflösung von Rückstellungen für Steuern vom Einkommen und Ertrag
Sonstige Steuern		2285 Steuernachzahlungen Vorjahre für sonstige Steuern
		2287 Steuererstattungen Vorjahre für sonstige Steuern
		2289 Erträge aus der Auflösung von Rückstellungen für sonstige Steuern
		Sonstige Aufwendungen
Sonstige betriebliche Aufwendungen		**2300 Sonstige Aufwendungen**
		2307 Sonstige Aufwendungen betriebsfremd und regelmäßig
		2309 Sonstige Aufwendungen unregelmäßig
		2310 Anlagenabgänge Sachanlagen (Restbuchwert bei Buchverlust)
		2311 Anlagenabgänge immaterielle Vermögensgegenstände (Restbuchwert bei Buchverlust)
		2312 Anlagenabgänge Finanzanlagen (Restbuchwert bei Buchverlust)
	G K	2313 Anlagenabgänge Finanzanlagen 100 %/50 % nicht abzugsfähig, (inländische Kap. Ges.) (Restbuchwert bei Buchverlust)[9]
Sonstige betriebliche Erträge		2315 Anlagenabgänge Sachanlagen (Restbuchwert bei Buchgewinn)
		2316 Anlagenabgänge immaterielle Vermögensgegenstände (Restbuchwert bei Buchgewinn)
		2317 Anlagenabgänge Finanzanlagen (Restbuchwert bei Buchgewinn)
	G K	2318 Anlagenabgänge Finanzanlagen 100 %/50 % steuerfrei (inländische Kap. Ges.) (Restbuchwert bei Buchgewinn)[9]
Sonstige betriebliche Aufwendungen		2320 Verluste aus dem Abgang von Gegenständen des Anlagevermögens
	G K	2323 Verluste aus der Veräußerung von Anteilen an Kapitalgesellschaften 100 %/50 % nicht abzugsfähig (inländische Kap. Ges.)[9]
		2325 Verluste aus dem Abgang von Gegenständen des Umlaufvermögens (außer Vorräte)

GuV-Posten[2]	Programm-verbindung[4]	2 Abgrenzungskonten
Sonstige betriebliche Aufwendungen	G K	2326 Verluste aus dem Abgang von Gegenständen des Umlaufvermögens (außer Vorräte) 100 %/50 % nicht abzugsfähig (inländische Kap.Ges.)[9]
		2340 Einstellungen in Sonderposten mit Rücklageanteil (steuerfreie Rücklagen)
		2341 Einstellungen in Sonderposten mit Rücklageanteil (Ansparabschreibungen)
		2342 Einstellungen in Sonderposten mit Rücklageanteil (Existenzgründerrücklage)[13]
		2345 Einstellungen in Sonderposten mit Rücklageanteil (Sonderabschreibungen)
		2346 Einstellungen in Sonderposten mit Rücklageanteil (§ 52 Abs. 16 EStG)[11]
		2348 Aufwendungen aus der Zuschreibung von steuerlich niedriger bewerteten Verbindlichkeiten
		2349 Aufwendungen aus der Zuschreibung von steuerlich niedriger bewerteten Rückstellungen
		2350 Grundstücksaufwendungen, neutral
Sonstige Steuern		2375 Grundsteuer
Sonstige betriebliche Aufwendungen	G K	2380 Zuwendungen, Spenden, steuerlich nicht abziehbar
	G K	2381 Zuwendungen, Spenden für wissenschaftliche und kulturelle Zwecke
	G K	2382 Zuwendungen, Spenden für mildtätige Zwecke
	G K	2383 Zuwendungen, Spenden für kirchliche, religiöse und gemeinnützige Zwecke
	G K	2384 Zuwendungen, Spenden an politische Parteien
	K	2385 Nicht abziehbare Hälfte der Aufsichtsratsvergütungen
		2386 Abziehbare Aufsichtsratsvergütungen
	G K	2387 Zuwendungen, Spenden an Stiftungen für gemeinnützige Zwecke i.S.d. § 52 Abs. 2 Nr. 1-3 AO
	G K	2388 Zuwendungen, Spenden an Stiftungen für gemeinnützige Zwecke i.S.d. § 52 Abs. 2 Nr. 4 AO
	G K	2389 Zuwendungen, Spenden an Stiftungen für kirchliche, religiöse und gemeinnützige Zwecke
	G K	2390 Zuwendungen, Spenden an Stiftungen für wissenschaftliche, mildtätige, kulturelle Zwecke
		2400 Forderungsverluste (übliche Höhe)
	U	AM 2401 Forderungsverluste 7 % USt (übliche Höhe)
	U	AM 2402 Forderungsverluste aus steuerfreien EG-Lieferungen (übliche Höhe)
	U	AM 2403 Forderungsverluste aus im Inland steuerpflichtigen EG-Lieferungen 7 % USt (übliche Höhe)
	U	AM 2404 Forderungsverluste aus im Inland steuerpflichtigen EG-Lieferungen 16 % USt (übliche Höhe)
	U	AM 2405 Forderungsverluste 16 % USt (übliche Höhe)
		R 2406
	U	AM 2407 Forderungsverluste 15 % USt (übliche Höhe)
		R 2408
	U	AM 2409 Forderungsverluste aus im Inland steuerpflichtigen EG-Lieferungen 15 % USt (übliche Höhe)

GuV-Posten[2]	Programm-verbindung[4]	2 Abgrenzungskonten
Abschreibungen auf Vermögensgegenstände des Umlaufvermögens, soweit diese die in der Kapitalgesellschaft üblichen Abschreibungen überschreiten		2430 Forderungsverluste, unüblich hoch
Sonstige betriebliche Aufwendungen		2450 Einstellungen in die Pauschalwertberichtigung zu Forderungen
		2451 Einstellung in die Einzelwertberichtigung zu Forderungen
Aufwendungen aus Verlustübernahme	K	2490 Aufwendungen aus Verlustübernahme
Auf Grund einer Gewinngemeinschaft, eines Gewinn- oder Teilgewinnabführungsvertrags abgeführte Gewinne		2492 Abgeführte Gewinne auf Grund einer Gewinngemeinschaft
	G K	2493 Abgeführte Gewinnanteile an stille Gesellschafter § 8 GewStG
	K	2494 Abgeführte Gewinne auf Grund eines Gewinn- oder Teilgewinnabführungsvertrags
Einstellungen in die Kapitalrücklage nach den Vorschriften über die vereinfachte Kapitalherabsetzung		2495 Einstellungen in die Kapitalrücklage nach den Vorschriften über die vereinfachte Kapitalherabsetzung
Einstellungen in Gewinnrücklagen in die gesetzliche Rücklage		2496 Einstellungen in die gesetzliche Rücklage
Einstellungen in Gewinnrücklagen in satzungsmäßige Rücklagen		2497 Einstellungen in satzungsmäßige Rücklagen
Einstellungen in Gewinnrücklagen in die Rücklage für eigene Anteile		2498 Einstellungen in die Rücklage für eigene Anteile
Einstellungen in Gewinnrücklagen in andere Gewinnrücklagen		2499 Einstellungen in andere Gewinnrücklagen
		Außerordentliche Erträge i.S.d. BiRiLiG
Außerordentliche Erträge		2500 Außerordentliche Erträge
		2501 Außerordentliche Erträge finanzwirksam
		2505 Außerordentliche Erträge nicht finanzwirksam
		Betriebsfremde und periodenfremde Erträge
Sonstige betriebliche Erträge		2510 Betriebsfremde Erträge (soweit nicht außerordentlich)
		2520 Periodenfremde Erträge (soweit nicht außerordentlich)

GuV-Posten[2)]	Programmverbindung[4)]	2 Abgrenzungskonten
		Zinserträge
Erträge aus Beteiligungen		**2600 Erträge aus Beteiligungen**
	G K	2615 Laufende Erträge aus Anteilen an Kapitalgesellschaften (Beteiligung 100 % / 50 % steuerfrei) (inländische Kap.Ges.)[9)]
	G K	2616 Laufende Erträge aus Anteilen an Kapitalgesellschaften (verbundene Unternehmen) 100 % / 50 % steuerfrei (inländische Kap.Ges.)[9)]
	G K	2617 Gewinne aus Anteilen an nicht steuerbefreiten inländischen Kapitalgesellschaften § 9 Nr. 2a GewStG
	G K	2618 Gewinnanteile aus Mitunternehmerschaften § 9 GewStG
		2619 Erträge aus Beteiligungen an verbundenen Unternehmen
Erträge aus anderen Wertpapieren und Ausleihungen des Finanzanlagevermögens		**2620 Erträge aus anderen Wertpapieren und Ausleihungen des Finanzanlagevermögens**
	G K	2625 Laufende Erträge aus Anteilen an Kapitalgesellschaften (Finanzanlagevermögen) 100 % / 50 % steuerfrei (inländische Kap.Ges.)[9)]
	G K	2626 Laufende Erträge aus Anteilen an Kapitalgesellschaften (verbundene Unternehmen) 100 % / 50 % steuerfrei (inländische Kap.Ges.)[9)]
		2649 Erträge aus anderen Wertpapieren und Ausleihungen des Finanzanlagevermögens aus verbundenen Unternehmen
Sonstige Zinsen und ähnliche Erträge		**2650 Sonstige Zinsen und ähnliche Erträge**
	G K	2655 Laufende Erträge aus Anteilen an Kapitalgesellschaften (Umlaufvermögen) 100 % / 50 % steuerfrei (inländische Kap.Ges.)[9)]
	G K	2656 Laufende Erträge aus Anteilen an Kapitalgesellschaften (verbundene Unternehmen) 100 % / 50 % steuerfrei (inländische Kap.Ges.)[9)]
		2657 Zinserträge § 233a AO
	G K	2658 Zinserträge § 233a AO Sonderfall Anlage A KSt
		2659 Sonstige Zinsen und ähnliche Erträge aus verbundenen Unternehmen
Sonstige betriebliche Erträge		2660 Erträge aus Kursdifferenzen
		2666 Erträge aus Bewertung Finanzmittelfonds
Sonstige Zinsen und ähnliche Erträge		2670 Diskonterträge
		2679 Diskonterträge aus verbundenen Unternehmen
		2680 Zinsähnliche Erträge
		2689 Zinsähnliche Erträge aus verbundenen Unternehmen
		Sonstige Erträge
Sonstige betriebliche Erträge		**2700 Sonstige Erträge**
		2705 Sonstige Erträge betrieblich und regelmäßig
		2707 Sonstige Erträge betriebsfremd und regelmäßig
		2709 Sonstige Erträge unregelmäßig
		2710 Erträge aus Zuschreibungen des Sachanlagevermögens
		2711 Erträge aus Zuschreibungen des immateriellen Anlagevermögens
		2712 Erträge aus Zuschreibungen des Finanzanlagevermögens
	G K	2713 Erträge aus Zuschreibungen des Finanzanlagevermögens 100 %/50 % steuerfrei (inländische Kap. Ges.)[9)]
Sonstige betriebliche Erträge	G K	2714 Erträge aus Zuschreibungen des anderen Anlagevermögens 100 %/50 % steuerfrei (inländische Kap. Ges.)[9)]
		2715 Erträge aus Zuschreibungen des Umlaufvermögens
	G K	2716 Erträge aus Zuschreibungen des Umlaufvermögens 100 % /50 % steuerfrei (inländische Kap. Ges.)[9)]
		2720 Erträge aus dem Abgang von Gegenständen des Anlagevermögens
	G K	2723 Erträge aus der Veräußerung von Anteilen an Kapitalgesellschaften 100 %/50 % steuerfrei (inländische Kap. Ges.)[9)]
		2725 Erträge aus dem Abgang von Gegenständen des Umlaufvermögens (außer Vorräte)
	G K	2726 Erträge aus dem Abgang von Gegenständen des Umlaufvermögens (außer Vorräte) 100 %/50 % steuerfrei (inländische Kap.Ges.)[9)]
		2730 Erträge aus Herabsetzung der Pauschalwertberichtigung zu Forderungen
		2731 Erträge aus Herabsetzung der Einzelwertberichtigung zu Forderungen
		2732 Erträge aus abgeschriebenen Forderungen
		2733 Erträge aus der Auflösung von Sonderposten mit Rücklageanteil (Existenzgründerrücklage)[13)]
		2734 Erträge aus der steuerlich niedrigeren Bewertung von Verbindlichkeiten
		2735 Erträge aus der Auflösung von Rückstellungen
		2736 Erträge aus der steuerlich niedrigeren Bewertung von Rückstellungen
		2737 Erträge aus der Auflösung von Sonderposten mit Rücklageanteil (aus der Währungsumstellung auf den Euro)[11)]
		2738 Erträge aus der Auflösung von Sonderposten mit Rücklageanteil nach § 52 Abs. 16 EStG
		2739 Erträge aus der Auflösung von Sonderposten mit Rücklageanteil (Ansparabschreibungen)
		2740 Erträge aus der Auflösung von Sonderposten mit Rücklageanteil (steuerfreie Rücklagen)
		2741 Erträge aus der Auflösung von Sonderposten mit Rücklageanteil (Sonderabschreibungen)
		2742 Versicherungsentschädigungen
		2743 Investitionszuschüsse (steuerpflichtig)
	G K	2744 Investitionszulagen (steuerfrei)
Erträge aus Kapitalherabsetzung		2745 Erträge aus Kapitalherabsetzung
Sonstige betriebliche Erträge	G K	2746 Steuerfreie Erträge aus der Auflösung von Sonderposten mit Rücklageanteil[13)]
	G K	2747 Sonstige steuerfreie Betriebseinnahmen[13)]
		2750 Grundstückserträge
Erträge aus Verlustübernahme	K	2790 Erträge aus Verlustübernahme

GuV-Posten[2]	Programmverbindung[4]	2 Abgrenzungskonten
Auf Grund einer Gewinngemeinschaft, eines Gewinn- oder Teilgewinnabführungsvertrags erhaltene Gewinne	 K	2792 Erhaltene Gewinne auf Grund einer Gewinngemeinschaft 2794 Erhaltene Gewinne auf Grund eines Gewinn- oder Teilgewinnabführungsvertrags
Entnahmen aus der Kapitalrücklage		2795 Entnahmen aus der Kapitalrücklage
Entnahmen aus Gewinnrücklagen aus der gesetzlichen Rücklage		2796 Entnahmen aus der gesetzlichen Rücklage
Entnahmen aus Gewinnrücklagen aus satzungsmäßigen Rücklagen		2797 Entnahmen aus satzungsmäßigen Rücklagen
Entnahmen aus Gewinnrücklagen aus der Rücklage für eigene Anteile		2798 Entnahmen aus der Rücklage für eigene Anteile
Entnahmen aus Gewinnrücklagen aus anderen Gewinnrücklagen		2799 Entnahmen aus anderen Gewinnrücklagen
Gewinnvortrag oder *Verlustvortrag*		**2860 Gewinnvortrag nach Verwendung** **2868 Verlustvortrag nach Verwendung**
Vortrag auf neue Rechnung		**2869 Vortrag auf neue Rechnung (GuV)**
Ausschüttung	K	2870 Vorabausschüttung
		Verrechnete kalkulatorische Kosten
Sonstige betriebliche Aufwendungen		2890 Verrechneter kalkulatorischer Unternehmerlohn 2891 Verrechnete kalkulatorische Miete und Pacht 2892 Verrechnete kalkulatorische Zinsen 2893 Verrechnete kalkulatorische Abschreibungen 2894 Verrechnete kalkulatorische Wagnisse 2895 Verrechneter kalkulatorischer Lohn für unentgeltliche Mitarbeiter R 2900 -01 R 2907 R 2912 -14 R 2917 R 2920 -31 R 2950 -53 R 2960 -63
Sonstige betriebliche Erträge oder *sonstige betriebliche Aufwendungen*		2990 Aufwendungen/Erträge aus Umrechnungsdifferenzen

Bilanz-/GuV-Posten[2]	Programmverbindung[4]	3 Wareneingangs- und Bestandskonten
		V 3000-3599 V 3700-3959 KU 3960-3999
		Materialaufwand
Aufwendungen für Roh-, Hilfs- und Betriebsstoffe und für bezogene Waren		3000 Roh-, Hilfs- und Betriebsstoffe 3090 Energiestoffe (Fertigung)
Aufwendungen für bezogene Leistungen		**3100 Fremdleistungen**
		Umsätze, für die als Leistungsempfänger die Steuer nach § 13b Abs. 2 UStG geschuldet wird
	U	AV 3110 Bauleistungen eines im Inland ansässigen Unternehmers 7 % Vorsteuer und 7 % Umsatzsteuer
		R 3111 -14
	U	AV 3115 Leistungen eines im Ausland ansässigen Unternehmers 7 % Vorsteuer und 7 % Umsatzsteuer
		R 3116 -19
	U	AV 3120 Bauleistungen eines im Inland ansässigen Unternehmers 16 % Vorsteuer und 16 % Umsatzsteuer
		R 3121 -24
	U	AV 3125 Leistungen eines im Ausland ansässigen Unternehmers 16 % Vorsteuer und 16 % Umsatzsteuer
		R 3126 -29
	U	AV 3130 Bauleistungen eines im Inland ansässigen Unternehmers ohne Vorsteuer und 7 % Umsatzsteuer
		R 3131 -34
	U	AV 3135 Leistungen eines im Ausland ansässigen Unternehmers ohne Vorsteuer und 7 % Umsatzsteuer
		R 3136 -39
	U	AV 3140 Bauleistungen eines im Inland ansässigen Unternehmers ohne Vorsteuer und 16 % Umsatzsteuer
		R 3141 -44
	U	AV 3145 Leistungen eines im Ausland ansässigen Unternehmers ohne Vorsteuer und 16 % Umsatzsteuer
		R 3146 -49
		S 3150 Erhaltene Skonti aus Leistungen, für die als Leistungsempfänger die Steuer nach § 13b UStG geschuldet wird[1]
		R 3151
	U	S/AV 3152 Erhaltene Skonti aus Leistungen, für die als Leistungsempfänger die Steuer nach § 13b UStG geschuldet wird 16 % Vorsteuer und 16 % Umsatzsteuer[1]
		S 3153 Erhaltene Skonti aus Leistungen, für die als Leistungsempfänger die Steuer nach § 13b UStG geschuldet wird ohne Vorsteuer aber mit Umsatzsteuer[1]
		R 3154 -59

Bilanz-/GuV-Posten[2]	Programmverbindung[4]	3 Wareneingangs- und Bestandskonten
Aufwendungen für Roh-, Hilfs- und Betriebsstoffe und für bezogene Waren		**3200 Wareneingang**
		AV 3300 Wareneingang 7 % Vorsteuer -09
		R 3310 -49
		AV 3400 Wareneingang 16 % Vorsteuer -09
		R 3410 -19
	U	AV 3420 Innergemeinschaftlicher Erwerb -24 7 % Vorsteuer und 7 % Umsatzsteuer
	U	AV 3425 Innergemeinschaftlicher Erwerb -29 16 % Vorsteuer und 16 % Umsatzsteuer
	U	AV 3430 Innergemeinschaftlicher Erwerb ohne Vorsteuer und 7 % Umsatzsteuer
		R 3431 -34
	U	AV 3435 Innergemeinschaftlicher Erwerb ohne Vorsteuer und 16 % Umsatzsteuer
		R 3436 -39
	U	AV 3440 Innergemeinschaftlicher Erwerb von Neufahrzeugen von Lieferanten ohne Umsatzsteuer-Identifikationsnummer 16 % Vorsteuer und 16 % Umsatzsteuer
		R 3441 -49
		AV 3500 Wareneingang 5 % Vorsteuer -04
		R 3505 -29
		AV 3530 Wareneingang 9 % Vorsteuer -34
		R 3535 -39
		AV 3540 Wareneingang 9 % Vorsteuer -49
	U	AV 3550 Steuerfreier innergemeinschaftlicher Erwerb
		R 3551 -58
		3559 Steuerfreie Einfuhren
	U	AV 3560 Waren aus einem Umsatzsteuerlager, § 13a UStG 7 % Vorsteuer und 7 % Umsatzsteuer
		R 3561 -64
	U	AV 3565 Waren aus einem Umsatzsteuerlager, § 13a UStG 16 % Vorsteuer und 16 % Umsatzsteuer
		R 3566 -69
		3600 Nicht abziehbare Vorsteuer -09
		3610 Nicht abziehbare Vorsteuer 7 % -19
		3650 Nicht abziehbare Vorsteuer 16 % -59
		R 3660 -69
		3700 Nachlässe
		AV 3710 Nachlässe 7 % Vorsteuer -11
		R 3712 -19
		AV 3720 Nachlässe 16 % Vorsteuer -21
		R 3722
		AV 3723 Nachlässe 15 % Vorsteuer

Bilanz-/GuV-Posten[2]	Programmverbindung[4]	3 Wareneingangs- und Bestandskonten
Aufwendungen für Roh-, Hilfs- und Betriebsstoffe und für bezogene Waren	U	AV 3724 Nachlässe aus innergemeinschaftlichem Erwerb 7 % Vorsteuer und 7 % Umsatzsteuer
	U	AV 3725 Nachlässe aus innergemeinschaftlichem Erwerb 16 % Vorsteuer und 16 % Umsatzsteuer
		R 3726
	U	AV 3727 Nachlässe aus innergemeinschaftlichem Erwerb 15 % Vorsteuer und 15 % Umsatzsteuer
		R 3728 -29
		S 3730 Erhaltene Skonti
		S/AV 3731 Erhaltene Skonti 7 % Vorsteuer
		R 3732 -34
		S/AV 3735 Erhaltene Skonti 16 % Vorsteuer
		R 3736 -38
		3740 Erhaltene Boni[16]
		S 3745 Erhaltene Skonti aus steuerpflichtigem innergemeinschaftlichem Erwerb[1]
	U	S/AV 3746 Erhaltene Skonti aus steuerpflichtigem innergemeinschaftlichem Erwerb 7 % Vorsteuer und 7 % Umsatzsteuer[1]
		R 3747 -48
	U	S/AV 3749 Erhaltene Skonti aus steuerpflichtigem innergemeinschaftlichem Erwerb 16 % Vorsteuer und 16 % Umsatzsteuer[1]
		AV 3750 Erhaltene Boni 7 % Vorsteuer -51
		R 3752 -59
		AV 3760 Erhaltene Boni 16 % Vorsteuer -61
		R 3762 -68
		3769 Erhaltene Boni[1]
		3770 Erhaltene Rabatte
		AV 3780 Erhaltene Rabatte 7 % Vorsteuer -81
		R 3782 - 89
		AV 3790 Erhaltene Rabatte 16 % Vorsteuer -91
		R 3792 -99
		3800 Bezugsnebenkosten
		3830 Leergut
		3850 Zölle und Einfuhrabgaben
		3960 Bestandsveränderungen Roh-, -69 Hilfs- und Betriebsstoffe sowie bezogene Waren
		Bestand an Vorräten
Roh-, Hilfs- und Betriebsstoffe		3970 Bestand Roh-, Hilfs- und -79 Betriebsstoffe
Fertige Erzeugnisse und Waren		3980 Bestand Waren -89
		Verrechnete Stoffkosten
Aufwendungen für Roh-, Hilfs- und Betriebsstoffe und für bezogene Waren		3990 Verrechnete Stoffkosten -99 (Gegenkonto zu 4000-99)

GuV-Posten[2]	Programmverbindung[4]	4 Betriebliche Aufwendungen
		V 4000-4099 V 4200-4299 V 4400-4819 V 4900-4989
		Material- und Stoffverbrauch
Aufwendungen für Roh-, Hilfs- und Betriebsstoffe und für bezogene Waren		4000 -99 Material- und Stoffverbrauch
		Personalaufwendungen
Löhne und Gehälter		4100 Löhne und Gehälter
		4110 Löhne
		4120 Gehälter
		4124 Geschäftsführergehälter der GmbH-Gesellschafter
		4125 Ehegattengehalt
	K	4126 Tantiemen
		4127 Geschäftsführergehälter
	G	4128 Vergütungen an angestellte Mitunternehmer § 15 EStG
Soziale Abgaben und Aufwendungen für Altersversorgung und für Unterstützung		4130 Gesetzliche soziale Aufwendungen
	G	4137 Gesetzliche soziale Aufwendungen für Mitunternehmer § 15 EStG
		4138 Beiträge zur Berufsgenossenschaft
Sonstige betriebliche Aufwendungen		4139 Ausgleichsabgabe i.S.d. Schwerbehindertengesetzes
Soziale Abgaben und Aufwendungen für Altersversorgung und für Unterstützung		4140 Freiwillige soziale Aufwendungen, lohnsteuerfrei
Löhne und Gehälter		4145 Freiwillige soziale Aufwendungen, lohnsteuerpflichtig
		4149 Pauschale Steuer auf sonstige Bezüge (z. B. Fahrtkostenzuschüsse)
		4150 Krankengeldzuschüsse
		4155 Zuschüsse der Agenturen für Arbeit (Haben)
Soziale Abgaben und Aufwendungen für Altersversorgung und für Unterstützung		4160 Versorgungskassen
		4165 Aufwendungen für Altersversorgung
		4167 Pauschale Steuer auf sonstige Bezüge (z. B. Direktversicherungen)
	G	4168 Aufwendungen für Altersversorgung für Mitunternehmer § 15 EStG
		4169 Aufwendungen für Unterstützung
Löhne und Gehälter		4170 Vermögenswirksame Leistungen
		4175 Fahrtkostenerstattung - Wohnung/Arbeitsstätte
		4180 Bedienungsgelder
		4190 Aushilfslöhne
		4199 Pauschale Steuer für Aushilfen
		Sonstige betriebliche Aufwendungen und Abschreibungen
Sonstige betriebliche Aufwendungen		4200 Raumkosten
		4210 Miete
	G K	4218 Gewerbesteuerlich zu berücksichtigende Miete § 8 GewStG [5]
	G	4219 Vergütungen an Mitunternehmer für die mietweise Überlassung ihrer Wirtschaftsgüter § 15 EStG
		4220 Pacht

GuV-Posten[2]	Programmverbindung[4]	4 Betriebliche Aufwendungen
Sonstige betriebliche Aufwendungen	G K	4228 Gewerbesteuerlich zu berücksichtigende Pacht § 8 GewStG [5]
	G	4229 Vergütungen an Mitunternehmer für die pachtweise Überlassung ihrer Wirtschaftsgüter § 15 EStG
		4230 Heizung
		4240 Gas, Strom, Wasser
		4250 Reinigung
		4260 Instandhaltung betrieblicher Räume
		4270 Abgaben für betrieblich genutzten Grundbesitz
		4280 Sonstige Raumkosten
		4288 Aufwendungen für ein häusliches Arbeitszimmer (abziehbarer Anteil)[13]
	G	4289 Aufwendungen für ein häusliches Arbeitszimmer (nicht abziehbarer Anteil)[13]
		4290 Grundstücksaufwendungen betrieblich[1]
		4300 Nicht abziehbare Vorsteuer
		4301 Nicht abziehbare Vorsteuer 7 %
		4305 Nicht abziehbare Vorsteuer 16 %
		R 4306
Steuern vom Einkommen und Ertrag	G K	4320 Gewerbesteuer
Sonstige Steuern		4340 Sonstige Betriebssteuern
		4350 Verbrauchsteuer
		4355 Ökosteuer
Sonstige betriebliche Aufwendungen		4360 Versicherungen
		4366 Versicherungen für Gebäude
		4370 Netto-Prämie für Rückdeckung künftiger Versorgungsleistungen
		4380 Beiträge
		4390 Sonstige Abgaben
		4396 Steuerlich abzugsfähige Verspätungszuschläge und Zwangsgelder
	G K	4397 Steuerlich nicht abzugsfähige Verspätungszuschläge und Zwangsgelder
		4400 -99 (zur freien Verfügung)
		4500 Fahrzeugkosten
Sonstige Steuern		4510 Kfz-Steuer
Sonstige betriebliche Aufwendungen		4520 Kfz-Versicherungen
		4530 Laufende Kfz-Betriebskosten
		4540 Kfz-Reparaturen
		4550 Garagenmiete
		4560 Mautgebühren
		4570 Leasingfahrzeugkosten
		4580 Sonstige Kfz-Kosten
		4590 Kfz-Kosten für betrieblich genutzte zum Privatvermögen gehörende Kraftfahrzeuge[13]
		4595 Fremdfahrzeugkosten[13]

GuV-Posten[2]	Programmverbindung[4]	4 Betriebliche Aufwendungen
Sonstige betriebliche Aufwendungen		4600 Werbekosten[8]
		4610 Werbekosten[16]
		4630 Geschenke abzugsfähig
	G K	4635 Geschenke nicht abzugsfähig
		4638 Geschenke ausschließlich betrieblich genutzt
		4640 Repräsentationskosten
		4650 Bewirtungskosten
		4651 Sonstige eingeschränkt abziehbare Betriebsausgaben (abziehbarer Anteil)[13]
	G K	4652 Sonstige eingeschränkt abziehbare Betriebsausgaben (nicht abziehbarer Anteil)[13]
		4653 Aufmerksamkeiten
	G K	4654 Nicht abzugsfähige Bewirtungskosten
	G K	4655 Nicht abzugsfähige Betriebsausgaben aus Werbe- und Repräsentationskosten (nicht abziehbarer Anteil)[8]
		4656 [14]
		4657 [14]
		4660 Reisekosten Arbeitnehmer
	G K	4662 Reisekosten Arbeitnehmer (nicht abziehbarer Anteil)[1]
		4663 Reisekosten Arbeitnehmer Fahrtkosten
		4664 Reisekosten Arbeitnehmer Verpflegungsmehraufwand
		4666 Reisekosten Arbeitnehmer Übernachtungsaufwand
		R 4667
		4668 Kilometergelderstattung Arbeitnehmer
		4670 Reisekosten Unternehmer
	G K	4672 Reisekosten Unternehmer (nicht abziehbarer Anteil)[1]
		4673 Reisekosten Unternehmer Fahrtkosten
		4674 Reisekosten Unternehmer Verpflegungsmehraufwand
		R 4675
		4676 Reisekosten Unternehmer Übernachtungsaufwand
		R 4677
		4678 Fahrten zwischen Wohnung und Arbeitsstätte (abziehbarer Anteil)[13]
	G	4679 Fahrten zwischen Wohnung und Arbeitsstätte (nicht abziehbarer Anteil)[13]
		4680 Fahrten zwischen Wohnung und Arbeitsstätte (Haben)[13]
		R 4685
		4700 Kosten der Warenabgabe
		4710 Verpackungsmaterial
		4730 Ausgangsfrachten
		4750 Transportversicherungen
		4760 Verkaufsprovisionen
		4780 Fremdarbeiten (Vertrieb)
		4790 Aufwand für Gewährleistungen
		4800 Reparaturen und Instandhaltungen von technischen Anlagen und Maschinen
		4805 Reparaturen und Instandhaltungen von anderen Anlagen und Betriebs- und Geschäftsausstattung
		4806 Wartungskosten für Hard- und Software
		4809 Sonstige Reparaturen und Instandhaltungen
		4810 Mietleasing
	G K	4814 Gewerbesteuerlich zu berücksichtigendes Mietleasing § 8 GewStG[5]

GuV-Posten[2]	Programmverbindung[4]	4 Betriebliche Aufwendungen
		4815 Kaufleasing
Abschreibungen auf immaterielle Vermögensgegenstände des Anlagevermögens und Sachanlagen sowie auf aktivierte Aufwendungen für die Ingangsetzung und Erweiterung des Geschäftsbetriebs		**4820 Abschreibungen** auf Aufwendungen für die Ingangsetzung und Erweiterung des Geschäftsbetriebs
		4821 Abschreibungen auf Aufwendungen für die Währungsumstellung auf den Euro
		4822 Abschreibungen auf immaterielle Vermögensgegenstände
		4824 Abschreibungen auf den Geschäfts- oder Firmenwert
		4826 Außerplanmäßige Abschreibungen auf immaterielle Vermögensgegenstände
		4830 Abschreibungen auf Sachanlagen (ohne AfA auf Kfz und Gebäude)
		4831 Abschreibungen auf Gebäude[13]
		4832 Abschreibungen auf Kfz[13]
		4833 Abschreibungen auf Gebäudeanteil des häuslichen Arbeitszimmers[1]
		4840 Außerplanmäßige Abschreibungen auf Sachanlagen
		4841 Absetzung für außergewöhnliche technische und wirtschaftliche Abnutzung der Gebäude[13]
		4842 Absetzung für außergewöhnliche technische und wirtschaftliche Abnutzung des Kfz[13]
		4843 Absetzung für außergewöhnliche technische und wirtschaftliche Abnutzung sonstiger Wirtschaftsgüter[13]
		4850 Abschreibungen auf Sachanlagen auf Grund steuerlicher Sondervorschriften
		4851 Sonderabschreibungen nach § 7g Abs. 1 und 2 EStG (ohne Kfz)[13]
		4852 Sonderabschreibungen nach § 7g Abs. 1 und 2 EStG (für Kfz)[13]
		4855 Sofortabschreibung geringwertiger Wirtschaftsgüter
		4860 Abschreibungen auf aktivierte, geringwertige Wirtschaftsgüter
		4865 Außerplanmäßige Abschreibungen auf aktivierte, geringwertige Wirtschaftsgüter
Abschreibungen auf Finanzanlagen und auf Wertpapiere des Umlaufvermögens		4870 Abschreibungen auf Finanzanlagen
	G K	4871 Abschreibungen auf Finanzanlagen 100 % / 50 % nicht abzugsfähig (inländische Kap. Ges.)[9]
	G K	4872 Abschreibungen auf Grund von Verlustanteilen an Mitunternehmerschaften § 8 GewStG
	G K	4873 Abschreibungen auf Finanzanlagen auf Grund steuerlicher Sondervorschriften 100 % / 50 % nicht abzugsfähig (inländische Kap. Ges.)[9]
		4874 Abschreibungen auf Finanzanlagen auf Grund steuerlicher Sondervorschriften
		4875 Abschreibungen auf Wertpapiere des Umlaufvermögens
	G K	4876 Abschreibungen auf Wertpapiere des Umlaufvermögens 100 %/ 50 % nicht abzugsfähig (inländische Kap. Ges.)[9]
		4879 Vorwegnahme künftiger Wertschwankungen bei Wertpapieren des Umlaufvermögens

GuV-Posten[2]	Programmverbindung[4]	4 Betriebliche Aufwendungen
Abschreibungen auf Vermögensgegenstände des Umlaufvermögens, soweit diese die in der Kapitalgesellschaft üblichen Abschreibungen überschreiten		4880 Abschreibungen auf Umlaufvermögen ohne Wertpapiere (soweit unübliche Höhe)
		4882 Abschreibungen auf Umlaufvermögen, steuerrechtlich bedingt (soweit unübliche Höhe)
Sonstige betriebliche Aufwendungen		4885 Vorwegnahme künftiger Wertschwankungen im Umlaufvermögen außer Vorräte und Wertpapiere des Umlaufvermögens
		4886 Abschreibungen auf Umlaufvermögen außer Vorräte und Wertpapiere des Umlaufvermögens (soweit übliche Höhe)
		4887 Abschreibungen auf Umlaufvermögen, steuerrechtlich bedingt (soweit übliche Höhe)
Abschreibungen auf Vermögensgegenstände des Umlaufvermögens, soweit diese die in der Kapitalgesellschaft üblichen Abschreibungen überschreiten		4890 Vorwegnahme künftiger Wertschwankungen im Umlaufvermögen (soweit unübliche Höhe)
Sonstige betriebliche Aufwendungen		4900 Sonstige betriebliche Aufwendungen
		4905 Sonstige Aufwendungen betrieblich und regelmäßig
		4909 Fremdleistungen/Fremdarbeiten
		4910 Porto
		4920 Telefon
		4925 Telefax und Internetkosten
		4930 Bürobedarf
		4940 Zeitschriften, Bücher
		4945 Fortbildungskosten
		4946 Freiwillige Sozialleistungen
	G	4948 Vergütungen an Mitunternehmer § 15 EStG
	G	4949 Haftungsvergütung an Mitunternehmer § 15 EStG
		4950 Rechts- und Beratungskosten
		4955 Buchführungskosten
		4957 Abschluss- und Prüfungskosten
		4960 Mieten für Einrichtungen
		4965 Mietleasing
	G K	4966 Gewerbesteuerlich zu berücksichtigendes Mietleasing § 8 GewStG[5]
	G K	4968 Gewerbesteuerlich zu berücksichtigende Miete für Einrichtungen § 8 GewStG [5]
		4969 Aufwendungen für Abraum- und Abfallbeseitigung
		4970 Nebenkosten des Geldverkehrs
	G K	4975 Aufwendungen aus Anteilen an Kapitalgesellschaften 100 %/ 50 % nicht abzugsfähig (inländische Kap.Ges.)[9]
	G	4976 Aufwendungen aus der Veräußerung von Anteilen an Kapitalgesellschaften 100 % /50 % nicht abzugsfähig (inländische Kap. Ges.)[9]
		4980 Betriebsbedarf
		4985 Werkzeuge und Kleingeräte

GuV-Posten[2]	Programmverbindung[4]	4 Betriebliche Aufwendungen
		Kalkulatorische Kosten
Sonstige betriebliche Aufwendungen		4990 Kalkulatorischer Unternehmerlohn
		4991 Kalkulatorische Miete und Pacht
		4992 Kalkulatorische Zinsen
		4993 Kalkulatorische Abschreibungen
		4994 Kalkulatorische Wagnisse
		4995 Kalkulatorischer Lohn für unentgeltliche Mitarbeiter
		Kosten bei Anwendung des Umsatzkostenverfahrens
Sonstige betriebliche Aufwendungen		4996 Herstellungskosten
		4997 Verwaltungskosten
		4998 Vertriebskosten
		4999 Gegenkonto 4996-4998

GuV-Posten[2]	Programmverbindung[4]	5
Sonstige betriebliche Aufwendungen		**5000 -5999**

GuV-Posten[2]	Programmverbindung[4]	6
Sonstige betriebliche Aufwendungen		**6000 -6999**

Bilanz-Posten[2]	Programmverbindung[4]	7 Bestände an Erzeugnissen	
		KU 7000-7999	
Unfertige Erzeugnisse, unfertige Leistungen		**7000**	**Unfertige Erzeugnisse, unfertige Leistungen (Bestand)**
		7050	Unfertige Erzeugnisse (Bestand)
		7080	Unfertige Leistungen (Bestand)
In Ausführung befindliche Bauaufträge		7090	In Ausführung befindliche Bauaufträge
In Arbeit befindliche Aufträge		7095	In Arbeit befindliche Aufträge
Fertige Erzeugnisse und Waren		**7100**	**Fertige Erzeugnisse und Waren (Bestand)**
		7110	Fertige Erzeugnisse (Bestand)
		7140	Waren (Bestand)

GuV-Posten[2]	Programmverbindung[4]	8 Erlöskonten	
		M 8000-8196 KU 8197-8198 M 8199-8329 KU 8330-8336 M 8337-8611 KU 8612-8614 M 8615-8904 KU 8905-8909 M 8910-8917 KU 8918-8919 M 8920-8923 KU 8924 M 8925-8928 KU 8929 M 8930-8938 KU 8939 M 8940-8948 KU 8949-8999	
			Umsatzerlöse
Umsatzerlöse		8000 -99	(Zur freien Verfügung)
	U	AM 8100	Steuerfreie Umsätze § 4 Nr. 8 ff. UStG
	U	AM 8110	Sonstige steuerfreie Umsätze Inland
	U	AM 8120	Steuerfreie Umsätze § 4 Nr. 1a UStG
	U	AM 8125	Steuerfreie innergemeinschaftliche Lieferungen § 4 Nr. 1b UStG
		R 8128	
	U	AM 8130	Lieferungen des ersten Abnehmers bei innergemeinschaftlichen Dreiecksgeschäften § 25 b Abs. 2 UStG
	U	AM 8135	Steuerfreie innergemeinschaftliche Lieferungen von Neufahrzeugen an Abnehmer ohne Umsatzsteuer-Identifikationsnummer
	U	AM 8140	Steuerfreie Umsätze Offshore usw.
	U	AM 8150	Sonstige steuerfreie Umsätze (z. B. § 4 Nr. 2-7 UStG)
		8190	Erlöse, die mit den Durchschnittssätzen des § 24 UStG versteuert werden[13]
		R 8192 -93	
		8195	Erlöse als Kleinunternehmer i. S. d. § 19 Abs. 1 UStG[13]
	U	AM 8196	Erlöse aus Geldspielautomaten 16 % USt
		R 8197 -98	
		8200	Erlöse
	U	AM 8300 -09	Erlöse 7 % USt
	U	AM 8310 -14	Erlöse aus im Inland steuerpflichtigen EG-Lieferungen 7 % USt
	U	AM 8315 -19	Erlöse aus im Inland steuerpflichtigen EG-Lieferungen 16 % USt
		8320 -29	Erlöse aus im anderen EG-Land steuerpflichtigen Lieferungen[3]
		R 8330 -36	
	U	AM 8337	Erlöse aus Leistungen, für die der Leistungsempfänger die Umsatzsteuer nach § 13b UStG schuldet
	U	AM 8338	Erlöse aus im Drittland steuerbaren Leistungen, im Inland nicht steuerbare Umsätze
	U	AM 8339	Erlöse aus im anderen EG-Land steuerbaren Leistungen, im Inland nicht steuerbare Umsätze
		R 8340 -49	
	U	AM 8400 -09	Erlöse 16 % USt
		R 8410 -49	
		8500	Provisionserlöse[16]
	U	AM 8504	Provisionserlöse, steuerfrei (§ 4 Nr. 8 ff. UStG)[16]
	U	AM 8505	Provisionserlöse, steuerfrei (§ 4 Nr. 5 UStG)[16]

GuV-Posten[2]	Programm-verbindung[4]	8 Erlöskonten
Umsatzerlöse	U	AM 8506 Provisionserlöse 7 % USt[16]
		R 8507
	U	AM 8508 Provisionserlöse 16 % USt[16]
		R 8509
		8510 Provisionsumsätze[1]
		R 8511 -13
	U	AM 8514 Provisionsumsätze, steuerfrei § 4 Nr. 8 ff UStG[1]
	U	AM 8515 Provisionsumsätze, steuerfrei § 4 Nr. 5 UStG[1]
	U	AM 8516 Provisionsumsätze 7 % USt[1]
		R 8517 -18
	U	AM 8519 Provisionsumsätze 16 % USt[1]
		8520 Erlöse Abfallverwertung
		8540 Erlöse Leergut
Sonstige betriebliche Erträge		8570 Provision, sonstige Erträge[1]
		R 8571 -73
	U	AM 8574 Provision, sonstige Erträge steuerfrei § 4 Nr. 8 ff UStG[1]
	U	AM 8575 Provision, sonstige Erträge steuerfrei § 4 Nr. 5 UStG[1]
	U	AM 8576 Provision, sonstige Erträge 7 % USt[1]
		R 8577 -78
	U	AM 8579 Provision, sonstige Erträge 16 % USt[1]
Umsatzerlöse		**Statistische Konten EÜR[15]**
		8580 Statistisches Konto Erlöse zum allgemeinen Umsatzsteuersatz (EÜR)[13][15]
		8581 Statistisches Konto Erlöse zum ermäßigten Umsatzsteuersatz (EÜR)[13][15]
		8582 Statistisches Konto Erlöse steuerfrei und nicht steuerbar (EÜR)[13][15]
		8589 Gegenkonto 8580-8582 bei Aufteilung der Erlöse nach Steuersätzen (EÜR)[13]
Sonstige betriebliche Erträge		8590 Verrechnete sonstige Sachbezüge (keine Waren)
	U	AM 8591 Sachbezüge 7 % USt (Waren)
		R 8594
	U	AM 8595 Sachbezüge 16 % USt (Waren)
		R 8596 -97
		8600 Sonstige Erlöse betrieblich und regelmäßig
	U	AM 8609 Sonstige Erlöse betrieblich und regelmäßig, steuerfrei § 4 Nr. 8 ff UStG
		8610 Verrechnete sonstige Sachbezüge
	U	AM 8611 Verrechnete sonstige Sachbezüge 16 % USt (z. B. Kfz-Gestellung)
		R 8612 -13
		8614 Verrechnete sonstige Sachbezüge ohne Umsatzsteuer
	U	AM 8625 -29 Sonstige Erlöse betrieblich und regelmäßig, steuerfrei z. B. § 4 Nr. 2-7 UStG
	U	AM 8630 -34 Sonstige Erlöse betrieblich und regelmäßig 7 % USt
		R 8635 -39
	U	AM 8640 -44 Sonstige Erlöse betrieblich und regelmäßig 16 % USt
		R 8645 -49

GuV-Posten[2]	Programm-verbindung[4]	8 Erlöskonten
Sonstige Zinsen und ähnliche Erträge		8650 Erlöse Zinsen und Diskontspesen
		8660 Erlöse Zinsen und Diskontspesen aus verbundenen Unternehmen
Umsatzerlöse		8700 Erlösschmälerungen
	U	AM 8705 Erlösschmälerungen aus steuerfreien Umsätzen § 4 Nr. 1a UStG
	U	AM 8710 -11 Erlösschmälerungen 7 % USt
		R 8712 -19
	U	AM 8720 -21 Erlösschmälerungen 16 % USt
		R 8722 -23
	U	AM 8724 Erlösschmälerungen aus steuerfreien innergemeinschaftlichen Lieferungen
	U	AM 8725 Erlösschmälerungen aus im Inland steuerpflichtigen EG-Lieferungen 7 % USt
	U	AM 8726 Erlösschmälerungen aus im Inland steuerpflichtigen EG-Lieferungen 16 % USt
		8727 Erlösschmälerungen aus im anderen EG-Land steuerpflichtigen Lieferungen[3]
		R 8728 -29
		S 8730 Gewährte Skonti
	U	S/AM 8731 Gewährte Skonti 7 % USt
		R 8732 -34
	U	S/AM 8735 Gewährte Skonti 16 % USt
		R 8736 -38
		8740 Gewährte Boni[16]
	U	S/AM 8741 Gewährte Skonti aus Leistungen, für die der Leistungsempfänger die Umsatzsteuer nach § 13b UStG schuldet[1]
		R 8742
	U	S/AM 8743 Gewährte Skonti aus steuerfreien innergemeinschaftlichen Lieferungen § 4 Nr. 1b UStG[1]
		R 8744
	U	S 8745 Gewährte Skonti aus im Inland steuerpflichtigen EG-Lieferungen[1]
	U	S/AM 8746 Gewährte Skonti aus im Inland steuerpflichtigen EG-Lieferungen 7 % USt[1]
		R 8747 -48
	U	S/AM 8749 Gewährte Skonti aus im Inland steuerpflichtigen EG-Lieferungen 16 % USt[1]
	U	AM 8750 -51 Gewährte Boni 7 % USt
		R 8752 -59
	U	AM 8760 -61 Gewährte Boni 16 % USt
		R 8762 -68
		8769 Gewährte Boni[1]
		8770 Gewährte Rabatte
	U	AM 8780 -81 Gewährte Rabatte 7 % USt
		R 8782 -89
	U	AM 8790 -91 Gewährte Rabatte 16 % USt
		R 8792 -99

GuV-Posten[2]	Programmverbindung[4]	Konto	8 Erlöskonten
Sonstige betriebliche Aufwendungen		8800	Erlöse aus Verkäufen Sachanlagevermögen (bei Buchverlust)
	U	AM 8801-06	Erlöse aus Verkäufen Sachanlagevermögen 16 % USt (bei Buchverlust)
	U	AM 8807	Erlöse aus Verkäufen Sachanlagevermögen steuerfrei § 4 Nr. 1a UStG (bei Buchverlust)
	U	AM 8808	Erlöse aus Verkäufen Sachanlagevermögen steuerfrei § 4 Nr. 1b UStG (bei Buchverlust)
	U	AM 8809	Erlöse aus Verkäufen Sachanlagevermögen 16 % USt (bei Buchverlust)
		R 8810-16	
		8817	Erlöse aus Verkäufen immaterieller Vermögensgegenstände (bei Buchverlust)
		8818	Erlöse aus Verkäufen Finanzanlagen (bei Buchverlust)
	G K	8819	Erlöse aus Verkäufen Finanzanlagen 100 %/50 % nicht abzugsfähig (inländische Kap. Ges.) (bei Buchverlust)[9]
Sonstige betriebliche Erträge	U	AM 8820-26	Erlöse aus Verkäufen Sachanlagevermögen 16 % USt (bei Buchgewinn)
	U	AM 8827	Erlöse aus Verkäufen Sachanlagevermögen steuerfrei § 4 Nr. 1a UStG (bei Buchgewinn)
	U	AM 8828	Erlöse aus Verkäufen Sachanlagevermögen steuerfrei § 4 Nr. 1b UStG (bei Buchgewinn)
		8829	Erlöse aus Verkäufen Sachanlagevermögen (bei Buchgewinn)
		R 8830-36	
		8837	Erlöse aus Verkäufen immaterieller Vermögensgegenstände (bei Buchgewinn)
		8838	Erlöse aus Verkäufen Finanzanlagen (bei Buchgewinn)
	G K	8839	Erlöse aus Verkäufen Finanzanlagen 100 %/50 % steuerfrei (inländische Kap. Ges.) (bei Buchgewinn)[9]
Umsatzerlöse		8900	Unentgeltliche Wertabgaben
		8905	Entnahme von Gegenständen ohne USt
		8906	Verwendung von Gegenständen für Zwecke außerhalb des Unternehmens ohne USt[1]
		R 8908-09	
	U	AM 8910-13	Entnahme durch den Unternehmer für Zwecke außerhalb des Unternehmens (Waren) 16 % USt
		R 8914	
	U	AM 8915-17	Entnahme durch den Unternehmer für Zwecke außerhalb des Unternehmens (Waren) 7 % USt
		8918	Verwendung von Gegenständen für Zwecke außerhalb des Unternehmens ohne USt (Telefon-Nutzung)[1]
		8919	Entnahme durch den Unternehmer für Zwecke außerhalb des Unternehmens (Waren) ohne USt
Sonstige betriebliche Erträge	U	AM 8920	Verwendung von Gegenständen für Zwecke außerhalb des Unternehmens 16 % USt
	U	AM 8921	Verwendung von Gegenständen für Zwecke außerhalb des Unternehmens 16 % USt (Kfz-Nutzung)[13]
	U	AM 8922	Verwendung von Gegenständen für Zwecke außerhalb des Unternehmens 16 % USt (Telefon-Nutzung)[13]
		R 8923	
		8924	Verwendung von Gegenständen für Zwecke außerhalb des Unternehmens ohne USt (Kfz-Nutzung)
	U	AM 8925-27	Unentgeltliche Erbringung einer sonstigen Leistung 16 % USt
		R 8928	
		8929	Unentgeltliche Erbringung einer sonstigen Leistung ohne USt
	U	AM 8930-31	Verwendung von Gegenständen für Zwecke außerhalb des Unternehmens 7 % USt
	U	AM 8932-33	Unentgeltliche Erbringung einer sonstigen Leistung 7 % USt
		R 8934	
	U	AM 8935-37	Unentgeltliche Zuwendung von Gegenständen 16 % USt
		R 8938	
		8939	Unentgeltliche Zuwendung von Gegenständen ohne USt
Umsatzerlöse	U	AM 8940-43	Unentgeltliche Zuwendung von Waren 16 % USt
		R 8944	
	U	AM 8945-47	Unentgeltliche Zuwendung von Waren 7 % USt
		R 8948	
		8949	Unentgeltliche Zuwendung von Waren ohne USt
		8950	Nicht steuerbare Umsätze (Innenumsätze)
		8955	Umsatzsteuervergütungen
Erhöhung des Bestands an fertigen und unfertigen Erzeugnissen oder *Verminderung des Bestands an fertigen und unfertigen Erzeugnissen*		**8960**	**Bestandsveränderungen – unfertige Erzeugnisse**
		8970	**Bestandsveränderungen – unfertige Leistungen**
Erhöhung des Bestands in Ausführung befindlicher Bauaufträge oder *Verminderung des Bestands in Ausführung befindlicher Bauaufträge*		**8975**	**Bestandsveränderungen – in Ausführung befindliche Bauaufträge**
Erhöhung des Bestands in Arbeit befindlicher Aufträge oder *Verminderung des Bestands in Arbeit befindlicher Aufträge*		**8977**	**Bestandsveränderungen – in Arbeit befindliche Aufträge**

GuV-Posten[2]	Programmverbindung[4]	**8** Erlöskonten	Bilanz-Posten[2]	Programmverbindung[4]	**9** Vortrags-, Kapital- und statistische Konten
Erhöhung des Bestands an fertigen und unfertigen Erzeugnissen oder *Verminderung des Bestands an fertigen und unfertigen Erzeugnissen*		**8980 Bestandsveränderungen – fertige Erzeugnisse**			KU 9000-9999 **Vortragskonten** S 9000 Saldenvorträge, Sachkonten F 9001 -07 Saldenvorträge, Sachkonten S 9008 Saldenvorträge, Debitoren S 9009 Saldenvorträge, Kreditoren
Andere aktivierte Eigenleistungen		**8990 Andere aktivierte Eigenleistungen**			F 9060 Offene Posten aus 1990 F 9069 Offene Posten aus 1999 F 9070 Offene Posten aus 2000 F 9071 Offene Posten aus 2001 F 9072 Offene Posten aus 2002 F 9073 Offene Posten aus 2003 F 9074 Offene Posten aus 2004 F 9075 Offene Posten aus 2005 **F 9076 Offene Posten aus 2006[1]** **F 9090 Summenvortragskonto** F 9091 Offene Posten aus 1991 F 9092 Offene Posten aus 1992 F 9093 Offene Posten aus 1993 F 9094 Offene Posten aus 1994 F 9095 Offene Posten aus 1995 F 9096 Offene Posten aus 1996 F 9097 Offene Posten aus 1997 F 9098 Offene Posten aus 1998 **Statistische Konten für Betriebswirtschaftliche Auswertungen (BWA)** F 9101 Verkaufstage F 9102 Anzahl der Barkunden F 9103 Beschäftigte Personen F 9104 Unbezahlte Personen F 9105 Verkaufskräfte F 9106 Geschäftsraum m^2 F 9107 Verkaufsraum m^2 F 9116 Anzahl Rechnungen F 9117 Anzahl Kreditkunden monatlich F 9118 Anzahl Kreditkunden aufgelaufen 9120 Erweiterungsinvestitionen F 9130 -31 [7] 9135 Auftragseingang im Geschäftsjahr 9140 Auftragsbestand F 9190 Gegenkonto für statistische Mengeneinheiten Konten 9101-9107 und Konten 9116-9118 9199 Gegenkonto zu Konten 9120, 9135-9140 **Statistische Konten für den Kennzifferntеil der Bilanz** F 9200 Beschäftigte Personen F 9201 -08 [7] F 9209 Gegenkonto zu 9200 9210 Produktive Löhne 9219 Gegenkonto zu 9210 **Statistische Konten zur informativen Angabe des gezeichneten Kapitals in anderer Währung**
			Gezeichnetes Kapital in DM		F 9220 Gezeichnetes Kapital in DM (Art. 42 Abs. 3 S. 1 EGHGB)
			Gezeichnetes Kapital in Euro		F 9221 Gezeichnetes Kapital in Euro (Art. 42 Abs. 3 S. 2 EGHGB)
					F 9229 Gegenkonto zu 9220-9221

Bilanz-Posten[2]	Pro-gramm-verbin-dung[4]	9 Vortrags-, Kapital- und statistische Konten	Bilanz-Posten[2]	Pro-gramm-verbin-dung[4]	9 Vortrags-, Kapital- und statistische Konten
		Passive Rechnungsabgrenzung			**Statistische Konten für die im Anhang anzugebenden sonstigen finanziellen Verpflichtungen**
		9230 Baukostenzuschüsse			9280 Gegenkonto zu 9281-9284
		9232 Investitionszulagen			9281 Verpflichtungen aus Miet- und Leasingverträgen
		9234 Investitionszuschüsse			9282 Verpflichtungen aus Miet- und Leasingverträgen gegenüber verbundenen Unternehmen
		9239 Gegenkonto zu Konten 9230-9238			9283 Andere Verpflichtungen gem. § 285 Nr. 3 HGB
		9240 Investitionsverbindlichkeiten bei den Leistungsverbindlichkeiten			9284 Andere Verpflichtungen gem. § 285 Nr. 3 HGB gegenüber verbundenen Unternehmen
		9241 Investitionsverbindlichkeiten aus Sachanlagenkäufen bei Leistungsverbindlichkeiten			9290 Statistisches Konto steuerfreie Auslagen
		9242 Investitionsverbindlichkeiten aus Käufen von immateriellen Vermögensgegenständen bei Leistungsverbindlichkeiten			9291 Gegenkonto zu 9290
		9243 Investitionsverbindlichkeiten aus Käufen von Finanzanlagen bei Leistungsverbindlichkeiten			9292 Statistisches Konto Fremdgeld
		9244 Gegenkonto zu Konten 9240-9243			9293 Gegenkonto zu 9292
		9245 Forderungen aus Sachanlagenverkäufen bei sonstigen Vermögensgegenständen	Einlagen stiller Gesellschafter	G K	9295 Einlagen stiller Gesellschafter
		9246 Forderungen aus Verkäufen immaterieller Vermögensgegenstände bei sonstigen Vermögensgegenständen	Steuerrechtlicher Ausgleichsposten		9297 Steuerrechtlicher Ausgleichsposten
		9247 Forderungen aus Verkäufen von Finanzanlagen bei sonstigen Vermögensgegenständen			F 9300 -20 [7]
		9249 Gegenkonto zu Konten 9245-9247			F 9326 -43 [7]
		Eigenkapitalersetzende Gesellschafterdarlehen			F 9346 -49 [7]
		9250 Eigenkapitalersetzende Gesellschafterdarlehen			F 9357 -60 [7]
		9255 Ungesicherte Gesellschafterdarlehen mit Restlaufzeit größer 5 Jahre			F 9365 -67 [7]
		9259 Gegenkonto zu 9250 und 9255			F 9371 -72 [7]
		Aufgliederung der Rückstellungen			F9399 [7]
		9260 Kurzfristige Rückstellungen			**Privat Teilhafter (für Verrechnung Gesellschafterdarlehen mit Eigenkapitalcharakter - Konto 9840-9849)**
		9262 Mittelfristige Rückstellungen			9400 -09 Privatentnahmen allgemein
		9264 Langfristige Rückstellungen, außer Pensionen			9410 -19 Privatsteuern
		9269 Gegenkonto zu Konten 9260-9268			9420 -29 Sonderausgaben beschränkt abzugsfähig
		Statistische Konten für in der Bilanz auszuweisende Haftungsverhältnisse			9430 -39 Sonderausgaben unbeschränkt abzugsfähig
		9270 Gegenkonto zu 9271-9279 (Soll-Buchung)			9440 -49 Zuwendungen, Spenden
		9271 Verbindlichkeiten aus der Begebung und Übertragung von Wechseln			9450 -59 Außergewöhnliche Belastungen
		9272 Verbindlichkeiten aus der Begebung und Übertragung von Wechseln gegenüber verbundenen Unternehmen			9460 -69 Grundstücksaufwand
		9273 Verbindlichkeiten aus Bürgschaften, Wechsel- und Scheckbürgschaften			9470 -79 Grundstücksertrag
		9274 Verbindlichkeiten aus Bürgschaften, Wechsel- und Scheckbürgschaften gegenüber verbundenen Unternehmen			9480 -89 Unentgeltliche Wertabgaben
		9275 Verbindlichkeiten aus Gewährleistungsverträgen			9490 -99 Privateinlagen
		9276 Verbindlichkeiten aus Gewährleistungsverträgen gegenüber verbundenen Unternehmen			
		9277 Haftung aus der Bestellung von Sicherheiten für fremde Verbindlichkeiten			
		9278 Haftung aus der Bestellung von Sicherheiten für fremde Verbindlichkeiten gegenüber verbundenen Unternehmen			
		9279 Verpflichtungen aus Treuhandvermögen			

Bilanz-Posten[2]	Programmverbindung[4]	9 Vortrags-, Kapital- und statistische Konten
		Statistische Konten für die Kapitalkontenentwicklung
		9500 Anteil für Konto 0900-09
		-09 Teilhafter
		9510 Anteil für Konto 0910-19
		-19 Teilhafter
		9520 Anteil für Konto 0920-29
		-29 Teilhafter[12]
		9530 Anteil für Konto 0830-39
		-39 /9950-59 Teilhafter[8]
		9540 Anteil für Konto 0810-19
		-49 /9930-39 Vollhafter[8]
		9550 Anteil für Konto 9810-19
		-59 Vollhafter
		9560 Anteil für Konto 9820-29
		-69 Vollhafter
		9570 Anteil für Konto 0870-79
		-79 Vollhafter
		9580 Anteil für Konto 0880-89
		-89 Vollhafter
		9590 Anteil für Konto 0890-99
		-99 Vollhafter[12]
		9600 Name des Gesellschafters
		-09 Vollhafter
		9610 Tätigkeitsvergütung
		-19 Vollhafter
		9620 Tantieme
		-29 Vollhafter
		9630 Darlehensverzinsung
		-39 Vollhafter
		9640 Gebrauchsüberlassung
		-49 Vollhafter
		9650 Sonstige Vergütungen
		-89 Vollhafter
		9690 Restanteil
		-99 Vollhafter
		9700 Name des Gesellschafters
		-09 Teilhafter
		9710 Tätigkeitsvergütung
		-19 Teilhafter
		9720 Tantieme
		-29 Teilhafter
		9730 Darlehensverzinsung
		-39 Teilhafter
		9740 Gebrauchsüberlassung
		-49 Teilhafter
		9750 Sonstige Vergütungen
		-79 Teilhafter
		9780 Anteil für Konto 9840-49
		-89 Teilhafter
		9790 Restanteil
		-99 Teilhafter
		9800 Lösch- und Korrekturschlüssel
		9801 Lösch- und Korrekturschlüssel
		Kapital Personenhandelsgesellschaft Vollhafter
		9810 Gesellschafter Darlehen
		-19
		9820 Verlust-/Vortragskonto
		-29
		9830 Verrechnungskonto für Einzah-
		-39 lungsverpflichtungen
		Kapital Personenhandelsgesellschaft Teilhafter
		9840 Gesellschafter-Darlehen
		-49
		9850 Verrechnungskonto für Einzah-
		-59 lungsverpflichtungen
		Einzahlungsverpflichtungen im Bereich der Forderungen
		9860 Einzahlungsverpflichtungen per-
		-69 sönlich haftender Gesellschafter
		9870 Einzahlungsverpflichtungen
		-79 Kommanditisten

Bilanz-Posten[2]	Programmverbindung[4]	9 Vortrags-, Kapital- und statistische Konten
		Ausgleichsposten für aktivierte eigene Anteile und Bilanzierungshilfen
		9880 Ausgleichsposten für aktivierte eigene Anteile
		9882 Ausgleichsposten für aktivierte Bilanzierungshilfen
		Nicht durch Vermögenseinlagen gedeckte Entnahmen
		9883 Nicht durch Vermögenseinlagen gedeckte Entnahmen persönlich haftender Gesellschafter
		9884 Nicht durch Vermögenseinlagen gedeckte Entnahmen Kommanditisten
		Verrechnungskonto für nicht durch Vermögenseinlagen gedeckte Entnahmen
		9885 Verrechnungskonto für nicht durch Vermögenseinlagen gedeckte Entnahmen persönlich haftender Gesellschafter
		9886 Verrechnungskonto für nicht durch Vermögenseinlagen gedeckte Entnahmen Kommanditisten
		Steueraufwand der Gesellschafter
		9887 Steueraufwand der Gesellschafter
		9889 Gegenkonto zu 9887
		Statistische Konten für Gewinnzuschlag
		9890 Statistisches Konto für den Gewinnzuschlag nach §§ 6b, 6c und 7g EStG (Haben-Buchung)
	G K	9891 Statistisches Konto für den Gewinnzuschlag - Gegenkonto zu 9890
		Vorsteuer-/Umsatzsteuerkonten zur Korrektur der Forderungen/Verbindlichkeiten (EÜR)
		9893 Umsatzsteuer in den Forderungen zum allgemeinen Umsatzsteuersatz (EÜR)[13]
		9894 Umsatzsteuer in den Forderungen zum ermäßigten Umsatzsteuersatz (EÜR)[13]
		9895 Gegenkonto 9893-9894 für die Aufteilung der Umsatzsteuer (EÜR)[13]
		9896 Vorsteuer in den Verbindlichkeiten zum allgemeinen Umsatzsteuersatz (EÜR)[13]
		9897 Vorsteuer in den Verbindlichkeiten zum ermäßigten Umsatzsteuersatz (EÜR)[13]
		9899 Gegenkonto 9896-9897 für die Aufteilung der Vorsteuer (EÜR)[13]
		Statistische Konten zu § 4 (4a) EStG
		9910 Gegenkonto zur Korrektur der Entnahmen § 4 (4a) EStG[1]
		9911 Korrektur der Entnahmen § 4 (4a) EStG (Haben)[1]
		Ausstehende Einlagen
		9920 Ausstehende Einlagen auf das
		-29 Komplementär-Kapital, nicht eingefordert[1]
		9930 Ausstehende Einlagen auf das
		-39 Komplementär-Kapital, eingefordert[1]
		9940 Ausstehende Einlagen auf das
		-49 Kommandit-Kapital, nicht, eingefordert[1]
		9950 Ausstehende Einlagen auf das
		-59 Kommandit-Kapital, eingefordert[1]

Bilanz-Posten[2]	Programm-verbindung[4]	9 Vortrags-, Kapital- und statistische Konten	Bilanz-Posten[2]	Programm-verbindung[4]	9 Vortrags-, Kapital- und statistische Konten
		Personenkonten			
Sollsalden: Forderungen aus Lieferungen und Leistungen		10000 -69999 Debitoren			
Habensalden: Sonstige Verbindlichkeiten					
Habensalden: Verbindlichkeiten aus Lieferungen und Leistungen		70000 -99999 Kreditoren			
Sollsalden: Sonstige Vermögensgegenstände					

Erläuterungen zu den Kontenfunktionen:

Zusatzfunktionen (über einer Kontenklasse):

KU Keine Errechnung der Umsatzsteuer möglich
V Zusatzfunktion „Vorsteuer"
M Zusatzfunktion „Umsatzsteuer"

Hauptfunktionen (vor einem Konto)

AV Automatische Errechnung der Vorsteuer
AM Automatische Errechnung der Umsatzsteuer
S Sammelkonten
F Konten mit allgemeiner Funktion
R Diese Konten dürfen erst dann bebucht werden, wenn ihnen eine andere Funktion zugeteilt wurde.

Hinweise zu den Konten sind durch Fußnoten gekennzeichnet:

1) Konto für das Buchungsjahr 2006 neu eingeführt
2) Bilanz- und GuV-Posten große Kapitalgesellschaft GuV-Gesamtkostenverfahren Tabelle S4003
3) Diese Konten können mit BU-Schlüssel 10 bebucht werden. Das EG-Land und der ausländische Steuersatz werden über das EG-Fenster eingegeben.
4) Kontenbezogene Kennzeichnung der Programmverbindung in Kanzlei-Rechnungswesen/Bilanz zu Umsatzsteuererklärung (U), Gewerbesteuer (G) und Körperschaftsteuer (K).
Da bei Erstellung des SKR-Formulars die Steuererklärungsformulare noch nicht vorlagen, können sich Abweichungen zwischen den in der Programmverbindung berücksichtigten Konten und den Programmverbindungskennzeichen ergeben.
5) Programmseitige Reduzierung des vollen Betrags auf die gewerbesteuerlich relevante Höhe
6) Die Konten 0930 Sonderposten mit Rücklageanteil, steuerfreie Rücklagen und 0940 Sonderposten mit Rücklageanteil, Sonderabschreibungen gelten als Hauptkonten für Sachverhalte, die in diesen Kontenbereichen nicht als spezieller Sachverhalt auf Einzelkonten dargestellt sind.
7) Diese Konten werden für die BWA-Formen 03, 10 und 70 mit statistischen Mengeneinheiten bebucht und wurden mit der Umrechnungssperre, Funktion 18000 belegt.
8) Kontenbeschriftung in 2006 geändert
9) An der Schnittstelle zu GewSt werden die Erträge zu 50 % als steuerfrei und die Aufwendungen zu 50 % als nicht abziehbar behandelt.
An der Schnittstelle zu KSt werden die Erträge zu 100 % als steuerfrei und die Aufwendungen zu 100 % als nicht abziehbar behandelt.
Siehe § 3 Nr. 40 EStG, § 3c EStG und § 8b KStG.
10) Diese Konten haben ab Buchungsjahr 2005 nicht mehr die Zusatzfunktion KU. Bitte verwenden Sie diese Konten nur noch in Verbindung mit einem Gegenkonto mit Geldkontenfunktion.
11) Das Konto wird ab Buchungjahr 2004 nur noch für Auswertungen mit Vorjahresvergleich benötigt.
12) Die Konten haben in den Zuordnungstabellen (ZOT) S 5203 und S 0503 Eigenkapitalcharakter. In allen anderen ZOT für Personengesellschaften werden diese Konten im Fremdkapital ausgewiesen.
13) Das Konto wurde ab 2004 für die Gewinnermittlung nach § 4 Abs. 3 EStG eingeführt.
Nach § 60 Abs. 4 EStDV ist bei einer Gewinnermittlung nach § 4 Abs. 3 EStG der Steuererklärung ein amtlich vorgeschriebener Vordruck beizufügen, -Einnahmenüberschussrechnung - EÜR-.
14) Diese Konten empfehlen wir für die Einrichtung der Kontenfunktion für die automatische Umbuchung der abzugsfähigen Bewirtungskosten mit 7 % (Konto 4656) und 0 % (Konto 4657) Vorsteuerabzug.
15) Die Konten wurden zur Aufteilung nach Steuersätzen am Jahresende eingerichtet und sollten unterjährig nicht bebucht werden. Bitte beachten Sie die Buchungsregeln im Dok.-Nr. 1012932 der Informations-Datenbank.
16) Das Konto wird ab dem Buchungsjahr 2007 gelöscht.
17) Das Konto wird in Körperschaftsteuer ausschliesslich in die Positionen „Eigen-/Nennkapital zum Schluss des vorangegangenen Wirtschaftjahres" übernommen.

Bedeutung der Steuerschlüssel:

1 Umsatzsteuerfrei (mit Vorsteuerabzug)
2 Umsatzsteuer 7 %
3 Umsatzsteuer 16 %
4 gesperrt
5 Umsatzsteuer 15 %
6 gesperrt
7 Vorsteuer 15 %
8 Vorsteuer 7 %
9 Vorsteuer 16 %

Nachschlagewerke zu Buchungsfällen:

Bei Fragen zu besonderen Buchungssachverhalten im Bereich der Finanzbuchführung und Jahresabschluss bietet die DATEV folgende Nachschlagewerke an:

Buchungs-ABC (Art.-Nr. 10 013)
Buchungsregeln für den Jahresabschluss
(Art.-Nr. 36 020 oder Dok.-Nr. 0907735 auf der Informations-Datenbank)

Bedeutung der Berichtigungsschlüssel:

1 Steuerschlüssel bei Buchungen mit einem EG-Tatbestand ab Buchungsjahr 1993
2 Generalumkehr
3 Generalumkehr bei aufzuteilender Vorsteuer
4 Aufhebung der Automatik
5 Individueller Umsatzsteuer-Schlüssel
6 Generalumkehr bei Buchungen mit einem EG-Tatbestand ab Buchungsjahr 1993
7 Generalumkehr bei individuellem Umsatzsteuer-Schlüssel
8 Generalumkehr bei Aufhebung der Automatik
9 Aufzuteilende Vorsteuer

Bedeutung der Steuerschlüssel bei Buchungen mit einem EG-Tatbestand (6. und 7. Stelle des Gegenkontos):

10 nicht steuerbarer Umsatz in Deutschland (Steuerpflicht im anderen EG-Land)
11 Umsatzsteuerfrei (mit Vorsteuerabzug)
12 Umsatzsteuer 7 %
13 Umsatzsteuer 16 %
15 Umsatzsteuer 15 %
17 Umsatzsteuer/Vorsteuer 15 % / 15 %
18 Umsatzsteuer/Vorsteuer 7 % / 7 %
19 Umsatzsteuer/Vorsteuer 16 % / 16 %

Bedeutung der Generalumkehrschlüssel bei Buchungen mit einem EG-Tatbestand (6. und 7. Stelle des Gegenkontos):

60 nicht steuerbarer Umsatz in Deutschland (Steuerpflicht im anderen EG-Land)
61 Umsatzsteuerfrei (mit Vorsteuerabzug)
62 Umsatzsteuer 7 %
63 Umsatzsteuer 16 %
65 Umsatzsteuer 15 %
67 Umsatzsteuer/Vorsteuer 15 % / 15 %
68 Umsatzsteuer/Vorsteuer 7 % / 7 %
69 Umsatzsteuer/Vorsteuer 16 % / 16 %

Bedeutung der Steuerschlüssel 91/92/94/95 und 46 (6. und 7. Stelle des Gegenkontos)
Umsatzsteuerschlüssel für die Verbuchung von Umsätzen, für die der Leistungsempfänger die Steuer nach § 13b UStG schuldet.

Beim Leistungsempfänger:

91 7 % Vorsteuer und 7 % Umsatzsteuer
92 ohne Vorsteuer und 7 % Umsatzsteuer
94 16 % Vorsteuer und 16 % Umsatzsteuer
95 ohne Vorsteuer und 16 % Umsatzsteuer

Die Unterscheidung der verschiedenen Sachverhalte nach § 13b UStG **erfolgt** nach Eingabe des Steuerschlüssels direkt bei der Erfassung des Buchungssatzes

Beim Leistenden:

46 Ausweis Kennzahl 60 der UStVA

Erläuterungen zur Kennzeichnung von Konten für die Programmverbindung zwischen Kanzlei-Rechnungswesen/Bilanz und Steuerprogrammen:

Die Erweiterung des Standardkontenrahmens um zusätzliche Konten und besondere Kennzeichen verbessert weiter die Integration der DATEV-Programme und erleichtert die Arbeit für Anwender von Kanzlei-Rechnungswesen/Bilanz, die gleichzeitig DATEV-Steuerprogramme nutzen. Steuerliche Belange können bereits während des Kontierens stärker berücksichtigt werden.
In der Spalte Programmverbindung werden die Konten gekennzeichnet, die über die Schnittstelle in Kanzlei-Rechnungswesen/Bilanz an das entsprechende Steuerprogramm Umsatzsteuererklärung (U), Gewerbesteuer (G) und Körperschaftsteuer (K) weitergegeben und an entsprechender Stelle der Steuerberechnung zu Grunde gelegt werden.
Die Kennzeichnung „G" und „K" an Standardkonten umfasst für die Weitergabe an Gewerbesteuer und Körperschaftsteuer auch die nachfolgenden Konten bis zum nächsten standardmäßig belegten Konto. Die Kennzeichnung „U" an Standardkonten stellt die Weitergabe an Umsatzsteuererklärung dar. Kontenbereiche werden nur weitergegeben, wenn sie im Standardkontenrahmen ausgewiesen sind (z. B. AM 8400-09).
Wegen der über weite Bereiche geschlossenen Kontenabfrage für Erbschaft- und Schenkungsteuer wird auf eine einzelne Kennzeichnung verzichtet. An Erbschaft- und Schenkungsteuer werden folgende Bereiche an Aktiv- und Passivkonten weitergegeben:

0010-0049	0513-0515	0947-0947	0996-1326
0079-0079	0520-0524	0950-0968	1330-1339
0129-0139	0540-0799	0970-0971	1350-1799
0159-0159	0810-0819	0973-0975	3970-3989
0189-0189	0830-0839	0977-0977	7000-7999
0199-0499	0934-0934	0979-0982	9930-9939
0505-0509	0938-0938	0984-0991	9950-9959

Nicht gekennzeichnet sind solche Konten, die lediglich eine rechnerische Hilfsfunktion im steuerlichen Sinne ausüben wie Löhne und Gehälter sowie Umsätze für die Berechnung des zulässigen Spendenabzugs im Rahmen von Gewerbesteuer und Körperschaftsteuer.
Abgebildet wird mit den Kennzeichen die Programmverbindung, nicht der steuerliche Ursprung. Die Gewerbesteuer-Berechnung für Körperschaften ist in das Produkt Körperschaftsteuer integriert. Daher ist an Konten mit gewerbesteuerlichem Merkmal auch ein „K" für diese Programmverbindung zu finden.

DATEV-Kontenrahmen nach dem Bilanzrichtlinien-Gesetz
Standardkontenrahmen (SKR) 04 – (Abschlussgliederungsprinzip)
Gültig ab 2006

Bilanz-Posten[2]	Programmverbindung[4]	0 Anlagevermögenskonten	
			Ausstehende Einlagen auf das gezeichnete Kapital
Ausstehende Einlagen auf das gezeichnete Kapital		0001	Ausstehende Einlagen auf das gezeichnete Kapital, nicht eingefordert (Aktivausweis)
		0040	Ausstehende Einlagen auf das gezeichnete Kapital, eingefordert (Aktivausweis)
Sonstige Aktiva oder *sonstige Passiva*		0050 -59	Ausstehende Einlagen auf das Komplementär-Kapital, nicht eingefordert
		0060 -69	Ausstehende Einlagen auf das Komplementär-Kapital, eingefordert
		0070 -79	Ausstehende Einlagen auf das Kommandit-Kapital, nicht eingefordert
		0080 -89	Ausstehende Einlagen auf das Kommandit-Kapital, eingefordert
			Aufwendungen für die Ingangsetzung und Erweiterung des Geschäftsbetriebs
Aufwendungen für die Ingangsetzung und Erweiterung des Geschäftsbetriebs		0095	Aufwendungen für die Ingangsetzung und Erweiterung des Geschäftsbetriebs
Aufwendungen für die Währungsumstellung auf den Euro		0096	Aufwendungen für die Währungsumstellung auf den Euro
			Anlagevermögen
			Immaterielle Vermögensgegenstände
Konzessionen, gewerbliche Schutzrechte und ähnliche Rechte und Werte sowie Lizenzen an solchen Rechten und Werten		**0100**	**Konzessionen, gewerbliche Schutzrechte und ähnliche Rechte und Werte sowie Lizenzen an solchen Rechten und Werten**
		0110	Konzessionen
		0120	Gewerbliche Schutzrechte
		0130	Ähnliche Rechte und Werte
		0135	EDV-Software
		0140	Lizenzen an gewerblichen Schutzrechten und ähnlichen Rechten und Werten
Geschäfts- oder Firmenwert		**0150**	**Geschäfts- oder Firmenwert**
Verschmelzungsmehrwert		**0160**	**Verschmelzungsmehrwert**
Geleistete Anzahlungen		**0170**	**Geleistete Anzahlungen auf immaterielle Vermögensgegenstände**
		0179	**Anzahlungen auf Geschäfts- oder Firmenwert**
			Sachanlagen
Grundstücke, grundstücksgleiche Rechte und Bauten einschließlich der Bauten auf fremden Grundstücken		**0200**	**Grundstücke, grundstücksgleiche Rechte und Bauten einschließlich der Bauten auf fremden Grundstücken**
		0210	Grundstücke und grundstücksgleiche Rechte ohne Bauten
		0215	Unbebaute Grundstücke
		0220	Grundstücksgleiche Rechte (Erbbaurecht, Dauerwohnrecht)
		0225	Grundstücke mit Substanzverzehr
		0229	Grundstücksanteil des häuslichen Arbeitszimmers[1][13]
		0230	Bauten auf eigenen Grundstücken und grundstücksgleichen Rechten
		0235	Grundstückswerte eigener bebauter Grundstücke
		0240	Geschäftsbauten

Bilanz-Posten[2]	Programmverbindung[4]	0 Anlagevermögenskonten	
Grundstücke, grundstücksgleiche Rechte und Bauten einschließlich der Bauten auf fremden Grundstücken		0250	Fabrikbauten
		0260	Andere Bauten
		0270	Garagen
		0280	Außenanlagen für Geschäfts-, Fabrik- und andere Bauten
		0285	Hof- und Wegebefestigungen
		0290	Einrichtungen für Geschäfts-, Fabrik- und andere Bauten
		0300	Wohnbauten
		0305	Garagen
		0310	Außenanlagen
		0315	Hof- und Wegebefestigungen
		0320	Einrichtungen für Wohnbauten
		0329	Gebäudeteil des häuslichen Arbeitszimmers[1][13]
		0330	Bauten auf fremden Grundstücken
		0340	Geschäftsbauten
		0350	Fabrikbauten
		0360	Wohnbauten
		0370	Andere Bauten
		0380	Garagen
		0390	Außenanlagen
		0395	Hof- und Wegebefestigungen
		0398	Einrichtungen für Geschäfts-, Fabrik-, Wohn- und andere Bauten
Technische Anlagen und Maschinen		**0400**	**Technische Anlagen und Maschinen**
		0420	Technische Anlagen
		0440	Maschinen
		0460	Maschinengebundene Werkzeuge
		0470	Betriebsvorrichtungen
Andere Anlagen, Betriebs- und Geschäftsausstattung		**0500**	**Andere Anlagen, Betriebs- und Geschäftsausstattung**
		0510	Andere Anlagen
		0520	Pkw
		0540	Lkw
		0560	Sonstige Transportmittel
		0620	Werkzeuge
		0640	Ladeneinrichtung
		0650	Büroeinrichtung
		0660	Gerüst- und Schalungsmaterial
		0670	Geringwertige Wirtschaftsgüter bis 410 Euro
		0680	Einbauten in fremde Grundstücke
		0690	Sonstige Betriebs- und Geschäftsausstattung
Geleistete Anzahlungen und Anlagen im Bau		**0700**	**Geleistete Anzahlungen und Anlagen im Bau**
		0705	Anzahlungen auf Grundstücke und grundstücksgleiche Rechte ohne Bauten
		0710	Geschäfts-, Fabrik- und andere Bauten im Bau auf eigenen Grundstücken
		0720	Anzahlungen auf Geschäfts-, Fabrik- und andere Bauten auf eigenen Grundstücken und grundstücksgleichen Rechten
		0725	Wohnbauten im Bau
		0735	Anzahlungen auf Wohnbauten auf eigenen Grundstücken und grundstücksgleichen Rechten
		0740	Geschäfts-, Fabrik- und andere Bauten im Bau auf fremden Grundstücken
		0750	Anzahlungen auf Geschäfts-, Fabrik- und andere Bauten auf fremden Grundstücken
		0755	Wohnbauten im Bau
		0765	Anzahlungen auf Wohnbauten auf fremden Grundstücken
		0770	Technische Anlagen und Maschinen im Bau
		0780	Anzahlungen auf technische Anlagen und Maschinen
		0785	Andere Anlagen, Betriebs- und Geschäftsausstattung im Bau
		0795	Anzahlungen auf andere Anlagen, Betriebs- und Geschäftsausstattung

Bilanz-Posten[2]	Programm-verbindung[4]	0 Anlagevermögenskonten
		Finanzanlagen
Anteile an verbundenen Unternehmen		**0800 Anteile an verbundenen Unternehmen**
		0809 Anteile an herrschender oder mit Mehrheit beteiligter Gesellschaft
Ausleihungen an verbundene Unternehmen		**0810 Ausleihungen an verbundene Unternehmen**
Beteiligungen		**0820 Beteiligungen**
		0829 Beteiligung einer GmbH & Co. KG an einer Komplementär GmbH
		0830 Typisch stille Beteiligungen
		0840 Atypisch stille Beteiligungen
		0850 Andere Beteiligungen an Kapitalgesellschaften
		0860 Andere Beteiligungen an Personengesellschaften
Ausleihungen an Unternehmen, mit denen ein Beteiligungsverhältnis besteht		**0880 Ausleihungen an Unternehmen, mit denen ein Beteiligungsverhältnis besteht**
Wertpapiere des Anlagevermögens		**0900 Wertpapiere des Anlagevermögens**
		0910 Wertpapiere mit Gewinnbeteiligungsansprüchen
		0920 Festverzinsliche Wertpapiere
Sonstige Ausleihungen		**0930 Sonstige Ausleihungen**
		0940 Darlehen
		0960 Ausleihungen an Gesellschafter
		0970 Ausleihungen an nahe stehende Personen
Genossenschaftsanteile		**0980 Genossenschaftsanteile zum langfristigen Verbleib**
Rückdeckungsansprüche aus Lebensversicherungen		**0990 Rückdeckungsansprüche aus Lebensversicherungen zum langfristigen Verbleib**

Bilanz-Posten[2]	Programm-verbindung[4]	1 Umlaufvermögenskonten
		KU 1000-1179 V 1180-1189 M 1190-1199 KU 1200-1899
		Vorräte
Roh-, Hilfs- und Betriebsstoffe		**1000-39 Roh-, Hilfs- und Betriebsstoffe (Bestand)**
Unfertige Erzeugnisse, unfertige Leistungen		**1040-49 Unfertige Erzeugnisse, unfertige Leistungen (Bestand)**
		1050-79 Unfertige Erzeugnisse
		1080-89 Unfertige Leistungen
In Ausführung befindliche Bauaufträge		1090-94 In Ausführung befindliche Bauaufträge
In Arbeit befindliche Aufträge		1095-99 In Arbeit befindliche Aufträge
Fertige Erzeugnisse und Waren		**1100-09 Fertige Erzeugnisse und Waren (Bestand)**
		1110-39 Fertige Erzeugnisse (Bestand)
		1140-79 Waren (Bestand)
Geleistete Anzahlungen		**1180 Geleistete Anzahlungen auf Vorräte**
		AV 1181 Geleistete Anzahlungen 7 % Vorsteuer
		R 1182-83
		AV 1184 Geleistete Anzahlungen 16 % Vorsteuer
		AV 1185 Geleistete Anzahlungen 15 % Vorsteuer
		R 1186
Erhaltene Anzahlungen auf Bestellungen		1190 Erhaltene Anzahlungen auf Bestellungen (von Vorräten offen abgesetzt)
		Forderungen und sonstige Vermögensgegenstände
Forderungen aus Lieferungen und Leistungen oder *sonstige Verbindlichkeiten*		**S 1200 Forderungen aus Lieferungen und Leistungen**
		R 1201-06 Forderungen aus Lieferungen und Leistungen
		F 1210-14 Forderungen aus Lieferungen und Leistungen ohne Kontokorrent
		F 1215 Forderungen aus Lieferungen und Leistungen zum allgemeinen Umstzsteuersatz oder eines Kleinunternehmers (EÜR)[13]
		F 1216 Forderungen aus Lieferungen und Leistungen zum ermäßigten Umsatzsteuersatz (EÜR)[13]
		F 1217 Forderungen aus steuerfreien oder nicht steuerbaren Lieferungen und Leistungen (EÜR)[13]
		F 1218 Forderungen aus Lieferungen und Leistungen nach Durchschnittssätzen gemäß § 24 UStG (EÜR)[13]
		F 1219 Gegenkonto 1215-1218 bei Aufteilung der Forderungen nach Steuersätzen (EÜR)[13]
		F 1220 Forderungen nach § 11 Abs. 1 Satz 2 EStG für § 4/3 EStG
		F 1221 Forderungen aus Lieferungen und Leistungen ohne Kontokorrent – Restlaufzeit bis 1 Jahr
		F 1225 – Restlaufzeit größer 1 Jahr
		F 1230 Wechsel aus Lieferungen und Leistungen
		F 1231 – Restlaufzeit bis 1 Jahr
		F 1232 – Restlaufzeit größer 1 Jahr

Bilanz-Posten[2]	Programmverbindung[4]	1	Umlaufvermögenskonten
Forderungen aus Lieferungen und Leistungen oder *sonstige Verbindlichkeiten*		F 1235	Wechsel aus Lieferungen und Leistungen, bundesbankfähig
		F 1240	Zweifelhafte Forderungen
		F 1241	– Restlaufzeit bis 1 Jahr
		F 1245	– Restlaufzeit größer 1 Jahr
Forderungen aus Lieferungen und Leistungen H-Saldo		1246	Einzelwertberichtigungen zu Forderungen mit einer Restlaufzeit bis zu 1 Jahr
		1247	Einzelwertberichtigungen zu Forderungen mit einer Restlaufzeit von mehr als 1 Jahr
		1248	Pauschalwertberichtigung zu Forderungen mit einer Restlaufzeit bis zu 1 Jahr
		1249	Pauschalwertberichtigung zu Forderungen mit einer Restlaufzeit von mehr als 1 Jahr
Forderungen aus Lieferungen und Leistungen oder *sonstige Verbindlichkeiten*		F 1250	Forderungen aus Lieferungen und Leistungen gegen Gesellschafter
		F 1251	– Restlaufzeit bis 1 Jahr
		F 1255	– Restlaufzeit größer 1 Jahr
Forderungen aus Lieferungen und Leistungen H-Saldo		1258	Gegenkonto zu sonstigen Vermögensgegenständen bei Buchungen über Debitorenkonto
Forderungen aus Lieferungen und Leistungen H-Saldo oder *sonstige Verbindlichkeiten S-Saldo*		1259	Gegenkonto 1221-1229, 1250-1257, 1270-1279, 1290-1297 bei Aufteilung Debitorenkonto
Forderungen gegen verbundene Unternehmen oder *Verbindlichkeiten gegenüber verbundenen Unternehmen*		**1260**	**Forderungen gegen verbundene Unternehmen**
		1261	– Restlaufzeit bis 1 Jahr
		1265	– Restlaufzeit größer 1 Jahr
		1266	Besitzwechsel gegen verbundene Unternehmen
		1267	– Restlaufzeit bis 1 Jahr
		1268	– Restlaufzeit größer 1 Jahr
		1269	Besitzwechsel gegen verbundene Unternehmen, bundesbankfähig
		F 1270	Forderungen aus Lieferungen und Leistungen gegen verbundene Unternehmen
		F 1271	– Restlaufzeit bis 1 Jahr
		F 1275	– Restlaufzeit größer 1 Jahr
Forderungen gegen verbundene Unternehmen H-Saldo		1276	Wertberichtigungen zu Forderungen mit einer Restlaufzeit bis zu 1 Jahr gegen verbundene Unternehmen
		1277	Wertberichtigungen zu Forderungen mit einer Restlaufzeit von mehr als 1 Jahr gegen verbundene Unternehmen
Forderungen gegen Unternehmen, mit denen ein Beteiligungsverhältnis besteht oder *Verbindlichkeiten gegenüber Unternehmen, mit denen ein Beteiligungsverhältnis besteht*		**1280**	**Forderungen gegen Unternehmen, mit denen ein Beteiligungsverhältnis besteht**
		1281	– Restlaufzeit bis 1 Jahr
		1285	– Restlaufzeit größer 1 Jahr
		1286	Besitzwechsel gegen Unternehmen, mit denen ein Beteiligungsverhältnis besteht
		1287	– Restlaufzeit bis 1 Jahr
		1288	– Restlaufzeit größer 1 Jahr
		1289	Besitzwechsel gegen Unternehmen, mit denen ein Beteiligungsverhältnis besteht, bundesbankfähig
		F 1290	Forderungen aus Lieferungen und Leistungen gegen Unternehmen, mit denen ein Beteiligungsverhältnis besteht
		F 1291	– Restlaufzeit bis 1 Jahr
		F 1295	– Restlaufzeit größer 1 Jahr

Bilanz-Posten[2]	Programmverbindung[4]	1	Umlaufvermögenskonten
Forderungen gegen Unternehmen, mit denen ein Beteiligungsverhältnis besteht H-Saldo		1296	Wertberichtigungen zu Forderungen mit einer Restlaufzeit bis zu 1 Jahr gegen Unternehmen, mit denen ein Beteiligungsverhältnis besteht
		1297	Wertberichtigungen zu Forderungen mit einer Restlaufzeit von mehr als 1 Jahr gegen Unternehmen, mit denen ein Beteiligungsverhältnis besteht
Eingeforderte, noch ausstehende Kapitaleinlagen		**1298**	**Ausstehende Einlagen auf das gezeichnete Kapital, eingefordert (Forderungen, nicht eingeforderte ausstehende Einlagen s. Konto 2910)**
Eingeforderte Nachschüsse		**1299**	**Eingeforderte Nachschüsse (Gegenkonto 2929)**
Sonstige Vermögensgegenstände		**1300**	**Sonstige Vermögensgegenstände**
		1301	– Restlaufzeit bis 1 Jahr
		1305	– Restlaufzeit größer 1 Jahr
		1310	Forderungen gegen Vorstandsmitglieder und Geschäftsführer
		1311	– Restlaufzeit bis 1 Jahr
		1315	– Restlaufzeit größer 1 Jahr
		1320	Forderungen gegen Aufsichtsrats- und Beirats-Mitglieder
		1321	– Restlaufzeit bis 1 Jahr
		1325	– Restlaufzeit größer 1 Jahr
		1330	Forderungen gegen Gesellschafter
		1331	– Restlaufzeit bis 1 Jahr
		1335	– Restlaufzeit größer 1 Jahr
		1340	Forderungen gegen Personal aus Lohn- und Gehaltsabrechnung
		1341	– Restlaufzeit bis 1 Jahr
		1345	– Restlaufzeit größer 1 Jahr
		1350	Kautionen
		1351	– Restlaufzeit bis 1 Jahr
		1355	– Restlaufzeit größer 1 Jahr
		1360	Darlehen
		1361	– Restlaufzeit bis 1 Jahr
		1365	– Restlaufzeit größer 1 Jahr
Sonstige Vermögensgegenstände oder *sonstige Verbindlichkeiten*		1370	Durchlaufende Posten
		1374	Fremdgeld
Sonstige Vermögensgegenstände		1375	Agenturwarenabrechnung
Sonstige Vermögensgegenstände oder *sonstige Verbindlichkeiten*	U	F 1376	Nachträglich abziehbare Vorsteuer, § 15a Abs. 2 UStG[1]
	U	F 1377	Zurückzuzahlende Vorsteuer, § 15a Abs. 2 UStG[1]
Sonstige Vermögensgegenstände		1378	Ansprüche aus Rückdeckungsversicherungen
		1390	GmbH-Anteile zum kurzfristigen Verbleib
		1395	Genossenschaftsanteile zum kurzfristigen Verbleib
Sonstige Vermögensgegenstände oder *sonstige Verbindlichkeiten*	U	F 1396	Nachträglich abziehbare Vorsteuer, § 15a Abs. 1 UStG, bewegliche Wirtschaftsgüter
	U	F 1397	Zurückzuzahlende Vorsteuer, § 15a Abs. 1 UStG, bewegliche Wirtschaftsgüter
	U	F 1398	Nachträglich abziehbare Vorsteuer, § 15a Abs. 1 UStG, unbewegliche Wirtschaftsgüter
	U	F 1399	Zurückzuzahlende Vorsteuer, § 15a Abs. 1 UStG, unbewegliche Wirtschaftsgüter
	U	S 1400	Abziehbare Vorsteuer
	U	S 1401	Abziehbare Vorsteuer 7 %
	U	S 1402	Abziehbare Vorsteuer aus innergemeinschaftlichem Erwerb
	U	S 1403	Abziehbare Vorsteuer aus innergemeinschaftlichem Erwerb 16 %

Bilanz-Posten[2)]	Programmverbindung[4)]	1 Umlaufvermögenskonten
Sonstige Vermögensgegenstände oder *sonstige Verbindlichkeiten*		R 1404
	U	S 1405 Abziehbare Vorsteuer 16 %
		R 1406 -07
	U	S 1408 Abziehbare Vorsteuer nach § 13b UStG
	U	S 1409 Abziehbare Vorsteuer nach § 13b UStG 16 %
		S 1410 Aufzuteilende Vorsteuer
		S 1411 Aufzuteilende Vorsteuer 7 %
		S 1412 Aufzuteilende Vorsteuer aus innergemeinschaftlichem Erwerb
		R 1413 -14
		S 1415 Aufzuteilende Vorsteuer 16 %
		R 1416
		S 1417 Aufzuteilende Vorsteuer nach §§ 13a/13b UStG
		S 1418 Aufzuteilende Vorsteuer nach §§ 13a/13b UStG 16 %
		R 1419
Sonstige Vermögensgegenstände		1420 Umsatzsteuerforderungen
Sonstige Vermögensgegenstände oder *sonstige Verbindlichkeiten*		1421 Umsatzsteuerforderungen laufendes Jahr
Sonstige Vermögensgegenstände		1422 Umsatzsteuerforderungen Vorjahr
		1425 Umsatzsteuerforderungen frühere Jahre
		1427 Forderungen aus entrichteten Verbrauchsteuern
Sonstige Vermögensgegenstände oder *sonstige Verbindlichkeiten*		R 1430
	U	S 1431 Abziehbare Vorsteuer aus der Auslagerung von Gegenständen aus einem Umsatzsteuerlager
	U	S 1432 Abziehbare Vorsteuer aus innergemeinschaftlichem Erwerb von Neufahrzeugen von Lieferanten ohne Umsatzsteuer-Identifikationsnummer
	U	F 1433 Bezahlte Einfuhrumsatzsteuer
		1434 Vorsteuer im Folgejahr abziehbar
Sonstige Vermögensgegenstände		1435 Steuerüberzahlungen
		R 1436
		1440 Steuererstattungsanspruch gegenüber anderen EG-Ländern
		1450 Körperschaftsteuerrückforderung
		F 1456 Forderungen an das Finanzamt aus abgeführtem Bauabzugsbetrag
Sonstige Vermögensgegenstände oder *sonstige Verbindlichkeiten*		F 1460 Geldtransit
		1480 Gegenkonto Vorsteuer § 4/3 EStG
		1481 Auflösung Vorsteuer aus Vorjahr § 4/3 EStG
		1482 Vorsteuer aus Investitionen § 4/3 EStG
		F 1483 Gegenkonto für Vorsteuer nach Durchschnittssätzen für § 4 Abs. 3 EStG[13)]
	U	F 1484 Vorsteuer nach allgemeinen Durchschnittssätzen UStVA Kz. 63
		F 1485 Verrechnungskonto Gewinnermittlung § 4/3 EStG, ergebniswirksam
		F 1486 Verrechnungskonto Gewinnermittlung § 4/3 EStG, nicht ergebniswirksam
		F 1490 Verrechnungskonto Ist-Versteuerung
Sonstige Verbindlichkeiten S-Saldo		F 1495 Verrechnungskonto erhaltene Anzahlungen bei Buchung über Debitorenkonto

Bilanz-Posten[2)]	Programmverbindung[4)]	1 Umlaufvermögenskonten
Sonstige Vermögensgegenstände oder *sonstige Verbindlichkeiten*		F 1498 Überleitungskonto Kostenstellen
		Wertpapiere
Anteile an verbundenen Unternehmen		**1500 Anteile an verbundenen Unternehmen (Umlaufvermögen)**
		1504 Anteile an herrschender oder mit Mehrheit beteiligter Gesellschaft
Eigene Anteile		**1505 Eigene Anteile**
Sonstige Wertpapiere		**1510 Sonstige Wertpapiere**
		1520 Finanzwechsel
		1525 Andere Wertpapiere mit unwesentlichen Wertschwankungen im Sinne Textziffer 18 DRS 2
		1530 Wertpapieranlagen im Rahmen der kurzfristigen Finanzdisposition
		Kassenbestand, Bundesbankguthaben, Guthaben bei Kreditinstituten und Schecks
Kassenbestand, Bundesbankguthaben, Guthaben bei Kreditinstituten und Schecks		**F 1550 Schecks**
		F 1600 Kasse
		F 1610 Nebenkasse 1
		F 1620 Nebenkasse 2
Kassenbestand, Bundesbankguthaben, Guthaben bei Kreditinstituten und Schecks oder *Verbindlichkeiten gegenüber Kreditinstituten*		**F 1700 Postbank**
		F 1710 Postbank 1
		F 1720 Postbank 2
		F 1730 Postbank 3
		F 1780 LZB-Guthaben
		F 1790 Bundesbankguthaben
		F 1800 Bank
		F 1810 Bank 1
		F 1820 Bank 2
		F 1830 Bank 3
		F 1840 Bank 4
		F 1850 Bank 5
		1890 Finanzmittelanlagen im Rahmen der kurzfristigen Finanzdisposition
		Abgrenzungsposten
Rechnungsabgrenzungsposten		**1900 Aktive Rechnungsabgrenzung**
		1920 Als Aufwand berücksichtigte Zölle und Verbrauchsteuern auf Vorräte
		1930 Als Aufwand berücksichtigte Umsatzsteuer auf Anzahlungen
		1940 Damnum/Disagio
Abgrenzung latenter Steuern		**1950 Abgrenzung aktive latente Steuern**

Bilanz-Posten[2]	Programmverbindung[4]	2 Eigenkapitalkonten
		KU 2000-2348 V 2349[10] KU 2350-2398 M 2399[10] KU 2400-2999
		Kapital Vollhafter/Einzelunternehmer
		2000-09 Festkapital
		2010-19 Variables Kapital
		2020-29 Gesellschafter-Darlehen[12]
		2030-49 (zur freien Verfügung)
		Kapital Teilhafter
		2050-59 Kommandit-Kapital
		2060-69 Verlustausgleichskonto
		2070-79 Gesellschafter-Darlehen[12]
		2080-99 (zur freien Verfügung)
		Privat Vollhafter/Einzelunternehmer
		2100-29 Privatentnahmen allgemein
		2130-49 Unentgeltliche Wertabgaben
		2150-79 Privatsteuern
		2180-99 Privateinlagen
		2200-29 Sonderausgaben beschränkt abzugsfähig
		2230-49 Sonderausgaben unbeschränkt abzugsfähig
		2250-79 Zuwendungen, Spenden
		2280-99 Außergewöhnliche Belastungen
		2300-48 Grundstücksaufwand
		2349 Grundstücksaufwand (Umsatzsteuerschlüssel möglich)[10]
		2350-98 Grundstücksertrag
		2399 Grundstücksertrag (Umsatzsteuerschlüssel möglich)[10]
		Privat Teilhafter
		2500-29 Privatentnahmen allgemein
		2530-49 Unentgeltliche Wertabgaben
		2550-79 Privatsteuern
		2580-99 Privateinlagen
		2600-29 Sonderausgaben beschränkt abzugsfähig
		2630-49 Sonderausgaben unbeschränkt abzugsfähig
		2650-79 Zuwendungen, Spenden
		2680-99 Außergewöhnliche Belastungen
		2700-49 Grundstücksaufwand
		2750-99 Grundstücksertrag

Bilanz-Posten[2]	Programmverbindung[4]	2 Eigenkapitalkonten
		Gezeichnetes Kapital
Gezeichnetes Kapital	K	**2900 Gezeichnetes Kapital[17]**
Nicht eingeforderte ausstehende Einlagen		2910 Ausstehende Einlagen auf das gezeichnete Kapital, nicht eingefordert (Passivausweis, von gezeichnetem Kapital offen abgesetzt; eingeforderte ausstehende Einlagen s. Konto 1298)
		Kapitalrücklage
Kapitalrücklage	K	**2920 Kapitalrücklage[17]**
	K	2925 Kapitalrücklage durch Ausgabe von Anteilen über Nennbetrag[17]
	K	2926 Kapitalrücklage durch Ausgabe von Schuldverschreibungen für Wandlungsrechte und Optionsrechte zum Erwerb von Anteilen[17]
	K	2927 Kapitalrücklage durch Zuzahlungen gegen Gewährung eines Vorzugs für Anteile[17]
	K	2928 Andere Zuzahlungen in das Eigenkapital[17]
	K	2929 Eingefordertes Nachschusskapital (Gegenkonto 1299)[17]
		Gewinnrücklagen
Gesetzliche Rücklage	K	**2930 Gesetzliche Rücklage[17]**
Rücklage für eigene Anteile	K	**2940 Rücklage für eigene Anteile[17]**
Satzungsmäßige Rücklagen	K	**2950 Satzungsmäßige Rücklagen[17]**
Andere Gewinnrücklagen	K	**2960 Andere Gewinnrücklagen[17]**
	K	2962 Eigenkapitalanteil von Wertaufholungen[17]
		Gewinnvortrag/Verlustvortrag vor Verwendung
Gewinnvortrag oder *Verlustvortrag*	K	2970 Gewinnvortrag vor Verwendung[17]
	K	2978 Verlustvortrag vor Verwendung[17]
Vortrag auf neue Rechnung	K	2979 Vortrag auf neue Rechnung (Bilanz)[17]
		Sonderposten mit Rücklageanteil
Sonderposten mit Rücklageanteil		2980 Sonderposten mit Rücklageanteil steuerfreie Rücklagen[7]
		2981 Sonderposten mit Rücklageanteil nach § 6b EStG
		2982 Sonderposten mit Rücklageanteil nach Abschnitt 35 EStR
		2983 Sonderposten mit Rücklageanteil nach § 6d EStG
		2984 Sonderposten mit Rücklageanteil nach § 1 EntwLStG
Sonderposten aus der Währungsumstellung auf den Euro		2985 Sonderposten aus der Währungsumstellung auf den Euro[11]

Bilanz-Posten[2]	Programmverbindung[4]	2 Eigenkapitalkonten

Sonderposten mit Rücklageanteil

2986 Sonderposten mit Rücklageanteil nach § 7d EStG
2987 Sonderposten mit Rücklageanteil nach § 79 EStDV
2988 Sonderposten mit Rücklageanteil nach § 80 EStDV
2989 Sonderposten mit Rücklageanteil nach § 52 Abs. 16 EStG
2990 Sonderposten mit Rücklageanteil, Sonderabschreibungen[7]
2991 Sonderposten mit Rücklageanteil nach § 82a EStDV
2992 Sonderposten mit Rücklageanteil nach § 82d EStDV
2993 Sonderposten mit Rücklageanteil nach § 82e EStDV
2994 Sonderposten mit Rücklageanteil nach § 14 BerlinFG
2995 Sonderposten mit Rücklageanteil für Förderung nach § 3 ZonenRFG/§ 4-6 FördergebietsG
2996 Sonderposten mit Rücklageanteil nach § 4d EStG
2997 Sonderposten mit Rücklageanteil nach § 7g Abs. 1 EStG
2998 Sonderposten mit Rücklageanteil nach § 7g Abs. 3 u. 7 EStG

Sonderposten für Zuschüsse und Zulagen

2999 Sonderposten für Zuschüsse und Zulagen

Bilanz-Posten[2]	Programmverbindung[4]	3 Fremdkapitalkonten

KU 3000-3069
KU 3100-3249
M 3250-3299
KU 3300-3899

Rückstellungen

Bilanz-Posten: Rückstellungen für Pensionen und ähnliche Verpflichtungen

3000 Rückstellungen für Pensionen und ähnliche Verpflichtungen
3010 Pensionsrückstellungen
3015 Rückstellungen für pensionsähnliche Verpflichtungen

Bilanz-Posten: Steuerrückstellungen

3020 Steuerrückstellungen
3030 Gewerbesteuerrückstellung
3040 Körperschaftsteuerrückstellung
3050 Vermögensteuerrückstellung
3060 Rückstellung für latente Steuern

Bilanz-Posten: Sonstige Rückstellungen

3070 Sonstige Rückstellungen
3075 Rückstellungen für unterlassene Aufwendungen für Instandhaltung, Nachholung in den ersten drei Monaten
3080 Rückstellungen für unterlassene Aufwendungen für Instandhaltung, Nachholung innerhalb des 4. bis 12. Monats
3085 Rückstellungen für Abraum- und Abfallbeseitigung
3090 Rückstellungen für Gewährleistungen (Gegenkonto 6790)
3092 Rückstellungen für drohende Verluste aus schwebenden Geschäften
3095 Rückstellungen für Abschluss- und Prüfungskosten
3098 Aufwandsrückstellungen gemäß § 249 Abs. 2 HGB
3099 Rückstellungen für Umweltschutz

Verbindlichkeiten

Bilanz-Posten: Anleihen

3100 Anleihen, nicht konvertibel
3101 – Restlaufzeit bis 1 Jahr
3105 – Restlaufzeit 1 bis 5 Jahre
3110 – Restlaufzeit größer 5 Jahre
3120 Anleihen, konvertibel
3121 – Restlaufzeit bis 1 Jahr
3125 – Restlaufzeit 1 bis 5 Jahre
3130 – Restlaufzeit größer 5 Jahre

Bilanz-Posten: Verbindlichkeiten gegenüber Kreditinstituten oder Kassenbestand, Bundesbankguthaben, Guthaben bei Kreditinstituten und Schecks

3150 Verbindlichkeiten gegenüber Kreditinstituten
3151 – Restlaufzeit bis 1 Jahr
3160 – Restlaufzeit 1 bis 5 Jahre
3170 – Restlaufzeit größer 5 Jahre
3180 Verbindlichkeiten gegenüber Kreditinstituten aus Teilzahlungsverträgen
3181 – Restlaufzeit bis 1 Jahr
3190 – Restlaufzeit 1 bis 5 Jahre
3200 – Restlaufzeit größer 5 Jahre
3210 -48 (frei, in Bilanz kein Restlaufzeitvermerk)

Bilanz-Posten: Verbindlichkeiten gegenüber Kreditinstituten

3249 Gegenkonto 3150-3209 bei Aufteilung der Konten 3210-3248

Bilanz-Posten[2)]	Programmverbindung[4)]	3 Fremdkapitalkonten	
Erhaltene Anzahlungen auf Bestellungen		**3250**	**Erhaltene Anzahlungen auf Bestellungen**
	U	AM 3260	Erhaltene Anzahlungen 7 % USt
		R 3261 -64	
	U	AM 3270	Erhaltene Anzahlungen 16 % USt
	U	AM 3271	Erhaltene Anzahlungen 15 % USt
		R 3272 -74	
		3280	Erhaltene Anzahlungen – Restlaufzeit bis 1 Jahr
		3284	– Restlaufzeit 1 bis 5 Jahre
		3285	– Restlaufzeit größer 5 Jahre
Verbindlichkeiten aus Lieferungen und Leistungen oder *sonstige Vermögensgegenstände*		**S 3300**	**Verbindlichkeiten aus Lieferungen und Leistungen**
		R 3301 -03	Verbindlichkeiten aus Lieferungen und Leistungen
		F 3305	Verbindlichkeiten aus Lieferungen und Leistungen zum allgemeinen Umsatzsteuersatz (EÜR)[13)]
		F 3306	Verbindlichkeiten aus Lieferungen und Leistungen zum ermäßigten Umsatzsteuersatz (EÜR)[13)]
		F 3307	Verbindlichkeiten aus Lieferungen und Leistungen ohne Vorsteuer (EÜR)[13)]
		F 3309	Gegenkonto 3305-3307 bei Aufteilung der Verbindlichkeiten nach Steuersätzen (EÜR)[13)]
		F 3310 -33	Verbindlichkeiten aus Lieferungen und Leistungen ohne Kontokorrent
		F 3334	Verbindlichkeiten aus Lieferungen und Leistungen für Investitionen für § 4/3 EStG
		F 3335	Verbindlichkeiten aus Lieferungen und Leistungen ohne Kontokorrent – Restlaufzeit bis 1 Jahr
		F 3337	– Restlaufzeit 1 bis 5 Jahre
		F 3338	– Restlaufzeit größer 5 Jahre
		F 3340	Verbindlichkeiten aus Lieferungen und Leistungen gegenüber Gesellschaftern
		F 3341	– Restlaufzeit bis 1 Jahr
		F 3345	– Restlaufzeit 1 bis 5 Jahre
		F 3348	– Restlaufzeit größer 5 Jahre
Verbindlichkeiten aus Lieferungen und Leistungen S-Saldo oder *sonstige Vermögensgegenstände H-Saldo*		3349	Gegenkonto 3335-3348, 3420-3449, 3470-3499 bei Aufteilung Kreditorenkonto
Verbindlichkeiten aus der Annahme gezogener Wechsel und aus der Ausstellung eigener Wechsel		**F 3350**	**Verbindlichkeiten aus der Annahme gezogener Wechsel und aus der Ausstellung eigener Wechsel**
		F 3351	– Restlaufzeit bis 1 Jahr
		F 3380	– Restlaufzeit 1 bis 5 Jahre
		F 3390	– Restlaufzeit größer 5 Jahre
Verbindlichkeiten gegenüber verbundenen Unternehmen oder *Forderungen gegen verbundene Unternehmen*		**F 3400**	**Verbindlichkeiten gegenüber verbundenen Unternehmen**
		3401	– Restlaufzeit bis 1 Jahr
		3405	– Restlaufzeit 1 bis 5 Jahre
		3410	– Restlaufzeit größer 5 Jahre
		F 3420	Verbindlichkeiten aus Lieferungen und Leistungen gegenüber verbundenen Unternehmen
		F 3421	– Restlaufzeit bis 1 Jahr
		F 3425	– Restlaufzeit 1 bis 5 Jahre
		F 3430	– Restlaufzeit größer 5 Jahre

Bilanz-Posten[2)]	Programmverbindung[4)]	3 Fremdkapitalkonten	
Verbindlichkeiten gegenüber Unternehmen, mit denen ein Beteiligungsverhältnis besteht oder *Forderungen gegen Unternehmen, mit denen ein Beteiligungsverhältnis besteht*		**3450**	**Verbindlichkeiten gegenüber Unternehmen, mit denen ein Beteiligungsverhältnis besteht**
		3451	– Restlaufzeit bis 1 Jahr
		3455	– Restlaufzeit 1 bis 5 Jahre
		3460	– Restlaufzeit größer 5 Jahre
		F 3470	Verbindlichkeiten aus Lieferungen und Leistungen gegenüber Unternehmen, mit denen ein Beteiligungsverhältnis besteht
		F 3471	– Restlaufzeit bis 1 Jahr
		F 3475	– Restlaufzeit 1 bis 5 Jahre
		F 3480	– Restlaufzeit größer 5 Jahre
Sonstige Verbindlichkeiten		**3500**	**Sonstige Verbindlichkeiten**
		3501	– Restlaufzeit bis 1 Jahr
		3504	– Restlaufzeit 1 bis 5 Jahre
		3507	– Restlaufzeit größer 5 Jahre
		3509	Sonstige Verbindlichkeiten z. B. nach § 11 Abs. 2 Satz 2 EStG für § 4/3 EStG
		3510	Verbindlichkeiten gegenüber Gesellschaftern
		3511	– Restlaufzeit bis 1 Jahr
		3514	– Restlaufzeit 1 bis 5 Jahre
		3517	– Restlaufzeit größer 5 Jahre
		3519	Verbindlichkeiten gegenüber Gesellschaftern für offene Ausschüttungen
		3520	Darlehen typisch stiller Gesellschafter
		3521	– Restlaufzeit bis 1 Jahr
		3524	– Restlaufzeit 1 bis 5 Jahre
		3527	– Restlaufzeit größer 5 Jahre
		3530	Darlehen atypisch stiller Gesellschafter
		3531	– Restlaufzeit bis 1 Jahr
		3534	– Restlaufzeit 1 bis 5 Jahre
		3537	– Restlaufzeit größer 5 Jahre
		3540	Partiarische Darlehen
		3541	– Restlaufzeit bis 1 Jahr
		3544	– Restlaufzeit 1 bis 5 Jahre
		3547	– Restlaufzeit größer 5 Jahre
		3550	Erhaltene Kautionen
		3551	– Restlaufzeit bis 1 Jahr
		3554	– Restlaufzeit 1 bis 5 Jahre
		3557	– Restlaufzeit größer 5 Jahre
		3560	Darlehen
		3561	– Restlaufzeit bis 1 Jahr
		3564	– Restlaufzeit 1 bis 5 Jahre
		3567	– Restlaufzeit größer 5 Jahre
		3570 -98	(frei, in Bilanz kein Restlaufzeitvermerk)
		3599	Gegenkonto 3500-3569 bei Aufteilung der Konten 3570-3598
		3600	Agenturwarenabrechnungen
		3610	Kreditkartenabrechnung
Sonstige Vermögensgegenstände oder *sonstige Verbindlichkeiten*		3620	Gewinnverfügungskonto stille Gesellschafter
		3630	Sonstige Verrechnungskonten (Interimskonto)
Sonstige Vermögensgegenstände H-Saldo		3695	Verrechnungskonto geleistete Anzahlungen bei Buchung über Kreditorenkonto
Sonstige Verbindlichkeiten		3700	Verbindlichkeiten aus Betriebssteuern und -abgaben
		3701	– Restlaufzeit bis 1 Jahr
		3710	– Restlaufzeit 1 bis 5 Jahre
		3715	– Restlaufzeit größer 5 Jahre
		3720	Verbindlichkeiten aus Lohn und Gehalt
		3725	Verbindlichkeiten für Einbehaltungen von Arbeitnehmern
		3726	Verbindlichkeiten an das Finanzamt aus abzuführendem Bauabzugsbetrag
Sonstige Verbindlichkeiten oder *sonstige Vermögensgegenstände*		3730	Verbindlichkeiten aus Lohn- und Kirchensteuer

Bilanz-Posten[2]	Programmverbindung[4]	3	Fremdkapitalkonten
Sonstige Verbindlichkeiten		3740	Verbindlichkeiten im Rahmen der sozialen Sicherheit
		3741	– Restlaufzeit bis 1 Jahr
		3750	– Restlaufzeit 1 bis 5 Jahre
		3755	– Restlaufzeit größer 5 Jahre
		3759	Voraussichtliche Beitragsschuld gegenüber den Sozialversicherungsträgern[1]
		3760	Verbindlichkeiten aus Einbehaltungen (KapESt und Solz auf KapESt)
		3761	Verbindlichkeiten für Verbrauchsteuern
		3770	Verbindlichkeiten aus Vermögensbildung
		3771	– Restlaufzeit bis 1 Jahr
		3780	– Restlaufzeit 1 bis 5 Jahre
		3785	– Restlaufzeit größer 5 Jahre
Sonstige Verbindlichkeiten oder *sonstige Vermögensgegenstände*		**3790**	**Lohn- und Gehaltsverrechnungskonto**
		3791	Lohn- und Gehaltsverrechnung § 11 Abs. 2 EStG für § 4 Abs. 3 EStG[1]
Sonstige Verbindlichkeiten		3796	Verbindlichkeiten im Rahmen der sozialen Sicherheit (für § 4/3 EStG)
Sonstige Verbindlichkeiten oder *sonstige Vermögensgegenstände*		S 3800	Umsatzsteuer
		S 3801	Umsatzsteuer 7 %
		S 3802	Umsatzsteuer aus innergemeinschaftlichem Erwerb
		S 3803	Umsatzsteuer aus innergemeinschaftlichem Erwerb 16 %
		R 3804	
		S 3805	Umsatzsteuer 16 %
		R 3806	
		S 3807	Umsatzsteuer aus im Inland steuerpflichtigen EG-Lieferungen
		R 3808	
		S 3809	Umsatzsteuer aus innergemeinschaftlichem Erwerb ohne Vorsteuerabzug
Steuerrückstellungen oder sonstige Vermögensgegenstände		S 3810	Umsatzsteuer nicht fällig
		S 3811	Umsatzsteuer nicht fällig 7 %
		S 3812	Umsatzsteuer nicht fällig aus im Inland steuerpflichtigen EG-Lieferungen
		S 3813	Umsatzsteuer nicht fällig aus im Inland steuerpflichtigen EG-Lieferungen 16 %
		R 3814	
		S 3815	Umsatzsteuer nicht fällig 16 %
		R 3816	
Sonstige Verbindlichkeiten		S 3817	Umsatzsteuer aus im anderen EG-Land steuerpflichtigen Lieferungen
		S 3818	Umsatzsteuer aus im anderen EG-Land steuerpflichtigen sonstigen Leistungen/Werklieferungen
		R 3819	

Bilanz-Posten[2]	Programmverbindung[4]	3	Fremdkapitalkonten
Sonstige Verbindlichkeiten oder *sonstige Vermögensgegenstände*	U	F 3820	Umsatzsteuer-Vorauszahlungen
	U	F 3830	Umsatzsteuer-Vorauszahlungen 1/11
		R 3831	
	U	F 3832	Nachsteuer, UStVA Kz. 65
		R 3833	
	U	S 3834	Umsatzsteuer aus innergemeinschaftlichem Erwerb von Neufahrzeugen von Lieferanten ohne Umsatzsteuer-Identifikationsnummer
		S 3835	Umsatzsteuer nach § 13b UStG
		S 3836	Umsatzsteuer nach § 13b UStG 16 %
		R 3837 -38	
		S 3839	Umsatzsteuer aus der Auslagerung von Gegenständen aus einem Umsatzsteuerlager
		3840	Umsatzsteuer laufendes Jahr
		3841	Umsatzsteuer Vorjahr
		3845	Umsatzsteuer frühere Jahre
		3850	Einfuhrumsatzsteuer aufgeschoben bis...
	U	F 3851	In Rechnung unrichtig oder unberechtigt ausgewiesene Steuerbeträge, UStVA Kz. 69
Sonstige Verbindlichkeiten		3854	Steuerzahlungen an andere EG-Länder
			Rechnungsabgrenzungsposten
Rechnungsabgrenzungsposten		**3900**	**Passive Rechnungsabgrenzung**
Sonstige Passiva oder *sonstige Aktiva*		3950	Abgrenzungen zur unterjährigen Kostenverrechnung für BWA

GuV-Posten[2]	Programmverbindung[4]	4 Betriebliche Erträge	
		M 4000-4186	M 4660-4678
		KU 4187-4188	KU 4679
		M 4189-4329	M 4680-4688
		KU 4330-4336	KU 4689-4699
		M 4337-4604	M 4700-4795
		KU 4605	KU 4796-4829
		M 4606-4618	M 4830-4839
		KU 4619	KU 4840-4844
		M 4620-4636	M 4845-4919
		KU 4637-4639	M 4924-4929
		M 4640-4658	M 4940-4947
		KU 4659	KU 4948-4949

GuV-Posten[2]	Programmverbindung[4]	Konto	Betriebliche Erträge
			Umsatzerlöse
Umsatzerlöse		4000 -99	Umsatzerlöse (Zur freien Verfügung)
	U	AM 4100	Steuerfreie Umsätze § 4 Nr. 8 ff. UStG
	U	AM 4110	Sonstige steuerfreie Umsätze Inland
	U	AM 4120	Steuerfreie Umsätze § 4 Nr. 1a UStG
	U	AM 4125	Steuerfreie innergemeinschaftliche Lieferungen § 4 Nr. 1b UStG
	U	AM 4130	Lieferungen des ersten Abnehmers bei innergemeinschaftlichen Dreiecksgeschäften § 25b Abs. 2 UStG
	U	AM 4135	Steuerfreie innergemeinschaftliche Lieferungen von Neufahrzeugen an Abnehmer ohne Umsatzsteuer-Identifikationsnummer
		R 4138	
	U	AM 4140	Steuerfreie Umsätze Offshore etc.
	U	AM 4150	Sonstige steuerfreie Umsätze (z.B. § 4 Nr. 2-7 UStG)
		4180	Erlöse, die mit den Durchschnittssätzen des § 24 UStG versteuert werden[13]
		R 4182 -83	
		4185	Erlöse als Kleinunternehmer i. S. d. § 19 Abs. 1 UStG[13]
	U	AM 4186	Erlöse aus Geldspielautomaten 16 % USt
		R 4187 -88	
		4200	Erlöse
	U	AM 4300 -09	Erlöse 7 % USt
	U	AM 4310 -14	Erlöse aus im Inland steuerpflichtigen EG-Lieferungen 7 % USt
	U	AM 4315 -19	Erlöse aus im Inland steuerpflichtigen EG-Lieferungen 16 % USt
		4320 -29	Erlöse aus im anderen EG-Land steuerpflichtigen Lieferungen[3]
		R 4330 -36	
	U	AM 4337	Erlöse aus Leistungen, für die der Leistungsempfänger die Umsatzsteuer nach § 13b UStG schuldet
	U	AM 4338	Erlöse aus im Drittland steuerbaren Leistungen, im Inland nicht steuerbare Umsätze
	U	AM 4339	Erlöse aus im anderen EG-Land steuerbaren Leistungen, im Inland nicht steuerbare Umsätze
Umsatzerlöse		R 4340 -49	
	U	AM 4400 -09	Erlöse 16 % USt
		R 4410 -49	
		4500	Provisionserlöse[16]
	U	AM 4504	Provisionserlöse steuerfrei (§ 4 Nr. 8 ff. UStG)[16]
	U	AM 4505	Provisionserlöse steuerfrei (§ 4 Nr. 5 UStG)[16]
	U	AM 4506	Provisionserlöse 7 % USt[16]
		R 4507	
	U	AM 4508	Provisionserlöse 16 % USt[16]
		R 4509	
		4510	Erlöse Abfallverwertung
		4520	Erlöse Leergut
		4560	Provisionsumsätze[1]
		R 4561 -63	
	U	AM 4564	Provisionsumsätze, steuerfrei (§ 4 Nr. 8 ff. UStG)[1]
	U	AM 4565	Provisionsumsätze, steuerfrei (§ 4 Nr. 5 UStG)[1]
	U	AM 4566	Provisionsumsätze 7 % USt[1]
		R 4567 -68	
	U	AM 4569	Provisionsumsätze 16 % USt[1]
Sonstige betriebliche Erträge		4570	Provision, sonstige Erträge[1]
		R 4571 -73	
	U	AM 4574	Provision, sonstige Erträge steuerfrei (§ 4 Nr. 8 ff. UStG)[1]
	U	AM 4575	Provision, sonstige Erträge steuerfrei (§ 4 Nr. 5 UStG)[1]
	U	AM 4576	Provision, sonstige Erträge 7 % USt[1]
		R 4577 -78	
	U	AM 4579	Provision, sonstige Erträge 16 % USt[1]
			Statistische Konten EÜR[15]
Umsatzerlöse		4580	Statistisches Konto Erlöse zum allgemeinen Umsatzsteuersatz (EÜR)[13][15]
		4581	Statistisches Konto Erlöse zum ermäßigten Umsatzsteuersatz (EÜR)[13][15]
		4582	Statistisches Konto Erlöse steuerfrei und nicht steuerbar (EÜR)[13][15]
		4589	Gegenkonto 4580-4582 bei Aufteilung der Erlöse nach Steuersätzen (EÜR)[13]
		4600	Unentgeltliche Wertabgaben
		4605	Entnahme von Gegenständen ohne USt
		R 4608 -09	
	U	AM 4610 -16	Entnahme durch Unternehmer für Zwecke außerhalb des Unternehmens (Waren) 7 % USt
		R 4617 -18	
		4619	Entnahme durch Unternehmer für Zwecke außerhalb des Unternehmens (Waren) ohne USt
	U	AM 4620 -26	Entnahme durch Unternehmer für Zwecke außerhalb des Unternehmens (Waren) 16 % USt
		R 4627 -29	

GuV-Posten[2]	Programmverbindung[4]	4	Betriebliche Erträge
Sonstige betriebliche Erträge	U	AM 4630 -36	Verwendung von Gegenständen für Zwecke außerhalb des Unternehmens 7 % USt
		4637	Verwendung von Gegenständen für Zwecke außerhalb des Unternehmens ohne USt[1]
		4638	Verwendung von Gegenständen für Zwecke außerhalb des Unternehmens ohne USt (Telefon-Nutzung)[1]
		4639	Verwendung von Gegenständen für Zwecke außerhalb des Unternehmens ohne USt (Kfz-Nutzung)
	U	AM 4640 -44	Verwendung von Gegenständen für Zwecke außerhalb des Unternehmens 16 % USt
	U	AM 4645	Verwendung von Gegenständen für Zwecke außerhalb des Unternehmens 16 % USt (Kfz-Nutzung)
	U	AM 4646	Verwendung von Gegenständen für Zwecke außerhalb des Unternehmens 16 % USt (Telefon-Nutzung)
		R 4647 -49	
	U	AM 4650 -56	Unentgeltliche Erbringung einer sonstigen Leistung 7 % USt
		R 4657 -58	
		4659	Unentgeltliche Erbringung einer sonstigen Leistung ohne USt
	U	AM 4660 -66	Unentgeltliche Erbringung einer sonstigen Leistung 16 % USt
		R 4667 -69	
Umsatzerlöse	U	AM 4670 -76	Unentgeltliche Zuwendung von Waren 7 % USt
		R 4677 -78	
		4679	Unentgeltliche Zuwendung von Waren ohne USt
	U	AM 4680 -84	Unentgeltliche Zuwendung von Waren 16 % USt
		R 4685	
Sonstige betriebliche Erträge	U	AM 4686 -87	Unentgeltliche Zuwendung von Gegenständen 16 % USt
		R 4688	
		4689	Unentgeltliche Zuwendung von Gegenständen ohne USt
Umsatzerlöse		4690	Nicht steuerbare Umsätze (Innenumsätze)
		4695	Umsatzsteuervergütung
		4700	Erlösschmälerungen
	U	AM 4705	Erlösschmälerungen aus steuerfreien Umsätzen § 4 Nr. 1a UStG
	U	AM 4710 -11	Erlösschmälerungen 7 % USt
		R 4712 -19	
	U	AM 4720 -21	Erlösschmälerungen 16 % USt
		R 4722 -23	
	U	AM 4724	Erlösschmälerungen aus steuerfreien innergemeinschaftlichen Lieferungen
	U	AM 4725	Erlösschmälerungen aus im Inland steuerpflichtigen EG-Lieferungen 7 % USt
	U	AM 4726	Erlösschmälerungen aus im Inland steuerpflichtigen EG-Lieferungen 16 % USt
		4727	Erlösschmälerungen aus im anderen EG-Land steuerpflichtigen Lieferungen[3]
		R 4728 -29	

GuV-Posten[2]	Programmverbindung[4]	4	Betriebliche Erträge
Umsatzerlöse		S 4730	Gewährte Skonti
	U	S/AM 4731	Gewährte Skonti 7 % USt
		R 4732 -34	
	U	S/AM 4735	Gewährte Skonti 16 % USt
		R 4736 -38	
		4740	Gewährte Boni[16]
	U	S/AM 4741	Gewährte Skonti aus Leistungen, für die der Leistungsempfänger die Umsatzsteuer nach § 13b UStG schuldet[1]
		R 4742	
	U	S/AM 4743	Gewährte Skonti aus steuerfreien innergemeinschaftlichen Lieferungen § 4 Nr. 1b UStG[1]
		R 4744	
	U	S 4745	Gewährte Skonti aus im Inland steuerpflichtigen EG-Lieferungen[1]
	U	S/AM 4746	Gewährte Skonti aus im Inland steuerpflichtigen EG-Lieferungen 7 % USt[1]
		R 4747 -48	
	U	S/AM 4749	Gewährte Skonti aus im Inland steuerpflichtigen EG-Lieferungen 16 % USt[1]
	U	AM 4750 -51	Gewährte Boni 7 % USt
		R 4752 -59	
	U	AM 4760 -61	Gewährte Boni 16 % USt
		R 4762 -68	
		4769	Gewährte Boni[1]
		4770	Gewährte Rabatte
	U	AM 4780 -81	Gewährte Rabatte 7 % USt
		R 4782 -89	
	U	AM 4790 -91	Gewährte Rabatte 16 % USt
		R 4792 -99	
			Erhöhung oder Verminderung des Bestands an fertigen und unfertigen Erzeugnissen
Erhöhung des Bestands an fertigen und unfertigen Erzeugnissen oder *Verminderung des Bestands an fertigen und unfertigen Erzeugnissen*		4800	Bestandsveränderungen - fertige Erzeugnisse
		4810	Bestandsveränderungen - unfertige Erzeugnisse
		4815	Bestandsveränderungen - unfertige Leistungen
Erhöhung des Bestands in Ausführung befindlicher Bauaufträge oder *Verminderung des Bestands in Ausführung befindlicher Bauaufträge*		4816	Bestandsveränderungen in Ausführung befindliche Bauaufträge
Erhöhung des Bestands in Arbeit befindlicher Aufträge oder *Verminderung des Bestands in Arbeit befindlicher Aufträge*		4818	Bestandsveränderungen in Arbeit befindliche Aufträge

GuV-Posten[2]	Programmverbindung[4]		4 Betriebliche Erträge
			Andere aktivierte Eigenleistungen
Andere aktivierte Eigenleistungen		**4820**	**Andere aktivierte Eigenleistungen**
			Sonstige betriebliche Erträge
Sonstige betriebliche Erträge		4830	Sonstige betriebliche Erträge
		4835	Sonstige Erträge betrieblich und regelmäßig
	U	AM 4836	Sonstige Erträge betrieblich und regelmäßig 16 % USt
		4837	Sonstige Erträge betriebsfremd und regelmäßig
		4839	Sonstige Erträge unregelmäßig
		4840	Erträge aus Kursdifferenzen
		4843	Erträge aus Bewertung Finanzmittelfonds
	U	AM 4844	Erlöse aus Verkäufen Sachanlagevermögen steuerfrei § 4 Nr. 1a UStG (bei Buchgewinn)
	U	AM 4845	Erlöse aus Verkäufen Sachanlagevermögen 16 % USt (bei Buchgewinn)
		R 4846 -47	
	U	AM 4848	Erlöse aus Verkäufen Sachanlagevermögen steuerfrei § 4 Nr. 1b UStG (bei Buchgewinn)
		4849	Erlöse aus Verkäufen Sachanlagevermögen (bei Buchgewinn)
		4850	Erlöse aus Verkäufen immaterieller Vermögensgegenstände (bei Buchgewinn)
		4851	Erlöse aus Verkäufen Finanzanlagen (bei Buchgewinn)
	G K	4852	Erlöse aus Verkäufen Finanzanlagen 100 %/50 % steuerfrei (inländische Kap.Ges.)(bei Buchgewinn)[9]
		4855	Anlagenabgänge Sachanlagen (Restbuchwert bei Buchgewinn)
		4856	Anlagenabgänge immaterielle Vermögensgegenstände (Restbuchwert bei Buchgewinn)
		4857	Anlagenabgänge Finanzanlagen (Restbuchwert bei Buchgewinn)
	G K	4858	Anlagenabgänge Finanzanlagen 100 %/50 % steuerfrei (inländische Kap.Ges.) (Restbuchwert bei Buchgewinn)[9]
		4860	Grundstückserträge
		4900	Erträge aus dem Abgang von Gegenständen des Anlagevermögens
	G K	4901	Erträge aus der Veräußerung von Anteilen an Kapitalgesellschaften 100 %/50 % steuerfrei (inländische Kap.Ges.)[9]
		4905	Erträge aus dem Abgang von Gegenständen des Umlaufvermögens außer Vorräte
	G K	4906	Erträge aus dem Abgang von Gegenständen des Umlaufvermögens (außer Vorräte) 100 %/ 50 % steuerfrei (inländische Kap.Ges.)[9]
		4910	Erträge aus Zuschreibungen des Sachanlagevermögens
		4911	Erträge aus Zuschreibungen des immateriellen Anlagevermögens
		4912	Erträge aus Zuschreibungen des Finanzanlagevermögens
	G K	4913	Erträge aus Zuschreibungen des Finanzanlagevermögens 100 %/50 % steuerfrei (inländische Kap.Ges.)[9]
	G K	4914	Erträge aus Zuschreibungen des anderen Anlagevermögens 100 %/50 % steuerfrei (inländische Kap.Ges.)[9]
Sonstige betriebliche Erträge		4915	Erträge aus Zuschreibungen des Umlaufvermögens außer Vorräten
	G K	4916	Erträge aus Zuschreibungen des Umlaufvermögens 100 % /50 % steuerfrei (inländische Kap.Ges.)[9]
		4920	Erträge aus der Herabsetzung der Pauschalwertberichtigung zu Forderungen
		4923	Erträge aus der Herabsetzung der Einzelwertberichtigung zu Forderungen
		4925	Erträge aus abgeschriebenen Forderungen
		4930	Erträge aus der Auflösung von Rückstellungen
		4932	Erträge aus der steuerlich niedrigeren Bewertung von Rückstellungen
		4933	Erträge aus der steuerlich niedrigeren Bewertung von Verbindlichkeiten
		4934	Erträge aus der Auflösung von Sonderposten mit Rücklageanteil (Existenzgründerrücklage)[13]
		4935	Erträge aus der Auflösung von Sonderposten mit Rücklageanteil (steuerfreie Rücklagen)
		4936	Erträge aus der Auflösung von Sonderposten mit Rücklageanteil (Ansparabschreibungen)
		4937	Erträge aus der Auflösung von Sonderposten mit Rücklageanteil (Sonderabschreibungen)
		4938	Erträge aus der Auflösung von Sonderposten mit Rücklageanteil (aus der Währungsumstellung auf den Euro)[11]
		4939	Erträge aus der Auflösung von Sonderposten mit Rücklageanteil nach § 52 Abs. 16 EStG
		4940	Verrechnete sonstige Sachbezüge (keine Waren)
	U	AM 4941	Sachbezüge 7 % USt (Waren)
		R 4942 -44	
	U	AM 4945	Sachbezüge 16 % USt (Waren)
		4946	Verrechnete sonstige Sachbezüge
	U	AM 4947	Verrechnete sonstige Sachbezüge 16 % USt (z. B. Kfz-Gestellung)
		R 4948	
		4949	Verrechnete sonstige Sachbezüge ohne Umsatzsteuer
		4960	Periodenfremde Erträge (soweit nicht außerordentlich)
		4970	Versicherungsentschädigungen
		4975	Investitionszuschüsse (steuerpflichtig)
	G K	4980	Investitionszulagen (steuerfrei)
	G K	4981	Steuerfreie Erträge aus der Auflösung von Sonderposten mit Rücklageanteil[13]
	G K	4982	Sonstige steuerfreie Betriebseinnahmen[13]

GuV-Posten[2]	Programmverbindung[4]	5	Betriebliche Aufwendungen
		V	5000-5599
		V	5700-5859
		KU	5860-5899
		V	5900-5999
			Material- und Stoffverbrauch
Aufwendungen für Roh-, Hilfs- und Betriebsstoffe und für bezogene Waren		5000-99	Aufwendungen für Roh-, Hilfs- und Betriebsstoffe und für bezogene Waren
			Materialaufwand
		5100	Einkauf von Roh-, Hilfs- und Betriebsstoffen
		5190	Energiestoffe (Fertigung)
		5200	**Wareneingang**
		AV 5300-09	Wareneingang 7 % Vorsteuer
		R 5310-49	
		AV 5400-09	Wareneingang 16 % Vorsteuer
		R 5410-19	
	U	AV 5420-24	Innergemeinschaftlicher Erwerb 7 % Vorsteuer und 7 % Umsatzsteuer
	U	AV 5425-29	Innergemeinschaftlicher Erwerb 16 % Vorsteuer und 16 % Umsatzsteuer
	U	AV 5430	Innergemeinschaftlicher Erwerb ohne Vorsteuerabzug 7 % Umsatzsteuer
		R 5431-34	
	U	AV 5435	Innergemeinschaftlicher Erwerb ohne Vorsteuerabzug und 16 % Umsatzsteuer
		R 5436-39	
	U	AV 5440	Innergemeinschaftlicher Erwerb von Neufahrzeugen von Lieferanten ohne Umsatzsteuer-Identifikationsnummer 16 % Vorsteuer und 16 % Umsatzsteuer
		R 5441-49	
		AV 5500-04	Wareneingang 5 % Vorsteuer
		R 5505-29	
		AV 5530-34	Wareneingang 9 % Vorsteuer
		R 5535-39	
		AV 5540-49	Wareneingang 9 % Vorsteuer
	U	AV 5550	Steuerfreier innergemeinschaftlicher Erwerb
		R 5551-58	
		5559	Steuerfreie Einfuhren
	U	AV 5560	Waren aus einem Umsatzsteuerlager, § 13a UStG 7 % Vorsteuer und 7 % Umsatzsteuer
		R 5561-64	
	U	AV 5565	Waren aus einem Umsatzsteuerlager, § 13a UStG 16 % Vorsteuer und 16 % Umsatzsteuer
		R 5566-69	

GuV-Posten[2]	Programmverbindung[4]	5	Betriebliche Aufwendungen
Aufwendungen für Roh-, Hilfs- und Betriebsstoffe und für bezogene Waren		5600-09	Nicht abziehbare Vorsteuer
		5610-19	Nicht abziehbare Vorsteuer 7 %
		5650-59	Nicht abziehbare Vorsteuer 16 %
		R 5660-69	
		5700	Nachlässe
		AV 5710-11	Nachlässe 7 % Vorsteuer
		R 5712-19	
		AV 5720-21	Nachlässe 16 % Vorsteuer
		R 5722	
		AV 5723	Nachlässe 15 % Vorsteuer
	U	AV 5724	Nachlässe aus innergemeinschaftlichem Erwerb 7 % Vorsteuer und 7 % Umsatzsteuer
	U	AV 5725	Nachlässe aus innergemeinschaftlichem Erwerb 16 % Vorsteuer und 16 % Umsatzsteuer
		R 5726	
	U	AV 5727	Nachlässe aus innergemeinschaftlichem Erwerb 15 % Vorsteuer und 15 % Umsatzsteuer
		R 5728-29	
		S 5730	Erhaltene Skonti
		S/AV 5731	Erhaltene Skonti 7 % Vorsteuer
		R 5732-34	
		S/AV 5735	Erhaltene Skonti 16 % Vorsteuer
		R 5736-38	
		5740	Erhaltene Boni[16]
		S 5745	Erhaltene Skonti aus steuerpflichtigem innergemeinschaftlichem Erwerb[1]
	U	S/AV 5746	Erhaltene Skonti aus steuerpflichtigem innergemeinschaftlichem Erwerb 7 % Vorsteuer und 7 % Umsatzsteuer[1]
		R 5747-48	
	U	S/AV 5749	Erhaltene Skonti aus steuerpflichtigem innergemeinschaftlichem Erwerb 16 % Vorsteuer und 16 % Umsatzsteuer[1]
		AV 5750-51	Erhaltene Boni 7 % Vorsteuer
		R 5752-59	
		AV 5760-61	Erhaltene Boni 16 % Vorsteuer
		R 5762-68	
		5769	Erhaltene Boni[1]
		5770	Erhaltene Rabatte
		AV 5780-81	Erhaltene Rabatte 7 % Vorsteuer
		R 5782-89	
		AV 5790-91	Erhaltene Rabatte 16 % Vorsteuer
		R 5792-99	
		5800	Bezugsnebenkosten
		5820	Leergut
		5840	Zölle und Einfuhrabgaben
		5860	Verrechnete Stoffkosten (Gegenkonto 5000-99)
		5880	Bestandsveränderungen Roh-, Hilfs- und Betriebsstoffe/Waren

GuV-Posten[2]	Programmverbindung[4]	5	Betriebliche Aufwendungen
			Aufwendungen für bezogene Leistungen
Aufwendungen für bezogene Leistungen		5900	Fremdleistungen
			Umsätze, für die als Leistungsempfänger die Steuer nach § 13b Abs. 2 UStG geschuldet wird
	U	AV 5910	Bauleistungen eines im Inland ansässigen Unternehmers 7 % Vorsteuer und 7 % Umsatzsteuer
		R 5911 -14	
	U	AV 5915	Leistungen eines im Ausland ansässigen Unternehmers 7 % Vorsteuer und 7 % Umsatzsteuer
		R 5916 -19	
	U	AV 5920	Bauleistungen eines im Inland ansässigen Unternehmers 16 % Vorsteuer und 16 % Umsatzsteuer
		R 5921 -24	
	U	AV 5925	Leistungen eines im Ausland ansässigen Unternehmers 16 % Vorsteuer und 16 % Umsatzsteuer
		R 5926 -29	
	U	AV 5930	Bauleistungen eines im Inland ansässigen Unternehmers ohne Vorsteuer und 7 % Umsatzsteuer
		R 5931 -34	
	U	AV 5935	Leistungen eines im Ausland ansässigen Unternehmers ohne Vorsteuer und 7 % Umsatzsteuer
		R 5936 -39	
	U	AV 5940	Bauleistungen eines im Inland ansässigen Unternehmers ohne Vorsteuer und 16 % Umsatzsteuer
		R 5941 -44	
	U	AV 5945	Leistungen eines im Ausland ansässigen Unternehmers ohne Vorsteuer und 16 % Umsatzsteuer
		R 5946 -49	
		S 5950	Erhaltene Skonti aus Lieferungen, für die als Leistungsempfänger die Steuer nach § 13b UStG geschuldet wird[1]
		R 5951	
	U	S/AV 5952	Erhaltene Skonti aus Lieferungen, für die als Leistungsempfänger die Steuer nach § 13b UStG geschuldet wird 16 % Vorsteuer und 16 % Umsatzsteuer[1]
		S 5953	Erhaltene Skonti aus Lieferungen, für die als Leistungsempfänger die Steuer nach § 13b UStG geschuldet wird ohne Vorsteuer aber mit Umsatzsteuer[1]
		R 5954 -59	

GuV-Posten[2]	Programmverbindung[4]	6	Betriebliche Aufwendungen
			M 6280-6289 V 6300-6389 V 6450-6859 M 6885-6899 M 6930-6939
			Personalaufwand
Löhne und Gehälter		6000	**Löhne und Gehälter**
		6010	Löhne
		6020	Gehälter
		6024	Geschäftsführergehälter der GmbH-Gesellschafter
	K	6026	Tantiemen
		6027	Geschäftsführergehälter
	G	6028	Vergütungen an angestellte Mitunternehmer § 15 EStG
		6030	Aushilfslöhne
		6040	Pauschale Steuer für Aushilfen
		6045	Bedienungsgelder
		6050	Ehegattengehalt
		6060	Freiwillige soziale Aufwendungen, lohnsteuerpflichtig
		6069	Pauschale Steuer auf sonstige Bezüge (z. B. Fahrtkostenzuschüsse)
		6070	Krankengeldzuschüsse
		6075	Zuschüsse der Agenturen für Arbeit (Haben)
		6080	Vermögenswirksame Leistungen
		6090	Fahrtkostenerstattung Wohnung/Arbeitsstätte
Soziale Abgaben und Aufwendungen für Altersversorgung und für Unterstützung		**6100**	**Soziale Abgaben und Aufwendungen für Altersversorgung und für Unterstützung**
		6110	Gesetzliche soziale Aufwendungen
	G	6118	Gesetzliche soziale Aufwendungen für Mitunternehmer § 15 EStG
		6120	Beiträge zur Berufsgenossenschaft
		6130	Freiwillige soziale Aufwendungen, lohnsteuerfrei
		6140	Aufwendungen für Altersversorgung
		6147	Pauschale Steuer auf sonstige Bezüge (z.B. Direktversicherungen)
	G	6148	Aufwendungen für Altersversorgung für Mitunternehmer § 15 EStG
		6150	Versorgungskassen
		6160	Aufwendungen für Unterstützung
		6170	Sonstige soziale Abgaben
			Abschreibungen auf immaterielle Vermögensgegenstände des Anlagevermögens und Sachanlagen sowie auf aktivierte Aufwendungen für die Ingangsetzung und Erweiterung des Geschäftsbetriebs
Abschreibungen auf immaterielle Vermögensgegenstände des Anlagevermögens und Sachanlagen sowie auf aktivierte Aufwendungen für die Ingangsetzung und Erweiterung des Geschäftsbetriebs		6200	Abschreibungen auf immaterielle Vermögensgegenstände
		6205	Abschreibungen auf den Geschäfts- oder Firmenwert
		6210	Außerplanmäßige Abschreibungen auf immaterielle Vermögensgegenstände
		6220	Abschreibungen auf Sachanlagen (ohne AfA auf Kfz und Gebäude)
		6221	Abschreibungen auf Gebäude[13]
		6222	Abschreibungen auf Kfz[13]
		6223	Abschreibungen auf Gebäudeteil des häuslichen Arbeitszimmers[1]

GuV-Posten[2]	Programmverbindung[4]		6 Betriebliche Aufwendungen
Abschreibungen auf immaterielle Vermögensgegenstände des Anlagevermögens und Sachanlagen sowie auf aktivierte Aufwendungen für die Ingangsetzung und Erweiterung des Geschäftsbetriebs		6230	Außerplanmäßige Abschreibungen auf Sachanlagen
		6231	Absetzung für außergewöhnliche technische und wirtschaftliche Abnutzung der Gebäude[13]
		6232	Absetzung für außergewöhnliche technische und wirtschaftliche Abnutzung des Kfz[13]
		6233	Absetzung für außergewöhnliche technische und wirtschaftliche Abnutzung sonstiger Wirtschaftsgüter[13]
		6240	Abschreibungen auf Sachanlagen auf Grund steuerlicher Sondervorschriften
		6241	Sonderabschreibungen nach § 7g Abs. 1 und 2 EStG (ohne Kfz)[13]
		6242	Sonderabschreibungen nach § 7g Abs. 1 und 2 EStG (für Kfz)[13]
		6250	Kaufleasing
		6260	Sofortabschreibungen geringwertiger Wirtschaftsgüter
		6262	Abschreibungen auf aktivierte, geringwertige Wirtschaftsgüter
		6266	Außerplanmäßige Abschreibungen auf aktivierte, geringwertige Wirtschaftsgüter
		6268	Abschreibungen auf Aufwendungen für die Ingangsetzung und Erweiterung des Geschäftsbetriebs
		6269	Abschreibungen auf Aufwendungen für die Währungsumstellung auf den Euro
			Abschreibungen auf Vermögensgegenstände des Umlaufvermögens, soweit diese die in der Kapitalgesellschaft üblichen Abschreibungen überschreiten
Abschreibungen auf Vermögensgegenstände des Umlaufvermögens, soweit diese die in der Kapitalgesellschaft üblichen Abschreibungen überschreiten		6270	Abschreibungen auf Vermögensgegenstände des Umlaufvermögens (soweit unüblich hoch)
		6272	Abschreibungen auf Umlaufvermögen, steuerrechtlich bedingt (soweit unüblich hoch)
		6275	Vorwegnahme künftiger Wertschwankungen im Umlaufvermögen (soweit unüblich hoch)
		6280	Forderungsverluste (soweit unüblich hoch)
	U	AM 6281	Forderungsverluste 7 % USt (soweit unüblich hoch)
		R 6282 -84	
	U	AM 6285	Forderungsverluste 16 % USt (soweit unüblich hoch)
		R 6286	
	U	AM 6287	Forderungsverluste 15 % USt (soweit unüblich hoch)
		R 6288	

GuV-Posten[2]	Programmverbindung[4]		6 Betriebliche Aufwendungen
Sonstige betriebliche Aufwendungen			**Sonstige betriebliche Aufwendungen**
		6300	Sonstige betriebliche Aufwendungen
		6303	Fremdleistungen/ Fremdarbeiten
		6304	Sonstige Aufwendungen betrieblich und regelmäßig
		6305	Raumkosten
		6310	Miete
	G K	6313	Gewerbesteuerlich zu berücksichtigende Miete § 8 GewStG[5]
	G	6314	Vergütungen an Mitunternehmer für die mietweise Überlassung ihrer Wirtschaftsgüter § 15 EStG
		6315	Pacht
	G K	6318	Gewerbesteuerlich zu berücksichtigende Pacht § 8 GewStG[5]
	G	6319	Vergütungen an Mitunternehmer für die pachtweise Überlassung ihrer Wirtschaftsgüter § 15 EStG
		6320	Heizung
		6325	Gas, Strom, Wasser
		6330	Reinigung
		6335	Instandhaltung betrieblicher Räume
		6340	Abgaben für betrieblich genutzten Grundbesitz
		6345	Sonstige Raumkosten
		6348	Aufwendungen für ein häusliches Arbeitszimmer (abziehbarer Anteil)[13]
	G	6349	Aufwendungen für ein häusliches Arbeitszimmer (nicht abziehbarer Anteil)[13]
		6350	Grundstücksaufwendungen, betrieblich[8]
		6352	Grundstücksaufwendungen, sonstige neutrale[1]
	G K	6390	Zuwendungen, Spenden, steuerlich nicht abziehbar
	G K	6391	Zuwendungen, Spenden für wissenschaftliche und kulturelle Zwecke
	G K	6392	Zuwendungen, Spenden für mildtätige Zwecke
	G K	6393	Zuwendungen, Spenden für kirchliche, religiöse und gemeinnützige Zwecke
	G K	6394	Zuwendungen, Spenden an politische Parteien
	G K	6395	Zuwendungen, Spenden an Stiftungen für gemeinnützige Zwecke i.S.d. § 52 Abs. 2 Nr. 1-3 AO
	G K	6396	Zuwendungen, Spenden an Stiftungen für gemeinnützige Zwecke i.S.d. § 52 Abs. 2 Nr. 4 AO
	G K	6397	Zuwendungen, Spenden an Stiftungen für kirchliche, religiöse und gemeinnützige Zwecke
	G K	6398	Zuwendungen, Spenden an Stiftungen für wissenschaftliche, mildtätige, kulturelle Zwecke
		6400	Versicherungen

GuV-Posten[2]	Programm-verbindung[4]	6	Betriebliche Aufwendungen
Sonstige betriebliche Aufwendungen		6405	Versicherungen für Gebäude
		6410	Netto-Prämie für Rückdeckung künftiger Versorgungsleistungen
		6420	Beiträge
		6430	Sonstige Abgaben
		6436	Steuerlich abzugsfähige Verspätungszuschläge und Zwangsgelder
	G K	6437	Steuerlich nicht abzugsfähige Verspätungszuschläge und Zwangsgelder
		6440	Ausgleichsabgabe i. S. d. Schwerbehindertengesetzes
		6450	Reparaturen und Instandhaltung von Bauten
		6460	Reparaturen und Instandhaltung von technischen Anlagen und Maschinen
		6470	Reparaturen und Instandhaltung von Betriebs- und Geschäftsausstattung
		6485	Reparaturen und Instandhaltung von anderen Anlagen
		6490	Sonstige Reparaturen und Instandhaltung
		6495	Wartungskosten für Hard- und Software
		6498	Mietleasing
	G K	6499	Gewerbesteuerlich zu berücksichtigendes Mietleasing § 8 GewStG[5]
		6500	Fahrzeugkosten
		6520	Kfz-Versicherungen
		6530	Laufende Kfz-Betriebskosten
		6540	Kfz-Reparaturen
		6550	Garagenmiete
		6560	Leasingfahrzeugkosten
		6570	Sonstige Kfz-Kosten
		6580	Mautgebühren
		6590	Kfz-Kosten für betrieblich genutzte zum Privatvermögen gehörende Kraftfahrzeuge[13]
		6595	Fremdfahrzeugkosten[13]
		6600	Werbekosten
		6610	Geschenke abzugsfähig
	G K	6620	Geschenke nicht abzugsfähig
		6625	Geschenke ausschließlich betrieblich genutzt
		6630	Repräsentationskosten
		6640	Bewirtungskosten
		6641	Sonstige eingeschränkt abziehbare Betriebsausgaben (abziehbarer Anteil)[13]
	G K	6642	Sonstige eingeschränkt abziehbare Betriebsausgaben (nicht abziehbarer Anteil)[13]
		6643	Aufmerksamkeiten
	G K	6644	Nicht abzugsfähige Bewirtungskosten
	G K	6645	Nicht abzugsfähige Betriebsausgaben aus Werbe- und Repräsentationskosten (nicht abziehbarer Anteil)[8]
		6646	[14]
		6647	[14]
		6650	Reisekosten Arbeitnehmer
	G K	6652	Reisekosten Arbeitnehmer (nicht abziehbarer Anteil)[1]
		6660	Reisekosten Arbeitnehmer Übernachtungsaufwand
		6663	Reisekosten Arbeitnehmer Fahrtkosten
		6664	Reisekosten Arbeitnehmer Verpflegungsmehraufwand
		R 6665	
		6668	Kilometergelderstattung Arbeitnehmer

GuV-Posten[2]	Programm-verbindung[4]	6	Betriebliche Aufwendungen
Sonstige betriebliche Aufwendungen		6670	Reisekosten Unternehmer
	G K	6672	Reisekosten Unternehmer (nicht abziehbarer Anteil)[1]
		6673	Reisekosten Unternehmer Fahrtkosten
		6674	Reisekosten Unternehmer Verpflegungsmehraufwand
		6680	Reisekosten Unternehmer Übernachtungsaufwand
		R 6685 -86	
		6688	Fahrten zwischen Wohnung und Arbeitsstätte (abziehbarer Anteil)
	G	6689	Fahrten zwischen Wohnung und Arbeitsstätte (nicht abziehbarer Anteil)[13]
		6690	Fahrten zwischen Wohnung und Arbeitsstätte (Haben)[13]
		6700	Kosten der Warenabgabe
		6710	Verpackungsmaterial
		6740	Ausgangsfrachten
		6760	Transportversicherungen
		6770	Verkaufsprovisionen
		6780	Fremdarbeiten (Vertrieb)
		6790	Aufwand für Gewährleistung
		6800	Porto
		6805	Telefon
		6810	Telefax und Internetkosten
		6815	Bürobedarf
		6820	Zeitschriften, Bücher
		6821	Fortbildungskosten
		6822	Freiwillige Sozialleistungen
	G	6823	Vergütungen an Mitunternehmer § 15 EStG
	G	6824	Haftungsvergütung an Mitunternehmer § 15 EStG
		6825	Rechts- und Beratungskosten
		6827	Abschluss- und Prüfungskosten
		6830	Buchführungskosten
		6835	Mieten für Einrichtungen
	G K	6839	Gewerbesteuerlich zu berücksichtigende Miete für Einrichtungen § 8 GewStG[5]
		6840	Mietleasing
	G K	6844	Gewerbesteuerlich zu berücksichtigendes Mietleasing § 8 GewStG[5]
		6845	Werkzeuge und Kleingeräte
		6850	Sonstiger Betriebsbedarf
		6855	Nebenkosten des Geldverkehrs
	G K	6856	Aufwendungen aus Anteilen an Kapitalgesellschaften 100 % / 50 % nicht abzugsfähig (inländische Kap.Ges.)[9]
	G	6857	Aufwendungen aus der Veräußerung von Anteilen an Kapitalgesellschaften 100 %/50 % nicht abzugsfähig (inländische Kap.Ges.)[9]
		6859	Aufwendungen für Abraum- und Abfallbeseitigung
		6860	Nicht abziehbare Vorsteuer
		6865	Nicht abziehbare Vorsteuer 7 %
		6870	Nicht abziehbare Vorsteuer 16 %
		R 6871	
	K	6875	Nicht abziehbare Hälfte der Aufsichtsratsvergütungen
		6876	Abziehbare Aufsichtsratsvergütungen
		6880	Aufwendungen aus Kursdifferenzen
		6883	Aufwendungen aus Bewertung Finanzmittelfonds
	U	AM 6884	Erlöse aus Verkäufen Sachanlagevermögen steuerfrei § 4 Nr. 1a UStG (bei Buchverlust)
	U	AM 6885	Erlöse aus Verkäufen Sachanlagevermögen 16 % USt (bei Buchverlust)
		R 6886 -87	

GuV-Posten[2]	Programmverbindung[4]	6	Betriebliche Aufwendungen
Sonstige betriebliche Aufwendungen	U	AM 6888	Erlöse aus Verkäufen Sachanlagevermögen steuerfrei § 4 Nr. 1b UStG (bei Buchverlust)
		6889	Erlöse aus Verkäufen Sachanlagevermögen (bei Buchverlust)
		6890	Erlöse aus Verkäufen immaterieller Vermögensgegenstände (bei Buchverlust)
		6891	Erlöse aus Verkäufen Finanzanlagen (bei Buchverlust)
	G K	6892	Erlöse aus Verkäufen Finanzanlagen 100 %/50 % nicht abzugsfähig (inländische Kap.Ges.) (bei Buchverlust)[9]
		6895	Anlagenabgänge Sachanlagen (Restbuchwert bei Buchverlust)
		6896	Anlagenabgänge immaterielle Vermögensgegenstände (Restbuchwert bei Buchverlust)
		6897	Anlagenabgänge Finanzanlagen (Restbuchwert bei Buchverlust)
	G K	6898	Anlagenabgänge Finanzanlagen 100 %/50 % nicht abzugsfähig (inländische Kap.Ges) (Restbuchwert bei Buchverlust)[9]
		6900	Verluste aus dem Abgang von Gegenständen des Anlagevermögens
	G K	6903	Verluste aus der Veräußerung von Anteilen an Kapitalgesellschaften 100 %/50 % nicht abzugsfähig (inländische Kap.Ges.)[9]
		6905	Verluste aus dem Abgang von Gegenständen des Umlaufvermögens außer Vorräte
	G K	6906	Verluste aus dem Abgang von Gegenständen des Umlaufvermögens (außer Vorräte) 100 %/50 % nicht abzugsfähig (inländische Kap.Ges.)[9]
		6910	Abschreibungen auf Umlaufvermögen außer Vorräte und Wertpapieren des UV (übliche Höhe)
		6912	Abschreibungen auf Umlaufvermögen außer Vorräte und Wertpapieren des UV, steuerrechtlich bedingt (übliche Höhe)
		6915	Vorwegnahme künftiger Wertschwankungen im Umlaufvermögen außer Vorräte und Wertpapieren
		6916	Aufwendungen aus der Zuschreibung von steuerlich niedriger bewerteten Verbindlichkeiten
		6917	Aufwendungen aus der Zuschreibung von steuerlich niedriger bewerteten Rückstellungen
		6920	Einstellung in die Pauschalwertberichtigung zu Forderungen
		6923	Einstellung in die Einzelwertberichtigung zu Forderungen
		6925	Einstellungen in Sonderposten mit Rücklageanteil (steuerfreie Rücklagen)
		6926	Einstellungen in Sonderposten mit Rücklageanteil (Ansparabschreibungen)
		6927	Einstellungen in Sonderposten mit Rücklageanteil (Sonderabschreibungen)
		6928	Einstellungen in Sonderposten mit Rücklageanteil (Existenzgründerrücklage)[13]
		6929	Einstellungen in Sonderposten mit Rücklageanteil (§ 52 Abs. 16 EStG)[11]
		6930	Forderungsverluste (übliche Höhe)
	U	AM 6931	Forderungsverluste 7% USt (übliche Höhe)
Sonstige betriebliche Aufwendungen	U	AM 6932	Forderungsverluste aus steuerfreien EG-Lieferungen (übliche Höhe)
	U	AM 6933	Forderungsverluste aus im Inland steuerpflichtigen EG-Lieferungen 7 % USt (übliche Höhe)
	U	AM 6934	Forderungsverluste aus im Inland steuerpflichtigen EG-Lieferungen 16 % USt (übliche Höhe)
	U	AM 6935	Forderungsverluste 16 % USt (übliche Höhe)
		R 6936	
	U	AM 6937	Forderungsverluste 15 % USt (übliche Höhe)
		R 6938	
	U	AM 6939	Forderungsverluste aus im Inland steuerpflichtigen EG-Lieferungen 15 % USt (übliche Höhe)
		6960	Periodenfremde Aufwendungen soweit nicht außerordentlich
		6967	Sonstige Aufwendungen betriebsfremd und regelmäßig
		6969	Sonstige Aufwendungen unregelmäßig
			Kalkulatorische Kosten
Sonstige betriebliche Aufwendungen		6970	Kalkulatorischer Unternehmerlohn
		6972	Kalkulatorische Miete/Pacht
		6974	Kalkulatorische Zinsen
		6976	Kalkulatorische Abschreibungen
		6978	Kalkulatorische Wagnisse
		6979	Kalkulatorischer Lohn für unentgeltliche Mitarbeiter
		6980	Verrechneter kalkulatorischer Unternehmerlohn
		6982	Verrechnete kalkulatorische Miete/Pacht
		6984	Verrechnete kalkulatorische Zinsen
		6986	Verrechnete kalkulatorische Abschreibungen
		6988	Verrechnete kalkulatorische Wagnisse
		6989	Verrechneter kalkulatorischer Lohn für unentgeltliche Mitarbeiter
			Kosten bei Anwendung des Umsatzkostenverfahrens
Sonstige betriebliche Aufwendungen		6990	Herstellungskosten
		6992	Verwaltungskosten
		6994	Vertriebskosten
		6999	Gegenkonto 6990-6998

GuV-Posten[2]	Programmverbindung[4]	7	Weitere Erträge und Aufwendungen
			Erträge aus Beteiligungen
Erträge aus Beteiligungen		7000	Erträge aus Beteiligungen
	G K	7005	Laufende Erträge aus Anteilen an Kapitalgesellschaften (Beteiligung) 100 %/50 % steuerfrei (inländische Kap. Ges.)[9]
	G K	7006	Laufende Erträge aus Anteilen an Kapitalgesellschaften (verbundene Unternehmen) 100 % / 50 % steuerfrei (inländische Kap. Ges.)[9]
	G K	7007	Gewinne aus Anteilen an nicht steuerbefreiten inländischen Kapitalgesellschaften § 9 Nr. 2a GewStG
	G K	7008	Gewinnanteile aus Mitunternehmerschaften § 9 GewStG
		7009	Erträge aus Beteiligungen an verbundenen Unternehmen
			Erträge aus anderen Wertpapieren und Ausleihungen des Finanzanlagevermögens
Erträge aus anderen Wertpapieren und Ausleihungen des Finanzanlagevermögens		7010	Erträge aus anderen Wertpapieren und Ausleihungen des Finanzanlagevermögens
	G K	7014	Laufende Erträge aus Anteilen an Kapitalgesellschaften (Finanzanlagevermögen) 100 % / 50 % steuerfrei (inländische Kap. Ges.)[9]
	G K	7015	Laufende Erträge aus Anteilen an Kapitalgesellschaften (verbundene Unternehmen) 100 % / 50 % steuerfrei (inländische Kap. Ges.)[9]
		7019	Erträge aus anderen Wertpapieren und Ausleihungen des Finanzanlagevermögens aus verbundenen Unternehmen
			Sonstige Zinsen und ähnliche Erträge
Sonstige Zinsen und ähnliche Erträge		7100	Sonstige Zinsen und ähnliche Erträge
	G K	7103	Laufende Erträge aus Anteilen an Kapitalgesellschaften (Umlaufvermögen) 100 % / 50 % steuerfrei (inländische Kap. Ges.)[9]
	G K	7104	Laufende Erträge aus Anteilen an Kapitalgesellschaften (verbundene Unternehmen) 100 % / 50 % steuerfrei (inländische Kap. Ges.)[9]
		7105	Zinserträge § 233a AO
	G K	7106	Zinserträge § 233a AO Sonderfall Anlage A KSt
		7109	Sonstige Zinsen und ähnliche Erträge aus verbundenen Unternehmen
		7110	Sonstige Zinserträge
		7119	Sonstige Zinserträge aus verbundenen Unternehmen
		7120	Zinsähnliche Erträge
		7129	Zinsähnliche Erträge aus verbundenen Unternehmen
		7130	Diskonterträge
		7139	Diskonterträge aus verbundenen Unternehmen

GuV-Posten[2]	Programmverbindung[4]	7	Weitere Erträge und Aufwendungen
			Erträge aus Verlustübernahme und auf Grund einer Gewinngemeinschaft, eines Gewinn- oder Teilgewinnabführungsvertrags erhaltene Gewinne
Erträge aus Verlustübernahme	K	7190	Erträge aus Verlustübernahme
Auf Grund einer Gewinngemeinschaft, eines Gewinn- oder Teilgewinnabführungsvertrags erhaltene Gewinne		7192	Erhaltene Gewinne auf Grund einer Gewinngemeinschaft
	K	7194	Erhaltene Gewinne auf Grund eines Gewinn- oder Teilgewinnabführungsvertrags
			Abschreibungen auf Finanzanlagen und auf Wertpapiere des Umlaufvermögens
Abschreibungen auf Finanzanlagen und auf Wertpapiere des Umlaufvermögens		7200	Abschreibungen auf Finanzanlagen
	G K	7204	Abschreibungen auf Finanzanlagen 100 % / 50 % nicht abzugsfähig (inländische Kap.Ges.)[9]
	G K	7208	Abschreibungen auf Grund von Verlustanteilen an Mitunternehmerschaften § 8 GewStG
		7210	Abschreibungen auf Wertpapiere des Umlaufvermögens
	G K	7214	Abschreibungen auf Wertpapiere des Umlaufvermögens 100 %/ 50 % nicht abzugsfähig (inländische Kap.Ges.)[9]
		7250	Abschreibungen auf Finanzanlagen auf Grund steuerlicher Sondervorschriften
	G K	7255	Abschreibungen auf Finanzanlagen auf Grund steuerlicher Sondervorschriften 100 % / 50 % nicht abzugsfähig (inländische Kap.Ges.)[9]
		7260	Vorwegnahme künftiger Wertschwankungen bei Wertpapieren des Umlaufvermögens
			Zinsen und ähnliche Aufwendungen
Zinsen und ähnliche Aufwendungen		7300	Zinsen und ähnliche Aufwendungen
		7303	Steuerlich abzugsfähige, andere Nebenleistungen zu Steuern
	G K	7304	Steuerlich nicht abzugsfähige, andere Nebenleistungen zu Steuern
		7305	Zinsaufwendungen § 233a AO betriebliche Steuern
	G K	7306	Zinsaufwendungen §§ 233a bis 237 AO Personensteuern
		7309	Zinsen und ähnliche Aufwendungen an verbundene Unternehmen
		7310	Zinsaufwendungen für kurzfristige Verbindlichkeiten
	G	7313	Nicht abzugsfähige Schuldzinsen gemäß § 4 Abs. 4a EStG (Hinzurechnungsbetrag)[13]
	G K	7318	In Dauerschuldzinsen umqualifizierte Zinsen auf kurzfristige Verbindlichkeiten
		7319	Zinsaufwendungen für kurzfristige Verbindlichkeiten an verbundene Unternehmen
	G K	7320	Zinsaufwendungen für langfristige Verbindlichkeiten

GuV-Posten[2]	Programmverbindung[4]	7	Weitere Erträge und Aufwendungen
Zinsen und ähnliche Aufwendungen	G K	7325	Zinsaufwendungen für Gebäude, die zum Betriebsvermögen gehören[13]
	G K	7326	Zinsen zur Finanzierung des Anlagevermögens
	G K	7327	Renten und dauernde Lasten aus Gründung/Erwerb § 8 GewStG
	G	7328	Zinsaufwendungen an Mitunternehmer für die Hingabe von Kapital § 15 EStG
	G K	7329	Zinsaufwendungen für langfristige Verbindlichkeiten an verbundene Unternehmen
		7330	Zinsähnliche Aufwendungen
		7339	Zinsähnliche Aufwendungen an verbundene Unternehmen
		7340	Diskontaufwendungen
		7349	Diskontaufwendungen an verbundene Unternehmen
	G K	7350	Zinsen und ähnliche Aufwendungen 100 % / 50 % nicht abzugsfähig (inländische Kap. Ges.)[9]
	G K	7351	Zinsen und ähnliche Aufwendungen an verbundene Unternehmen 100 % / 50 % nicht abzugsfähig (inländische Kap. Ges.)[9]
			Aufwendungen aus Verlustübernahme und auf Grund einer Gewinngemeinschaft, eines Gewinn- oder Teilgewinnabführungsvertrags abgeführte Gewinne
Aufwendungen aus Verlustübernahme	K	7390	Aufwendungen aus Verlustübernahme
Auf Grund einer Gewinngemeinschaft, eines Gewinn- oder Teilgewinnabführungsvertrags abgeführte Gewinne		7392	Abgeführte Gewinne auf Grund einer Gewinngemeinschaft
	K	7394	Abgeführte Gewinne auf Grund eines Gewinn- oder Teilgewinnabführungsvertrags
	G K	7399	Abgeführte Gewinnanteile an stille Gesellschafter § 8 GewStG
			Außerordentliche Erträge
Außerordentliche Erträge		7400	Außerordentliche Erträge
		7401	Außerordentliche Erträge finanzwirksam
		7450	Außerordentliche Erträge nicht finanzwirksam
			Außerordentliche Aufwendungen
Außerordentliche Aufwendungen		7500	Außerordentliche Aufwendungen
		7501	Außerordentliche Aufwendungen finanzwirksam
		7550	Außerordentliche Aufwendungen nicht finanzwirksam

GuV-Posten[2]	Programmverbindung[4]	7	Weitere Erträge und Aufwendungen
			Steuern vom Einkommen und Ertrag
Steuern vom Einkommen und Ertrag	K	7600	Körperschaftsteuer
	K	7603	Körperschaftsteuer für Vorjahre
	K	7604	Körperschaftsteuererstattungen für Vorjahre
	K	7607	Solidaritätszuschlagerstattungen für Vorjahre
	K	7608	Solidaritätszuschlag
	K	7609	Solidaritätszuschlag für Vorjahre
	G K	7610	Gewerbesteuer
	G K	7630	Kapitalertragsteuer 25 %[1]
	G K	7632	Kapitalertragsteuer 20 %
	G K	7633	Anrechenbarer Solidaritätszuschlag auf Kapitalertragsteuer 25 %[1]
	G K	7634	Anrechenbarer Solidaritätszuschlag auf Kapitalertragsteuer 20 %
	G K	7635	Zinsabschlagsteuer
	G K	7638	Anrechenbarer Solidaritätszuschlag auf Zinsabschlagsteuer
		7640	Steuernachzahlungen Vorjahre für Steuern vom Einkommen und Ertrag
		7642	Steuererstattungen Vorjahre für Steuern vom Einkommen und Ertrag
		7644	Erträge aus der Auflösung von Rückstellungen für Steuern vom Einkommen und Ertrag
			Sonstige Steuern
Sonstige Steuern		7650	Sonstige Steuern
		7675	Verbrauchsteuer
		7678	Ökosteuer
		7680	Grundsteuer
		7685	Kfz-Steuer
		7690	Steuernachzahlungen Vorjahre für sonstige Steuern
		7692	Steuererstattungen Vorjahre für sonstige Steuern
		7694	Erträge aus der Auflösung von Rückstellungen für sonstige Steuern
Gewinnvortrag oder *Verlustvortrag*		**7700**	**Gewinnvortrag nach Verwendung**
		7720	**Verlustvortrag nach Verwendung**
Entnahmen aus der Kapitalrücklage		**7730**	**Entnahmen aus der Kapitalrücklage**
			Entnahmen aus Gewinnrücklagen
Entnahmen aus Gewinnrücklagen aus der gesetzlichen Rücklage		**7735**	**Entnahmen aus der gesetzlichen Rücklage**
Entnahmen aus Gewinnrücklagen aus der Rücklage für eigene Anteile		**7740**	**Entnahmen aus der Rücklage für eigene Anteile**
Entnahmen aus Gewinnrücklagen aus satzungsmäßigen Rücklagen		**7745**	**Entnahmen aus satzungsmäßigen Rücklagen**
Entnahmen aus Gewinnrücklagen aus anderen Gewinnrücklagen		**7750**	**Entnahmen aus anderen Gewinnrücklagen**
Erträge aus Kapitalherabsetzung		**7755**	**Erträge aus Kapitalherabsetzung**

GuV-Posten[2]	Programmverbindung[4]	7 Weitere Erträge und Aufwendungen
Einstellungen in die Kapitalrücklage nach den Vorschriften über die vereinfachte Kapitalherabsetzung		**7760 Einstellungen in die Kapitalrücklage nach den Vorschriften über die vereinfachte Kapitalherabsetzung**
		Einstellungen in Gewinnrücklagen
Einstellungen in Gewinnrücklagen in die gesetzliche Rücklage		**7765 Einstellungen in die gesetzliche Rücklage**
Einstellungen in Gewinnrücklagen in die Rücklage für eigene Anteile		**7770 Einstellungen in die Rücklage für eigene Anteile**
Einstellungen in Gewinnrücklagen in satzungsmäßige Rücklagen		**7775 Einstellungen in satzungsmäßige Rücklagen**
Einstellungen in Gewinnrücklagen in andere Gewinnrücklagen		**7780 Einstellungen in andere Gewinnrücklagen**
Ausschüttung	K	**7790 Vorabausschüttung**
Vortrag auf neue Rechnung		**7795 Vortrag auf neue Rechnung (GuV)**
Sonstige betriebliche Aufwendungen		R 7900 R 7910 -13 R 7915 R 7920 -23 R 7930 -33 R 7940 -43 R 7945 R 7950 R 7955 R 7960 R 7965 R 7970 R 7975 R 7980 R 7985
Sonstige betriebliche Erträge oder *sonstige betriebliche Aufwendungen*		7990 Aufwendungen/Erträge aus Umrechnungsdifferenzen

Bilanz-Posten[2]	Programmverbindung[4]	9 Vortrags-, Kapital- und Statistische Konten	
		KU 9000-9999	
			Vortragskonten
		S 9000	Saldenvorträge, Sachkonten
		F 9001 -07	Saldenvorträge
		S 9008	Saldenvorträge Debitoren
		S 9009	Saldenvorträge Kreditoren
		F 9060	Offene Posten aus 1990
		F 9069	Offene Posten aus 1999
		F 9070	Offene Posten aus 2000
		F 9071	Offene Posten aus 2001
		F 9072	Offene Posten aus 2002
		F 9073	Offene Posten aus 2003
		F 9074	Offene Posten aus 2004
		F 9075	Offene Posten aus 2005
		F 9076	**Offene Posten aus 2006**[1]
		F 9090	**Summenvortragskonto**
		F 9091	Offene Posten aus 1991
		F 9092	Offene Posten aus 1992
		F 9093	Offene Posten aus 1993
		F 9094	Offene Posten aus 1994
		F 9095	Offene Posten aus 1995
		F 9096	Offene Posten aus 1996
		F 9097	Offene Posten aus 1997
		F 9098	Offene Posten aus 1998
			Statistische Konten für Betriebswirtschaftliche Auswertungen (BWA)
		F 9101	Verkaufstage
		F 9102	Anzahl der Barkunden
		F 9103	Beschäftigte Personen
		F 9104	Unbezahlte Personen
		F 9105	Verkaufskräfte
		F 9106	Geschäftsraum m^2
		F 9107	Verkaufsraum m^2
		F 9116	Anzahl Rechnungen
		F 9117	Anzahl Kreditkunden monatlich
		F 9118	Anzahl Kreditkunden aufgelaufen
		9120	Erweiterungsinvestitionen
		F 9130 -31	[6]
		9135	Auftragseingang im Geschäftsjahr
		9140	Auftragsbestand
		F 9190	Gegenkonto für statistische Mengeneinheiten Konten 9101-9107 und Konten 9116-9118
		9199	Gegenkonto zu Konten 9120, 9135-9140
			Statistische Konten für den Kennziffernteil der Bilanz
		F 9200	Beschäftigte Personen
		F 9201 -08	[6]
		F 9209	Gegenkonto zu 9200
		9210	Produktive Löhne
		9219	Gegenkonto zu 9210
			Statistische Konten zur informativen Angabe des gezeichneten Kapitals in anderer Währung
Gezeichnetes Kapital in DM		F 9220	Gezeichnetes Kapital in DM (Art. 42 Abs. 3 S. 1 EGHGB)
Gezeichnetes Kapital in Euro		F 9221	Gezeichnetes Kapital in Euro (Art. 42 Abs. 3 S. 2 EGHGB)
		F 9229	Gegenkonto zu 9220-9221

Bilanz-Posten[2]	Programmverbindung[4]	9 Vortrags-, Kapital- und Statistische Konten	
			Passive Rechnungsabgrenzung
		9230	Baukostenzuschüsse
		9232	Investitionszulagen
		9234	Investitionszuschüsse
		9239	Gegenkonto zu Konten 9230-9238
		9240	Investitionsverbindlichkeiten bei den Leistungsverbindlichkeiten
		9241	Investitionsverbindlichkeiten aus Sachanlagenkäufen bei Leistungsverbindlichkeiten
		9242	Investitionsverbindlichkeiten aus Käufen von immateriellen Vermögensgegenständen bei Leistungsverbindlichkeiten
		9243	Investitionsverbindlichkeiten aus Käufen von Finanzanlagen bei Leistungsverbindlichkeiten
		9244	Gegenkonto zu Konto 9240-43
		9245	Forderungen aus Sachanlagenverkäufen bei sonstigen Vermögensgegenständen
		9246	Forderungen aus Verkäufen immaterieller Vermögensgegenstände bei sonstigen Vermögensgegenständen
		9247	Forderungen aus Verkäufen von Finanzanlagen bei sonstigen Vermögensgegenständen
		9249	Gegenkonto zu Konto 9245-47
			Eigenkapitalersetzende Gesellschafterdarlehen
		9250	Eigenkapitalersetzende Gesellschafterdarlehen
		9255	Ungesicherte Gesellschafterdarlehen mit Restlaufzeit größer 5 Jahre
		9259	Gegenkonto zu 9250 und 9255
			Aufgliederung der Rückstellungen
		9260	Kurzfristige Rückstellungen
		9262	Mittelfristige Rückstellungen
		9264	Langfristige Rückstellungen, außer Pensionen
		9269	Gegenkonto zu Konten 9260-9268
			Statistische Konten für in der Bilanz auszuweisende Haftungsverhältnisse
		9270	Gegenkonto zu 9271-9279 (Soll-Buchung)
		9271	Verbindlichkeiten aus der Begebung und Übertragung von Wechseln
		9272	Verbindlichkeiten aus der Begebung und Übertragung von Wechseln gegenüber verbundenen Unternehmen
		9273	Verbindlichkeiten aus Bürgschaften, Wechsel- und Scheckbürgschaften
		9274	Verbindlichkeiten aus Bürgschaften, Wechsel- und Scheckbürgschaften gegenüber verbundenen Unternehmen
		9275	Verbindlichkeiten aus Gewährleistungsverträgen
		9276	Verbindlichkeiten aus Gewährleistungsverträgen gegenüber verbundenen Unternehmen
		9277	Haftung aus der Bestellung von Sicherheiten für fremde Verbindlichkeiten
		9278	Haftung aus der Bestellung von Sicherheiten für fremde Verbindlichkeiten gegenüber verbundenen Unternehmen
		9279	Verpflichtungen aus Treuhandvermögen
			Statistische Konten für die im Anhang anzugebenden sonstigen finanziellen Verpflichtungen
		9280	Gegenkonto zu 9281-9284
		9281	Verpflichtungen aus Miet- und Leasingverträgen
		9282	Verpflichtungen aus Miet- und Leasingverträgen gegenüber verbundenen Unternehmen
		9283	Andere Verpflichtungen gemäß § 285 Nr. 3 HGB
		9284	Andere Verpflichtungen gemäß § 285 Nr. 3 HGB gegenüber verbundenen Unternehmen
		9290	Statistisches Konto steuerfreie Auslagen
		9291	Gegenkonto zu 9290
		9292	Statistisches Konto Fremdgeld
		9293	Gegenkonto zu 9292
Einlagen stiller Gesellschafter		9295	Einlagen stiller Gesellschafter
Steuerrechtlicher Ausgleichsposten		9297	Steuerrechtlicher Ausgleichsposten
		F 9300-20	[6]
		F 9326-43	[6]
		F 9346-49	[6]
		F 9357-60	[6]
		F 9365-67	[6]
		F 9371-72	[6]
		F 9399	[6]
			Privat Teilhafter (für Verrechnung Gesellschafterdarlehen mit Eigenkapitalcharakter - Konto 9840-9849)
		9400-09	Privatentnahmen allgemein
		9410-19	Privatsteuern
		9420-29	Sonderausgaben beschränkt abzugsfähig
		9430-39	Sonderausgaben unbeschränkt abzugsfähig
		9440-49	Zuwendungen, Spenden
		9450-59	Außergewöhnliche Belastungen
		9460-69	Grundstücksaufwand
		9470-79	Grundstücksertrag
		9480-89	Unentgeltliche Wertabgaben
		9490-99	Privateinlagen

Bilanz-Posten[2]	Programmverbindung[4]	9 Vortrags-, Kapital- und Statistische Konten
		Statistische Konten für die Kapitalkontenentwicklung
		9500-09 Anteil für Konto 2000-09 Vollhafter
		9510-19 Anteil für Konto 2010-19 Vollhafter
		9520-29 Anteil für Konto 2020-29 Vollhafter[12]
		9530-39 Anteil für Konto 9810-19 Vollhafter
		9540-49 Anteil für Konto 0060-69 Vollhafter
		9550-59 Anteil für Konto 2050-59 Teilhafter
		9560-69 Anteil für Konto 2060-69 Teilhafter
		9570-79 Anteil für Konto 2070-79 Teilhafter[12]
		9580-89 Anteil für Konto 9820-29 Vollhafter
		9590-99 Anteil für Konto 0080-89 Teilhafter
		9600-09 Name des Gesellschafters Vollhafter
		9610-19 Tätigkeitsvergütung Vollhafter
		9620-29 Tantieme Vollhafter
		9630-39 Darlehensverzinsung Vollhafter
		9640-49 Gebrauchsüberlassung Vollhafter
		9650-89 Sonstige Vergütungen Vollhafter
		9690-99 Restanteil Vollhafter
		9700-09 Name des Gesellschafters Teilhafter
		9710-19 Tätigkeitsvergütung Teilhafter
		9720-29 Tantieme Teilhafter
		9730-39 Darlehensverzinsung Teilhafter
		9740-49 Gebrauchsüberlassung Teilhafter
		9750-79 Sonstige Vergütungen Teilhafter
		9780-89 Anteil für Konto 9840-49 Teilhafter
		9790-99 Restanteil Teilhafter
		9800 Lösch- und Korrekturschlüssel
		9801 Lösch- und Korrekturschlüssel
		Kapital Personenhandelsgesellschaft Vollhafter
		9810-19 Gesellschafter-Darlehen
		9820-29 Verlust-/Vortragskonto
		9830-39 Verrechnungskonto für Einzahlungsverpflichtungen
		Kapital Personenhandelsgesellschaft Teilhafter
		9840-49 Gesellschafter-Darlehen
		9850-59 Verrechnungskonto für Einzahlungsverpflichtungen
		Einzahlungsverpflichtungen im Bereich der Forderungen
		9860-69 Einzahlungsverpflichtungen persönlich haftender Gesellschafter
		9870-79 Einzahlungsverpflichtungen Kommanditisten

Bilanz-Posten[2]	Programmverbindung[4]	9 Vortrags-, Kapital- und Statistische Konten
		Ausgleichsposten für aktivierte eigene Anteile und Bilanzierungshilfen
		9880 Ausgleichsposten für aktivierte eigene Anteile
		9882 Ausgleichsposten für aktivierte Bilanzierungshilfen
		Nicht durch Vermögenseinlagen gedeckte Entnahmen
		9883 Nicht durch Vermögenseinlagen gedeckte Entnahmen persönlich haftender Gesellschafter
		9884 Nicht durch Vermögenseinlagen gedeckte Entnahmen Kommanditisten
		Verrechnungskonto für nicht durch Vermögenseinlagen gedeckte Entnahmen
		9885 Verrechnungskonto für nicht durch Vermögenseinlagen gedeckte Entnahmen persönlich haftender Gesellschafter
		9886 Verrechnungskonto für nicht durch Vermögenseinlagen gedeckte Entnahmen Kommanditisten
		Steueraufwand der Gesellschafter
		9887 Steueraufwand der Gesellschafter
		9889 Gegenkonto zu 9887
		Statistische Konten für Gewinnzuschlag
		9890 Statistisches Konto für den Gewinnzuschlag nach §§ 6b, 6c und 7g EStG (Haben-Buchung)
	G K	9891 Statistisches Konto für Gewinnzuschlag - Gegenkonto zu 9890
		Vorsteuer-/Umsatzsteuerkonten zur Korrektur der Forderungen/Verbindlichkeiten (EÜR)
		9893 Umsatzsteuer in den Forderungen zum allgemeinen Umsatzsteuersatz (EÜR)[13]
		9894 Umsatzsteuer in den Forderungen zum ermäßigten Umsatzsteuersatz (EÜR)[13]
		9895 Gegenkonto 9893-9894 für die Aufteilung der Umsatzsteuer (EÜR)[13]
		9896 Vorsteuer in den Verbindlichkeiten zum allgemeinen Umsatzsteuersatz (EÜR)[13]
		9897 Vorsteuer in den Verbindlichkeiten zum ermäßigten Umsatzsteuersatz (EÜR)[13]
		9899 Gegenkonto 9896-9897 für die Aufteilung der Vorsteuer (EÜR)[13]
		Statistische Konten zu § 4 (4a) EStG[1]
		9910 Gegenkonto zur Korrektur der Entnahmen § 4 (4a) EStG[1]
		9911 Korrektur der Entnahmen § 4 (4a) EStG (Haben)[1]

Bilanz-Posten[2]	Programmverbindung[4]	9 Vortrags-, Kapital- und Statistische Konten	Bilanz-Posten[2]	Programmverbindung[4]	9 Vortrags-, Kapital- und Statistische Konten
		Personenkonten			
Sollsalden: Forderungen aus Lieferungen und Leistungen *Habensalden: Sonstige Verbindlichkeiten*		10000 -69999 = Debitoren			
Habensalden: Verbindlichkeiten aus Lieferungen und Leistungen *Sollsalden: Sonstige Vermögensgegenstände*		70000 -99999 = Kreditoren			

Erläuterungen zu den Kontenfunktionen:
Zusatzfunktionen (über einer Kontenklasse):

KU Keine Errechnung der Umsatzsteuer möglich
V Zusatzfunktion „Vorsteuer"
M Zusatzfunktion „Umsatzsteuer"

Hauptfunktionen (vor einem Konto)

AV Automatische Errechnung der Vorsteuer
AM Automatische Errechnung der Umsatzsteuer
S Sammelkonten
F Konten mit allgemeiner Funktion
R Diese Konten dürfen erst dann bebucht werden, wenn ihnen eine andere Funktion zugeteilt wurde.

Hinweise zu den Konten sind durch Fußnoten gekennzeichnet:

[1] Konto für das Buchungsjahr 2006 neu eingeführt
[2] Bilanz- und GuV-Posten große Kapitalgesellschaft GuV-Gesamtkostenverfahren Tabelle S4004
[3] Diese Konten können mit BU-Schlüssel 10 bebucht werden. Das EG-Land und der ausländische Steuersatz werden über das EG-Fenster eingegeben.
[4] Kontenbezogene Kennzeichnung der Programmverbindung in Kanzlei-Rechnungswesen/Bilanz zu Umsatzsteuererklärung (U), Gewerbesteuer (G) und Körperschaftsteuer (K).
Da bei Erstellung des SKR-Formulars die Steuererklärungsformulare noch nicht vorlagen, können sich Abweichungen zwischen den in der Programmverbindung berücksichtigten Konten und den Programmverbindungskennzeichen ergeben.
[5] Programmseitige Reduzierung des vollen Betrags auf die gewerbesteuerlich relevante Höhe
[6] Diese Konten werden für die BWA-Formen 03, 10 und 70 mit statistischen Mengeneinheiten bebucht und wurden mit der Umrechnungssperre, Funktion 18000, belegt.
[7] Die Konten 2980 Sonderposten mit Rücklageanteil, steuerfreie Rücklagen und 2990 Sonderposten mit Rücklageanteil, Sonderabschreibungen gelten als Hauptkonten für Sachverhalte, die in diesen Kontenbereichen nicht als spezieller Sachverhalt auf Einzelkonten dargestellt sind.
[8] Kontenbeschriftung in 2006 geändert
[9] An der Schnittstelle zu GewSt werden die Erträge zu 50 % als steuerfrei und die Aufwendungen zu 50 % als nicht abziehbar behandelt.
An der Schnittstelle zu KSt werden die Erträge zu 100 % als steuerfrei und die Aufwendungen zu 100 % als nicht abziehbar behandelt.
Siehe § 3 Nr. 40 EStG, § 3c EStG und § 8b KStG.
[10] Diese Konten haben ab Buchungsjahr 2005 nicht mehr die Zusatzfunktion KU. Bitte verwenden Sie diese Konten nur noch in Verbindung mit einem Gegenkonto mit Geldkontenfunktion.
[11] Das Konto wird ab Buchungjahr 2004 nur noch für Auswertungen mit Vorjahresvergleich benötigt.
[12] Die Konten haben in den Zuordnungstabellen (ZOT) S5204 und S0504 Eigenkapitalcharakter. In allen anderen ZOT für Personengesellschaften werden diese Konten im Fremdkapital ausgewiesen.
[13] Das Konto wurde für die Gewinnermittlung nach § 4 Abs. 3 EStG eingeführt. Nach § 60 Abs. 4 EStDV ist bei einer Gewinnermittlung nach § 4 Abs. 3 EStG der Steuererklärung ein amtlich vorgeschriebener Vordruck beizufügen, - Einnahmenüberschussrechnung - EÜR-.
[14] Diese Konten empfehlen wir für die Einrichtung der Kontenfunktion für die automatische Umbuchung der abzugsfähigen Bewirtungskosten mit 7 % (Konto 6646) und 0 % (Konto 6647) Vorsteuerabzug.
[15] Die Konten wurden zur Aufteilung nach Steuersätzen am Jahresende eingerichtet und sollten unterjährig nicht bebucht werden. Bitte beachten Sie die Buchungsregeln im Dok.-Nr. 1012932 der Informations-Datenbank.
[16] Das Konto wird ab Buchungsjahr 2007 gelöscht.
[17] Das Konto wird in Körperschaftsteuer ausschließlich in die Positionen „Eigen-/Nennkapital zum Schluss des vorangegangenen Wirtschaftjahres" übernommen.

Bedeutung der Steuerschlüssel:

1 Umsatzsteuerfrei (mit Vorsteuerabzug)
2 Umsatzsteuer 7 %
3 Umsatzsteuer 16 %
4 gesperrt
5 Umsatzsteuer 15 %
6 gesperrt
7 Vorsteuer 15 %
8 Vorsteuer 7 %
9 Vorsteuer 16 %

Nachschlagewerke zu Buchungsfällen:

Bei Fragen zu besonderen Buchungssachverhalten im Bereich der Finanzbuchführung und Jahresabschluss bietet die DATEV folgende Nachschlagewerke an:

Buchungs-ABC (Art.-Nr. 10 013)
Buchungsregeln für den Jahresabschluss
(Art.-Nr. 36 020 oder Dok.-Nr. 0907735 auf der Informations-Datenbank)

Bedeutung der Berichtigungsschlüssel:

1 Steuerschlüssel bei Buchungen mit einem EG-Tatbestand ab Buchungsjahr 1993
2 Generalumkehr
3 Generalumkehr bei aufzuteilender Vorsteuer
4 Aufhebung der Automatik
5 Individueller Umsatzsteuer-Schlüssel
6 Generalumkehr bei Buchungen mit einem EG-Tatbestand ab Buchungsjahr 1993
7 Generalumkehr bei individuellem Umsatzsteuer-Schlüssel
8 Generalumkehr bei Aufhebung der Automatik
9 Aufzuteilende Vorsteuer

Bedeutung der Steuerschlüssel 91/92/94/95 und 46 (6. und 7. Stelle des Gegenkontos) Umsatzsteuerschlüssel für die Verbuchung von Umsätzen, für die der Leistungsempfänger die Steuer nach § 13b UStG schuldet.

Beim Leistungsempfänger:

91	7 % Vorsteuer und 7 % Umsatzsteuer
92	ohne Vorsteuer und 7 % Umsatzsteuer
94	16 % Vorsteuer und 16 % Umsatzsteuer
95	ohne Vorsteuer und 16 % Umsatzsteuer

Die Unterscheidung der verschiedenen Sachverhalte nach § 13b UStG erfolgt nach Eingabe des Steuerschlüssels direkt bei der Erfassung des Buchungssatzes.

Beim Leistenden:

46 Ausweis Kennzahl 60 der UStVA

Bedeutung der Steuerschlüssel bei Buchungen mit einem EG-Tatbestand (6. und 7. Stelle des Gegenkontos):

10	nicht steuerbarer Umsatz in Deutschland (Steuerpflicht im anderen EG-Land)	
11	Umsatzsteuerfrei (mit Vorsteuerabzug)	
12	Umsatzsteuer	7 %
13	Umsatzsteuer	16 %
15	Umsatzsteuer	15 %
17	Umsatzsteuer/ Vorsteuer	15 % 15 %
18	Umsatzsteuer/ Vorsteuer	7 % 7 %
19	Umsatzsteuer/ Vorsteuer	16 % 16 %

Bedeutung der Generalumkehrschlüssel bei Buchungen mit einem EG-Tatbestand (6. und 7. Stelle des Gegenkontos):

60	nicht steuerbarer Umsatz in Deutschland (Steuerpflicht im anderen EG-Land)	
61	Umsatzsteuerfrei (mit Vorsteuerabzug)	
62	Umsatzsteuer	7 %
63	Umsatzsteuer	16 %
65	Umsatzsteuer	15 %
67	Umsatzsteuer/ Vorsteuer	15 % 15 %
68	Umsatzsteuer/ Vorsteuer	7 % 7 %
69	Umsatzsteuer/ Vorsteuer	16 % 16 %

Erläuterungen zur Kennzeichnung von Konten für die Programmverbindung zwischen Kanzlei-Rechnungswesen/Bilanz und Steuerprogrammen:

Die Erweiterung des Standardkontenrahmens um zusätzliche Konten und besondere Kennzeichen verbessert weiter die Integration der DATEV-Programme und erleichtert die Arbeit für Anwender von Kanzlei-Rechnungswesen/Bilanz, die gleichzeitig DATEV-Steuerprogramme nutzen. Steuerliche Belange können bereits während des Kontierens stärker berücksichtigt werden.

In der Spalte Programmverbindung werden die Konten gekennzeichnet, die über die Schnittstelle in Kanzlei-Rechnungswesen/Bilanz an das entsprechende Steuerprogramm Umsatzsteuererklärung (U), Gewerbesteuer (G) und Körperschaftsteuer (K) weitergegeben und an entsprechender Stelle der Steuerberechnung zu Grunde gelegt werden.

Die Kennzeichnung „G" und „K" an Standardkonten umfasst für die Weitergabe an Gewerbesteuer und Körperschaftsteuer auch die nachfolgenden Konten bis zum nächsten standardmäßig belegten Konto.

Die Kennzeichnung „U" an Standardkonten stellt die Weitergabe an Umsatzsteuererklärung dar. Kontenbereiche werden nur weitergegeben, wenn sie im Standardkontenrahmen ausgewiesen sind (z. B. AM 4300-09).

Wegen der über weite Bereiche geschlossenen Kontenabfrage für Erbschaft- und Schenkungsteuer wird auf eine einzelne Kennzeichnung verzichtet. An Erbschaft- und Schenkungsteuer werden folgende Bereiche an Aktiv- und Passivkonten weitergegeben:

0040-0049	0880-0899
0060-0069	0930-1499
0080-0089	1550-1949
0100-0199	2984-2984
0400-0709	2988-2988
0720-0724	2997-2997
0735-0739	3000-3059
0750-0754	3070-3079
0765-0799	3085-3091
0810-0819	3095-3097
0830-0839	3099-3949

Nicht gekennzeichnet sind solche Konten, die lediglich eine rechnerische Hilfsfunktion im steuerlichen Sinne ausüben wie Löhne und Gehälter sowie Umsätze für die Berechnung des zulässigen Spendenabzugs im Rahmen von Gewerbesteuer und Körperschaftsteuer.

Abgebildet wird mit den Kennzeichen die Programmverbindung, nicht der steuerliche Ursprung. Die Gewerbesteuer-Berechnung für Körperschaften ist in das Produkt Körperschaftsteuer integriert. Daher ist an Konten mit gewerbesteuerlichem Merkmal auch ein "K" für diese Programmverbindung zu finden.

Industriekontenrahmen (IKR)

AKTIVA

Kontenklasse 0 – Immaterielle Vermögensgegenstände und Sachanlagen

00 Ausstehende Einlagen
- 001 noch nicht eingeforderte Einlagen
- 002 eingeforderte Einlagen

01 Aufwendungen für die Ingangsetzung und Erweiterung des Geschäftsbetriebes

Immaterielle Vermögensgegenstände 02–04

02 Konzessionen, gewerbliche Schutzrechte und ähnliche Rechte und Werte sowie Lizenzen an solchen Rechten und Werten
- 021 Konzessionen
- 022 Gewerbliche Schutzrechte
- 023 ähnliche Rechte und Werte
- 024 Lizenzen an Rechten und Werten

03 Geschäfts- und Firmenwert
- 031 Geschäfts- und Firmenwert
- 032 Verschmelzungsmehrwert

04 Geleistete Anzahlungen auf immaterielle Vermögensgegenstände

Sachanlagen (05–09)

05 Grundstücke, grundstücksgleiche Rechte und Bauten einschließlich der Bauten auf fremden Grundstücken
- 050 unbebaute Grundstücke
  - 0511 – mit eigenen Bauten
  - 0519 – mit fremden Bauten
- 052 grundstücksgleiche Rechte
- 053 Betriebsgebäude
  - 0531 – auf eigenen Grundstücken
  - 0539 – auf fremden Grundstücken
- 054 Verwaltungsgebäude
- 055 andere Bauten
- 056 Grundstückseinrichtungen
  - 0561 – auf eigenen Grundstücken
  - 0569 – auf fremden Grundstücken
- 057 Gebäudeeinrichtungen
- 058 frei
- 059 Wohngebäude

06 frei

07 Technische Anlagen und Maschinen
- 070 Anlagen und Maschinen der Energieversorgung
- 071 Anlagen der Materiallagerung und -bereitstellung
- 072 Anlagen und Maschinen der mechanischen Materialbearbeitung, -verarbeitung und -umwandlung
- 073 Anlagen für Wärme-, Kälte- und chemische Prozesse sowie ähnliche Anlagen.
- 074 Anlagen für Arbeitssicherheit und Umweltschutz
- 075 Transportanlagen und ähnliche Betriebsvorrichtungen
- 076 Verpackungsanlagen und -maschinen
- 077 sonstige Anlagen und Maschinen
- 078 Reservemaschinen und -anlageteile
- 079 geringwertige Anlagen und Maschinen

08 Andere Anlagen, Betriebs- und Geschäftsausstattung
- 080 andere Anlagen
- 081 Werkstätteneinrichtung
- 082 Werkzeuge, Werksgeräte und Modelle, Prüf- und Meßmittel
- 083 Lager- und Transporteinrichtungen
- 084 Fuhrpark
- 085 sonstige Betriebsausstattung
- 086 Büromaschinen, Organisationsmittel und Kommunikationsanlagen
- 087 Büromöbel und sonstige Geschäftsausstattung
- 088 Reserveteile für Betriebs- und Geschäftsausstattung
- 089 geringwertige Vermögensgegenstände der Betriebs- und Geschäftsausstattung

09 Geleistete Anzahlungen und Anlagen im Bau
- 090 geleistete Anzahlungen auf Sachanlagen
- 095 Anlagen im Bau

Kontenklasse 1 – Finanzanlagen

10 frei

11 Anteile an verbundenen Unternehmen
- 110 – an einem herrschenden oder einem mit der Mehrheit beteiligten Unternehmen
- 111 – an der Konzernmutter, soweit nicht zu Kto. 110 gehörig
- 112 – an Tochterunternehmen
  |
  117
- 118 frei
- 119 – an sonstigen verbundenen Unternehmen

12 Ausleihungen an verbundene Unternehmen
- 120 – gesichert, durch Grundpfandrechte oder andere Sicherheiten
- 125 – ungesichert

*In Anlehnung an den vom BDI e. V. veröffentlichten Industriekontenrahmen.

13 Beteiligungen
130 Beteiligungen an assoziierten Unternehmen
135 andere Beteiligungen

14 Ausleihungen an Unternehmen, mit denen ein Beteiligungsverhältnis besteht
140 – gesichert, durch Grundpfandrechte oder andere Sicherheiten
145 – ungesichert

15 Wertpapiere des Anlagevermögens
150 Stammaktien
151 Vorzugsaktien
152 Genußscheine
153 Investmentzertifikate
154 Gewinnobligationen
155 Wandelschuldverschreibungen
156 festverzinsliche Wertpapiere
157 frei
158 Optionsscheine
159 sonstige Wertpapiere

16 Sonstige Ausleihungen (Sonstige Finanzanlagen)
160 Genossenschaftsanteile
161 gesicherte sonstige Ausleihungen
162 frei
163 ungesicherte sonstige Ausleihungen
164 frei
165 Ausleihungen an Mitarbeiter, an Organmitglieder und an Gesellschafter
1651 Ausl. an Mitarbeiter
|
1653
1654 Ausl. an Geschäftsführer/Vorstandsmitglieder
1655 frei
1656 Ausl. an Mitglieder des Beirats/Aufsichtsrats
1657 frei
1658 Ausl. an Gesellschafter
166
| frei
168
169 übrige sonstige Finanzanlagen

Kontenklasse 2 – Umlaufvermögen und aktive Rechnungsabgrenzung

Vorräte (20–23)

20 Roh-, Hilfs- und Betriebsstoffe
200 Rohstoffe/Fertigungsmaterial
201 Vorprodukte/Fremdbauteile
202 Hilfsstoffe
203 Betriebsstoffe
204
| frei
209

21 Unfertige Erzeugnisse, unfertige Leistungen
210 unfertige Erzeugnisse
|
217
218 frei
219 nicht abgerechnete Leistungen (unfertige Leistungen)

22 Fertige Erzeugnisse und Waren
220 fertige Erzeugnisse
|
227
228 Waren (Handelswaren)
229 frei

23 Geleistete Anzahlungen und Vorräte

Forderungen und sonstige Vermögensgegenstände (24–26)

24 Forderungen
240 Forderungen aus Lieferungen und Leistungen
|
244
245 Wechselforderungen aus Lieferungen und Leistungen (Besitzwechsel)
246
| frei
248
249 Wertberichtigungen zu Forderungen aus Lieferungen und Leistungen
2491 Einzelwertberichtigungen
2492 Pauschalwertberichtigungen

25 Forderungen gegen verbundene Unternehmen und gegen Unternehmen, mit denen ein Beteiligungsverhältnis besteht

Forderungen gegen verbundene Unternehmen

250| Forderungen aus Lieferungen und Leistungen
251| gegen verbundene Unternehmen
252 Wechselforderungen (verbundene Unternehmen)
253 sonstige Forderungen gegen verbundene Unternehmen
254 Wertberichtigungen zu Forderungen gegen verbundene Unternehmen

Forderungen gegen Unternehmen, mit denen ein Beteiligungsverhältnis besteht

255| Forderungen aus Lieferungen und Leistungen
256| gegen Unternehmen, mit denen ein Beteiligungsverhältnis besteht
257 Wechselforderungen (Beteiligungsverhältnis)
258 sonstige Forderungen gegen Unternehmen, mit denen ein Beteiligungsverhältnis besteht
259 Wertberichtigungen zu Forderungen bei Beteiligungsverhältnissen

26 Sonstige Vermögensgegenstände
260 anrechenbare Vorsteuer
2601 anrechenb. VorSt. ermäßigter Satz
2605 anrechenb. VorSt. voller Satz
261 aufzuteilende Vorsteuer
2611 aufzut. VorSt. ermäßigter Satz
2615 aufzut. VorSt. voller Satz
262 sonstige USt.-Forderungen
2621 Umsatzsteuerforderungen
2622 USt.-Ford. laufendes Jahr
2623 USt.Ford. Vorjahr
2624 USt.-Ford. frühere Jahre
2625 § 13 BerlinFG
2626 Kürzung BerlinFG
2627 Kürzung Warenbezüge a.d. WgM-DDR
2628 bezahlte Einfuhrumsatzsteuer
2629 VorSt. im Folgejahr abziehbar
263 sonstige Forderungen an Finanzbehörden
264 Forderungen an Sozialversicherungsträger
265 Forderungen an Mitarbeiter, an Organmitglieder und an Gesellschafter
2651 Forderungen an Mitarbeiter
|
2653
2654 Forderungen an Geschäftsführer/Vorstandsmitglieder
2655 frei
2656 Forderungen an Mitglieder des Beirats/Aufsichtsrats
2657 frei
2658 Forderungen an Gesellschafter
266 andere sonstige Forderungen
2661 Ansprüche auf Versicherungs- sowie Schadenersatzleistungen
2662 Kostenvorschüsse (soweit nicht Anzahlungen)
2663 Kautionen und sonstige Sicherheitsleistungen
2664 Darlehen, soweit nicht Finanzanlage
2665
| frei
2667
2668 Forderungen aus Soll-Salden der Kontengruppe 44
267 andere sonstige Vermögensgegenstände
268 eingefordertes, noch nicht eingezahltes Kapital
2681 eingeforderte, noch nicht eingezahltes Kapital
2685 eingeforderte Nachschüsse gem. § 42 Abs. 2 GmbH
269 Wertberichtigungen zu sonstigen Forderungen und Vermögensgegenständen

27 Wertpapiere
270 Anteile an verbundenen Unternehmen
2701 – an einem herrschenden oder einem mit Mehrheit beteiligten Unternehmen
2702 – an der Konzernmutter soweit nicht zu Kto. 10 gehörig
2703 – an Tochterunternehmen
|
2707
2708 frei
2709 – an sonstigen verb. Unternehmen
271 eigene Anteile

Sonstige Wertpapiere
272 Aktien
273 variable verzinsliche Wertpapiere
274 festverzinsliche Wertpapiere
275 Finanzwechsel
276 frei
277 frei
278 Optionsscheine
279 Wertpapiere

28 Flüssige Mittel
280 Guthaben bei Kreditinstituten
|
284
285 Postgiroguthaben
286 Schecks
287 Bundesbank
288 Kasse
289 Nebenkassen

29 Aktive Rechnungsabgrenzung
290 Disagio
291 Zölle und Verbrauchsteuern
292 Umsatzsteuer auf erhaltene Anzahlungen
293 andere aktive Jahresabgrenzungsposten
294 frei
295 aktive Steuerabgrenzung
296
| frei
298
299 Nicht durch Eigenkapital gedeckter Fehlbetrag

PASSIVA

Kontenklasse 3 – Eigenkapital und Rückstellungen

Eigenkapital

30 Kapitalkonto/Gezeichnetes Kapital
Bei Einzelfirmen und Personengesellschaften:
300 Kapitalkonto Gesellschafter A
3001 Eigenkapital
3002 Privatkonto
301 Kapitalkonto Gesellschafter B
3011 Eigenkapital
3012 Privatkonto

alternativ
300 Festkapitalkonto
3001 – Gesellschafter A
3002 – Gesellschafter B

301 veränderliches Kapitalkonto
3011 – Gesellschafter A
3012 – Gesellschafter B
302 Privatkonto
3021 – Gesellschafter A
3022 – Gesellschafter B

Bei Kapitalgesellschaften
300 Gezeichnetes Kapital
305 noch nicht eingeforderte Einlagen

31 Kapitalrücklage
311 Aufgeld aus des Ausgabe von Anteilen
312 Aufgeld aus der Ausgabe von Wandelschuldverschreibungen
313 Zahlung aus der Gewährung eines Vorzugs für Anteile
314 andere Zuzahlungen von Gesellschaftern in das Eigenkapital
315
|
317
318 eingeforderte Nachschüsse gemäß § 42 Abs. 2 GmbH

32 Gewinnrücklagen
321 gesetzliche Rücklagen
322 Rücklage für eigene Anteile
3221 – für Anteile eines herrschenden oder eines mit Mehrheit beteiligten Unternehmens
3222 – für Anteile des Unternehmens selbst
323 satzungsmäßige Rücklagen
324 andere Gewinnrücklagen
325 Eigenkapitalanteil bestimmter Passivposten
3251 EK-Anteil von Wertaufholungen
3252 EK-Anteil von Preissteigerungsrücklagen

33 Ergebnisverwendung
331 Jahresergebnis (Jahresüberschuß/Jahresfehlbetrag) des Vorjahres
332 Ergebnisvortrag aus früheren Perioden
333 Entnahme aus der Kapitalrücklage
334 Veränderungen der Gewinnrücklagen vor Bilanzergebnis
335 Bilanzergebnis (Bilanzgewinn/Bilanzverlust)
336 Ergebnisausschüttung
337 Zusätzlicher Aufwand oder Ertrag auf Grund Ergebnisverwendungsbeschluß
338 Einstellungen in Gewinnrücklagen nach Bilanzergebnis
339 Ergebnisvortrag auf neue Rechnung

34 Jahresüberschuß/Jahresfehlbetrag (Jahresergebnis)

35 Sonderposten mit Rücklagenanteil
350 sog. steuerfreie Rücklagen
355 Wertberichtigungen auf Grund steuerlicher Sonderabschreibungen

36 Wertberichtigungen
(Bei Kapitalgesellschaften als Passivposten der Bilanz nicht mehr zulässig.)

Rückstellungen (37–39)

37 Rückstellungen für Pensionen und ähnliche Verpflichtungen
371 Verpflichtungen für eingetretene Pensionsfälle
372 Verpflichtungen für unverfallbare Anwartschaften
373 Verpflichtungen für verfallbare Anwartschaften
374 Verpflichtungen für ausgeschiedene Mitarbeiter
375 Pensionsähnliche Verpflichtungen (z. B. Verpflichtungen aus Vorruhestandsregelungen)

38 Steuerrückstellungen
380 Gewerbeertragsteuer
381 Körperschaftsteuer
382 Kapitalertragsteuer
383 ausländ. Quellensteuer
384 andere Steuern vom Einkommen und Ertrag
385 latente Steuern (passive Steuerabgrenzung)
386 Gewerbekapitalsteuer
387 Vermögensteuer
388 frei
389 sonstige Steuerrückstellungen

39 Sonstige Rückstellungen
390 – für Personalaufwendungen und die Vergütung an Aufsichtsgremien
391 – für Gewährleistung
3911 Vertragsgarantie
3915 Kulanzgarantie
392 – Rechts- und Beratungskosten
393 – für andere ungewisse Verbindlichkeiten
394
| frei
396
397 – für drohende Verluste aus schwebenden Geschäften
398 – für unterlassene Instandhaltung
3981 Pflichtrückstellungen
3985 freiwillige Rückstellungen
399 – für andere Aufwendungen gem. § 249 Abs. 2

Kontenklasse 4 – Verbindlichkeiten und passive Rechnungsabgrenzung

40 frei

41 Anleihen
410 Konvertible Anleihen
415 Anleihen – nicht konvertibel

42 Verbindlichkeiten gegenüber Kreditinstituten

420 Kredit, Bank A
|
424 Kredit, Bank Z
425 Investitionskredit, Bank A
|
428 Investitionskredit, Bank Z
429 sonstige Verbindlichkeiten gegenüber Kreditinstituten

43 Erhaltene Anzahlungen auf Bestellungen

44 Verbindlichkeiten aus Lieferungen und Leistungen

440 Verbindlichkeiten aus Lieferungen und Leistungen/Inland
445 Verbindlichkeiten aus Lieferungen und Leistungen/Ausland

45 Wechselverbindlichkeiten (Schuldwechsel)

450 – gegenüber Dritten
451 – gegenüber verbundenen Unternehmen
452 – gegenüber Unternehmen, mit denen ein Beteiligungsverhältnis besteht

46 Verbindlichkeiten gegenüber verbundenen Unternehmen

460 – aus Lieferungen und Leistungen/Inland
465 – aus Lieferungen und Leistungen/Ausland
469 sonstige Verbindlichkeiten (verbundene Unternehmen)

47 Verbindlichkeiten gegenüber Unternehmen, mit denen ein Beteiligungsverhältnis besteht

470 – aus Lieferungen und Leistungen/Inland
475 – aus Lieferungen und Leistungen/Ausland
479 sonstige Verbindlichkeiten (Beteiligungsverhältnis)

48 Sonstige Verbindlichkeiten

480 Umsatzsteuer
 4801 Umsatzsteuer ermäßigter Satz
 4805 Umsatzsteuer voller Satz
481 Umsatzsteuer nicht fällig
 4811 USt. nicht fällig ermäßigter Satz
 4815 USt. nicht fällig voller Satz
482 Umsatzsteuervorauszahlung
 4821 USt.-Vorauszahlung 1/11
 4822 USt.-Abzugsverfahren, UStVA Kennziffer 75
 4823 Nachsteuer, UStVA Kennziffer 65
 4824 USt. laufendes Jahr
 4825 USt. Vorjahr
 4826 USt. frühere Jahre
 4827 Einfuhr-USt. aufgeschoben
 4828 in Rechnung unberechtigt ausgew. Steuer, UStVA Kennziffer 69
 4829 frei
483 sonstige Steuer-Verbindlichkeiten
484 Verbindlichkeiten gegenüber Mitarbeitern, Organmitgliedern und Gesellschaftern
 4851 Verb. geg. Mitarbeitern
 |
 4853
 4854 Verb. geg. Geschäftsführern/Vorstandsmitgliedern
 4855 frei
 4856 Verb. geg. Mitgl. d. Beirats/Aufsichtsrats
 4857 frei
 4858 Verb. geg. Gesellschaftern
486 andere sonstige Verbindlichkeiten
 4861 Verpflichtungen zu Schadenersatzleistungen
 4862 erhaltene Kostenvorschüsse (soweit nicht Anzahlungen)
 4863 erhaltene Kautionen
 4864
 | frei
 4867
 4868 Verbindlichkeiten aus Haben-Salden der Kontengruppe 24
 4869 frei
487 frei
488 frei
489 übrige sonstige Verbindlichkeiten

49 Passive Rechnungsabgrenzung

490 passive Jahresabgrenzung

ERTRÄGE

Kontenklasse 5 – Erträge

50 Umsatzerlöse

500
| frei
504
505 st.freie Umsätze § 4 Ziff. 1–6 UStG
506 st.freie Umsätze § 4 Ziff. 8 ff. UStG
507 Lieferungen in das Währungsgebiet der Mark der DDR (WgM-DDR)
 5070 Erlöse 3 % Umsatzsteuer
 5075 Erlöse 6 % Umsatzsteuer
508 Erlöse ermäßigter USt.-Satz
509 frei

51

510 Umsatzerlöse für eigene Erzeugnisse
| und andere eigene Leistungen, voller USt.-Satz
513
514 andere Umsatzerlöse voller USt.-Satz
515 Umsatzerlöse für Waren, voller USt.-Satz

Erlösberichtigungen
(soweit nicht den Umsatzerlösarten direkt zurechenbar)

516 Skonti
 5161 Skonti, ermäßigter USt.-Satz
 5165 Skonti, voller USt.-Satz

517 Boni
5171 Boni, ermäßigter USt.-Satz
5175 Boni, voller USt.-Satz
518 andere Erlösberichtigungen
5181 andere Erlösber. ermäßigter USt.-Satz
5185 andere Erlösber. voller USt.-Satz
519 frei

52 Erhöhung oder Verminderung des Bestandes an unfertigen und fertigen Erzeugnissen
521 Bestandsveränderungen an unfertigen Erzeugnissen und nicht abgerechneten Leistungen
522 Bestandsveränderungen an fertigen Erzeugnissen
523 frei
524 frei
525 zusätzliche Abschreibungen auf Erzeugnisse bis Untergrenze erwarteter Wertschwankungen gem. § 253 Abs. 3 S. 3
526 steuerliche Sonderabschreibungen auf Erzeugnisse

53 Andere aktivierte Eigenleistungen
530 selbsterstellte Anlagen
539 sonstige andere aktivierte Eigenleistungen

54 Sonstige betriebliche Erträge
540 Nebenerlöse
5401 – aus Vermietung und Verpachtung
5402 frei
5403 – aus Werksküche und Kantine
5404 – aus anderen Sozialeinrichtungen
5405 – aus Abgabe von Energien und Abfällen soweit nicht Umsatzerlöse
5406 – aus anderen Nebenbetrieben
5407 frei
5408 frei
5409 sonstige Nebenerlöse
541 sonstige Erlöse
5411 – aus Provisionen
5412 – aus Lizenzen
5413 – aus Veräußerung von Patenten
542 Eigenverbrauch
5421 Entn. v. Gegenst. gem. 2a, ermäßigter USt.-Satz
5422 Entn. v. Gegenst. gem. 2a, voller USt.-Satz
5423 Entn. v. so. Leistungen gem. 2b, ermäßigter USt.-Satz
5424 Ent. v. so. Leistungen gem. 2b, voller USt.-Satz
5425 Eigenverbrauch gem. 2c, ermäßigter USt.-Satz
5426 Eigenverbrauch gem. 2c, voller USt.-Satz
5427 Unentgelt. Leistungen gem. Nr. 3, ermäßigter USt.-Satz
5428 Unentgelt. Leistungen gem. Nr. 3, voller USt.-Satz
543 andere sonstige betriebliche Erträge
5431 empfangene Schadensersatzleistungen
5432 Schuldenerlaß
5433 Steuerbelastungen an Organgesellschaften
5434 Investitionszulagen
544 Erträge aus Werterhöhungen von Gegenständen des Anlagevermögens (Zuschreibungen)
545 Erträge aus Werterhöhungen von Gegenständen des Umlaufvermögens außer Vorräten und Wertpapieren (Zuschreibungen)
5451 – aus der Auflösung oder Herabsetzung der Einzelwertberichtigungen
5452 – aus der Auflösung oder Herabsetzung der Pauschalwertsberichtigung
5453 frei
5454 – aus Kursgewinnen bei Forderungen (und Verbindlichkeiten) in Fremdwährung und bei Valutabeständen
546 Erträge aus dem Abgang von Vermögensgegenständen
5461 – immaterielle Vermögensgegenstände
5462 – Sachanlagen
5463 Umlaufvermögen (soweit nicht unter anderen Erlösen)
547 Erträge aus der Auflösung von Sonderposten mit Rücklageanteil
548 Erträge aus der Herabsetzung von Rückstellungen
5481 Erträge aus der Auflösung von (nicht verbrauchten) Rückstellungen)
5489 Ausgleichsposten für (über andere Aufwendungen) verbrauchte Rückstellungen (z. B. bei Aufwendungen für Gewährleistung)
549 periodenfremde Erträge
5491 Rückerstattung von betrieblichen Steuern
5492 Rückerstattung von Steuern vom Einkommen und Ertrag
5493 Rückerstattung von sonstigen Steuern
5494 andere Aufwandsrückerstattungen
5495 Zahlungseingänge auf abgeschriebene Forderungen
5496 andere periodenfremde Erträge

55 Erträge aus Beteiligungen

Erträge aus Beteiligungen an verbundenen Unternehmen
550 Erträge aus Beteiligungen an verbundenen Unternehmen, mit denen Verträge über Gewinngemeinschaft, Gewinnabführung oder Teilgewinnabführung bestehen
551 Erträge aus Beteiligungen an anderen verbundenen Unternehnmen
552 Erträge aus Zuschreibungen zu Anteilen an verbundenen Unternehmen
553 Erträge aus dem Abgang von Anteilen an verbundenen Unternehmen
554 frei

Erträge aus Beteiligungen an nicht verb. Unternehmen

555 Erträge aus Beteiligungen an nicht verbundenen Unternehmen, mit denen Verträge über Gewinngemeinschaft, Gewinnabführung oder Teilgewinnabführungen bestehen
556 Erträge aus anderen Beteiligungen
557 Erträge aus Zuschreibungen zu Anteilen an nicht verbundenen Unternehmen
558 Erträge aus dem Abgang von Anteilen an nicht verbundenen Unternehmen
559 frei

56 Erträge aus anderen Wertpapieren und Ausleihungen des Finanzanlagevermögens

560 Erträge von verbundenen Unternehmen aus anderen Wertpapieren und Ausleihungen des Anlagevermögens
- 5601 Zinsen und ähnliche Erträge
- 5602 Erträge aus Zuschreibungen zu anderen Wertpapieren
- 5603 Erträge aus dem Abgang von anderen Wertpapieren

565 Erträge von nicht verbundenen Unternehmen aus anderen Wertpapieren und Ausleihungen des Anlagevermögens

57 Sonstige Zinsen und ähnliche Erträge

570 sonstige Zinsen und ähnliche Erträge von verbundenen Unternehmen
571 Bankzinsen
572 frei
573 Diskonterträge
574 frei
575 Bürgschaftsprovisionen
576 Zinsen für Forderungen
577 Aufzinsungserträge
578 Erträge aus Wertpapieren des Umlaufvermögens (soweit von nicht verbundenen Unternehmen)
- 5781 Zinsen und Dividenden aus Wertpapieren des UV
- 5782 zinsähnliche Erträge aus Wertpapieren des UV
- 5783 Erträge aus der Zuschreibung zu Wertpapieren des UV
- 5784 Erträge aus dem Abgang von Wertpapieren des UV

579 übrige sonstige Zinsen und ähnliche Erträge

58 Außerordentliche Erträge

59 Erträge aus Verlustübernahme

(bei Tochtergesellschaft; Ausweis in GuV vor der Pos. 20 Jahresüberschuß/Jahresfehlbetrag)

Aufwendungen

Kontenklasse 6 – Betriebliche Aufwendungen

Materialaufwand (60–61)

60 Aufwendungen für Roh-, Hilfs- und Betriebsstoffe und für bezogene Waren

600 Rohstoffe/Fertigungsmaterial
601 Vorprodukte/Fremdbauteile
602 Hilfsstoffe
603 Betriebsstoffe/Verbrauchswerkzeuge
604 Verpackungsmaterial
605 Energie
606 Reparaturmaterial und Fremdinstandhaltung (sofern nicht unter 616, weil die Fremdinstandhaltung überwiegt)
607 sonstiges Material
- 6071 Putz- und Pflegematerial
- 6072 Berufskleidung
- 6073 Lebensmittel und Kantinenware
- 6074 anderes sonstiges Material

608 Aufwendungen für Waren
609 Sonderabschreibungen auf Roh-, Hilfs- und Betriebsstoffe und auf bezogene Waren
- 6092 zusätzliche Abschreibungen auf Material und Waren bis Untergrenze erwarteter Wertschwankungen gem. § 253 Abs. 3 S. 3 bzw. nach vernünftiger kfm. Beurteilung gem. § 253 Abs. 4.
- 6093 steuerliche Sonderabschreibungen auf Material und Waren

61 Aufwendungen für bezogene Leistungen

610 Fremdleistungen für Erzeugnisse und andere Umsatzleistungen
611 Fremdleistungen für die Auftragsgewinnung (bei Auftragsfertigung – soweit einzelnen Aufträgen zurechenbar)
612 Entwicklungs-, Versuchs- und Konstruktionsarbeiten durch Dritte
613 weitere Fremdleistungen
- 6131 Fremdleistungen für Garantiearbeiten
- 6132 Leiharbeitskräfte für die Leistungserstellung

614 Frachten und Fremdlager (incl. Vers. u. anderer Nebenkosten)
- 6141 – für Eingangsware, soweit nicht direkt zurechenbar
- 6145 – für Ausgangsware

615 Vertriebsprovisionen
616 Fremdinstandhaltung und Reparaturmaterial
617 sonstige Aufwendungen für bezogene Leistungen

Aufwandsberichtigungen
(soweit nicht den Aufwandsarten direkt zurechenbar)

618 Skonti
- 6181 Skonti ermäßigter USt.-Satz

6185 Skonti voller USt.-Satz

619 Boni und andere Aufwandsberichtigungen

6191 Boni ermäßigter USt.-Satz

6195 Boni voller USt.-Satz

6197 andere Aufwandsberichtigungen

|

6199

Personalaufwand (62–64)

62 Löhne

620 Löhne für geleistete Arbeitszeit einschl. tariflicher, vertraglicher oder arbeitsbedingter Zulagen

621 Löhne für andere Zeiten (Urlaub, Feiertag, Krankheit)

622 sonstige tarifliche oder vertragliche Aufwendungen für Lohnempfänger

623 freiwillige Zuwendungen

624 frei

625 Sachbezüge

626 Vergütungen an gewerbl. Auszubildende

627

| frei

628

629 sonstige Aufwendungen mit Lohncharakter

63 Gehälter

630 Gehälter einschließlich tariflicher, vertraglicher oder arbeitsbedingter Zulagen

631 frei

632 sonstige tarifliche oder vertragliche Aufwendungen

633 freiwillige Zuwendungen

634 frei

635 Sachbezüge

636 Vergütungen an techn./kaufm. Auszubildende

637

| frei

638

639 sonstige Aufwendungen mit Gehaltscharakter

64 Soziale Abgaben und Aufwendungen für Altersversorgung und für Unterstützung

Soziale Abgaben

640 Arbeitgeberanteil zur Sozialversicherung (Lohnbereich)

641 Arbeitgeberanteil zur Sozialversicherung (Gehaltsbereich)

642 Beiträge zur Berufsgenossenschaft

643 sonstige soziale Abgaben

6431 Beiträge zum Pensionssicherungsverein (PSV)

6439 übrige sonstige soziale Abgaben

Aufwendungen für Altersversorgung

644 gezahlte Betriebsrenten (einschl. Vorruhestandsgeld)

645 Veränderungen der Pensionsrückstellungen

646 Aufwendungen für Direktversicherungen

647 Zuweisungen an Pensions- und Unterstützungskassen

648 sonstige Aufwendungen für Altersversorgung

Aufwendung für Unterstützung

649 Beihilfen und Unterstützungsleistungen

65 Abschreibungen

650 Abschreibungen auf aktivierte Aufwendungen für die Ingangsetzung und Erweiterung des Geschäftsbetriebes

Abschreibungen auf Anlagevermögen

651 Abscheibungen auf immaterielle Vermögensgegenstände des Anlagevermögens

6511 A. auf Rechte

6512 A. auf Geschäfts- oder Firmenwert

6513 A. auf Anzahlungen

652 Abschreibungen auf Grundstücke und Gebäude

653 Abschreibungen auf technische Anlagen und Maschinen

654 Abschreibungen auf andere Anlagen, Betriebs- und Geschäftsausstattung

6541 A. auf andere Anlagen und Betriebsausstattung

|

6543

6544 A. auf Fuhrpark

6545 frei

6546 A. auf Geschäftsausstattung

|

6548

6549 A. auf geringwertige Wirtschaftsgüter

655 außerplanmäßige Abschreibungen auf Sachanlagen gem. § 253 Abs. 2 S. 3

656 steuerrechtliche Sonderabschreibungen auf Sachanlagen gem. § 254

Abschreibungen auf Umlaufvermögen (soweit das in d. Gesellsch. übliche Maß überschreitend)

657 unübliche Abschreibungen auf Vorräte

658 unübliche Abschreibungen auf Forderungen und sonstige Vermögensgegenstände

659 frei

Sonstige betriebliche Aufwendungen (66–70)

66 Sonstige Personalaufwendungen

660 Aufwendungen für Personaleinstellung

661 Aufwendungen für überommene Fahrtkosten

662 Aufwendungen für Werkarzt und Arbeitssicherheit

663 personenbezogene Versicherungen

664 Aufwendungen für Fort- und Weiterbildung

665 Aufwendungen für Dienstjubiläen

666 Aufwendungen für Belegschaftsveranstaltungen

667 frei (evtl. Aufwendungen für Werksküche und Sozialeinrichtungen)
668 Ausgleichsabgabe nach dem Schwerbehindertengesetz
669 übrige sonstige Personalaufwendunen

67 Aufwendungen für die Inanspruchnahme von Rechten und Diensten
670 Mieten, Pachten, Erbbauzinsen
671 Leasing
6711 Leasing, Sachmittel
6712 Leasing EDV
672 Lizenzen und Konzessionen
673 Gebühren
674 Leiharbeitskräfte
675 Bankspesen/Kosten des Geldverkehrs u.d. Kapitalbeschaffung
676 Provisionen
677 Prüfung, Beratung, Rechtsschutz
678 Aufwendugnen für Aufsichtsrat bzw. Beirat oder dgl.
679 frei

Kontenklasse 7 – Weitere Aufwendungen

70 Betriebliche Steuern
700 Gewerbekapitalsteuer
701 Vermögensteuer
702 Grundsteuer
703 Kraftfahrzeugsteuer
704 frei
705 Wechselsteuer
706 Gesellschaftssteuer
707 Ausfuhrzölle
708 Verbrauchsteuern
709 sonstige betriebliche Steuern

71 frei

72 frei

73 frei

74 Abschreibungen auf Finanzanlagen und auf Wertpapiere des Umlaufvermögens und Verluste aus entsprechenden Abgängen
740 Abschreibungen auf Finanzanlagen
7401 frei
7402 Abschreibungen auf den beizulegenden Wert gem. § 253 Abs. 2 S. 3
7403 steuerliche Sonderabschreibungen
741 frei
742 Abschreibungen auf Wertpapiere des Umlaufvermögens
7421 Abschreibungen auf den Tageswert gem. § 253 Abs. 3 S. 1 und 2
7422 zusätzliche Abschreibungen bis Untergrenze erwarteter Wertschwankungen gem. § 253 Ans. 3 S. 3 bzw. nach vernünftiger kfm. Beurteilung gem. § 253 Abs. 4
7423 steuerliche Sonderabschreibungen
743 frei
744 frei
745 Verluste aus dem Abgang von Finanzanlagen
746 Verluste aus dem Abgang von Wertpapieren des Umlaufvermögens
747
| frei
748
749 Aufwendungen aus Verlustübernahme

75 Zinsen und ähnliche Aufwendungen
750 Zinsen und ähnliche Aufwendungen an verbundene Unternehmen
751 Bankzinsen
7511 Zinsen für Dauerkredite
7512 Zinsen für andere Kredite
752 Kredit- und Überziehungsprovisionen
753 Diskontaufwand
754 Abschreibung auf Disagio
755 Bürgschaftsprovisionen
756 Zinsen für Verbindlichkeiten
757 Abzinsungsbeträge
758 frei
759 sonstige Zinsen und ähnliche Aufwendungen

76 Außerordentliche Aufwendungen

77 Steuern vom Einkommen und Ertrag
770 Gewerbeertragsteuer
771 Körperschaftsteuer
772 Kapitalertragsteuer
773 ausländ. Quellensteuer
774 frei
775 latente Steuern
776 frei
777 frei
778 frei
779 sonstige Steuern vom Einkommen und Ertrag

78 Sonstige Steuern

79 Aufwendungen aus Gewinnabführungsvertrag
(bei Tochtergesellschaft; Ausweis in GuV vor der Pos. 20 Jahresüberschuß/Jahresfehlbetrag)

Ergebnisrechnungen

Kontenklasse 8 – Ergebnisrechnungen

80 Eröffnung/Abschluß
800 Eröffnungsbilanzkonto
801 Schlußbilanzkonto
802 GuV-Konto Gesamtkostenverfahren
803 GuV-Konto Umsatzkostenverfahren
Konten der Kostenbereiche für die GuV im Umsatzkostenverfahren

81 Herstellungskosten
810 Fertigungsmaterial
811 Fertigungsfremdleistungen
812 Fertigungslöhne und -gehälter
813 Sondereinzelkosten der Fertigung
814 Primärgemeinkosten des Materialbereichs
815 Primärgemeinkosten des Fertigungsbereichs
816 Sekundärgemeinkosten des Materialbereichs (anteilige Gemeinkosten des Verwaltungs- und Sozialbereichs)
817 Sekundärgemeinkosten des Fertigungsbereichs (s. Hinweis unter Konto 816)
818 Minderung der Erzeugnisbestände

82 Vertriebskosten

83 Allgemeine Verwaltungskosten

84 Sonstige betriebliche Aufwendungen

Konten der kurzfristigen Erfolgsrechnung für innerjährige Rechnungsperioden (Monat, Quartal oder Halbjahr)

85 Korrekturkonten zu den Erträgen der Kontenklasse 5
850 Umsatzerlöse
851
852 Bestandsveränderungen
853 andere aktivierte Eigenleistungen
854 sonstige betriebliche Erträge
855 Erträge aus Beteiligungen
856 Erträge aus anderen Wertpapieren und Ausleihungen des Finanzvermögens
857 sonstige Zinsen und ähnliche Erträge
858 außerordentliche Erträge
859 frei

86 Korrekturkonten zu den Aufwendungen der Kontenklasse 6
860 Aufwendungen für Roh-, Hilfs- und Betriebsstoffe und für bezogene Waren
861 Aufwendungen für bezogene Leistungen
862 Löhne
863 Gehälter
864 Soziale Abgaben und Aufwendungen für Altersversorgung und für Unterstützung
865 Abschreibungen
866 sonstige Personalaufwendungen
867 Aufwendungen für die Inanspruchnahme von Rechten und Diensten
868 Aufwendungen für Kommunikation (Dokumentation, Informatik, Reisen, Werbung)
869 Aufwendungen für Beiträge und sonstige sowie Wertkorrekturen und periodenfremde Aufwendungen

87 Korrekturkonten zu den Aufwendungen der Kontenklasse 7
870 betriebliche Steuern
871
| frei
873
874 Abschreibungen auf Finanzanlagen und auf Wertpapiere des Umlaufvermögens und Verluste aus entsprechenden Abgängen
875 Zinsen und ähnliche Aufwendungen
876 außerordentliche Aufwendungen
877 Steuern vom Einkommen und Ertrag
878 sonstige Steuern
879 frei

88 Gewinn- und Verlustrechnung (GuV) für die kurzfristige Erfolgsrechnung (KER)
880 Gesamtkostenverfahren
881 Umsatzkostenverfahren

89 Innerjährige Rechnungsabgrenzung
(alternativ zu 298 bzw. 498)
890 aktive Rechnungsabgrenzung
895 passive Rechnungsabgrenzung

Die Kontengruppen 85–87 erfassen die Gegenbuchungen zur KER auf Konto 880. Gleichzeitig enthalten sie die Abgrenzungsbeträge dieser periodenbereinigten Aufwendungen und Erträge zu den Salden der Kontenklasse 5–7. Die Gegenbuchung der Abgrenzungsbeträge erfolgt auf entsprechenden Konten der innerjährigen Rechnungsabgrenzung z. B. 298 bzw. 498 oder 890 bw. 895.

Kosten und Leistungsrechnung

Kontenklasse 9 – Kosten und Leistungsrechnung (KLR)

90 Unternehmensbezogene Abgrenzungen
(betriebsfremde Aufwendungen und Erträge)

91 Kostenrechnerische Korrekturen

92 Kostenarten und Leistungsarten

93 Kostenträger

95 Fertige Erzeugnisse

96 Interne Lieferungen und Leistungen sowie deren Kosten

97 Umsatzkosten

98 Umsatzleistungen

99 Ergebnisausweise

In der Praxis wird die KLR gewöhnlich tabellarisch durchgeführt. Es wird auf die dreibändigen BDI-Empfehlungen zur Kosten- und Leistungsrechnung hingewiesen. (Vertrieb: Heider-Verlag). Der ungekürzte und erläuterte Industriekontenrahmen ist im Heider-Verlag, 51465 Bergisch Gladbach, Pfaffrather Straße 102–116, Tel. 02202/9 54 01, Fax 02202/2 15 31 erschienen.

Stichwortverzeichnis

O

P

Q

R

S

T

U